最多跑一次改革

浙江经验　中国方案

陈振濂题

“最多跑一次”改革
浙江经验 中国方案

郁建兴　等／著

中国人民大学出版社
·北京·

目　录

图表目录

第一章

“最多跑一次”：全球公共管理改革的中国前沿

理解中国改革开放 40 年，政府是关键变量。改革的成功在很大程度上归功于政府，改革中存在的问题也在一定程度上源自政府。当代中国的政府改革与全球公共管理改革同步同调，中国政府改革面临的核心问题，即以政府中心主义为主要特征的公共治理模式，也是全球公共管理理论与实践的共性问题。始于浙江、燎原于中国的“最多跑一次”改革是全球公共管理改革的中国前沿，这一改革为求解当下中国政府改革的核心问题提供了方案。改革的成功，或将进一步贡献于全球公共管理理论与实践之变革。

2018年是中国实行改革开放40周年。对伟大40年的纪念，不能只是回顾，而更应立足当下的改革，从来路看当下，以来路铺进路，开创一段新的历史。即使回顾过去，也是为了照应当下、体会未来，即哈贝马斯的“作为未来的过去”。

改革开放至今，中国一直都是全球公共管理理论与实践的学习者和受益者。但公共管理理论与实践中存在的问题，也同样困扰着当代中国的政府改革，其中最为核心的问题就在于政府中心主义的治理逻辑。中国当下正如火如荼开展的“最多跑一次”改革，以政府自我革命为起点，较好地超越了政府中心主义的传统治理逻辑，并且有效撬动了其他公共治理领域的逻辑转型。这场改革始于浙江、燎原于中国，是全球公共管理改革的中国前沿。“最多跑一次”改革的成功，或将为全球公共管理改革贡献中国方案。

一、政府：理解中国改革开放40年的关键变量

改革开放40年来，中国共产党带领中国人民创造了人类历史上规模最大的经济社会转型、速度最快的工业化和市场化、持续时间最久的高速经济增长。如何理解40年改革开放？“横看成岭侧成峰”，不同论者有不同观点。

一些研究侧重于强调制度对改革开放的影响。这些制度论的研究又可以进一步分为两类。一类讨论具体的制度设计、制度安排。2008年，周其仁代表中国经济学界在芝加哥大学举办的“中国改革30年研讨会”上，发

表了题为“邓小平做对了什么？”的演讲，着重阐述了产权制度的作用，最具代表性的就是家庭联产承包责任制。他认为，邓小平的改革之道就是坚持产权界定并寸步不移。中国经济在改革开放后取得高速增长的真正秘诀就在于通过改革开放大幅降低制度和组织成本，制度成本的显著下降，正是基于重新界定产权对经济活动绩效带来的影响。[1] 除了产权制度，价格双轨制[2]、财政包干制[3]、分税制财政管理体制[4]、地方政府公司化相关的制度安排[5]等，同样被认为是影响中国经济社会发展的重要制度设计。还有一类研究讨论制度本身的特征，它们大多认为中国改革开放很大程度上得益于制度的适应性，主要体现在政府有意识地保持制度弹性[6]、制度与政策的有效

[1] 参见周其仁：《改革的逻辑》，北京：中信出版社，2013 年，第 6 ～ 20 页。

[2] See Loren Brandt and Thomas G. Rawski, “China's Great Economic Transformation,” in Loren Brandt, Thomas G. Rawski, eds., *China's Great Economic Transformation*, New York: Cambridge University Press, 2008, pp. 1-26; Barry Naughton, *Growing out of the Plan, Chinese Economic Reform, 1978–1993*, New York: Cambridge University Press, 1995, pp. 1-25. 参见张军：《双轨制经济学：中国的经济改革（1978—1992）》，上海：上海三联书店、上海人民出版社，2006 年，第 208 ～ 231 页。

[3] See Christine P. W. Wong, “Fiscal Reform and Local Industrialization: The Problematic Sequencing of Reform in Post-Mao China,” *Modern China*, vol. 18, no. 2, 1992, pp. 197-226; Jean C. Oi, “Fiscal Reform and the Economic Foundations of Local State Corporatism in China,” *World Politics*, vol. 45, no. 1, 1992, pp. 99-126; Justin Yifu Lin, “Rural Reforms and Agricultural Growth in China,” *The American Economic Review*, vol. 82, no. 1, 1992, pp. 34-51.

[4] 参见周飞舟：《分税制十年：制度及其影响》，《中国社会科学》2006 年第 6 期；Tao Zhang and Heng-Fu Zou, “Fiscal Decentralization, Public Spending, and Economic Growth in China,” *Journal of Public Economics*, vol. 67, no. 2, 1998, pp. 221-240.

[5] See Jean C. Oi, *Rural China Takes off: The Institutional Foundations of Economic Reform*, Berkeley: University of California Press, 1999, pp. 95-138.

[6] See Sebastian Heilmann and Elizabeth J. Perry, “Embracing Uncertainty: Guerrilla Policy Style and Adaptive Governance in China,” in Sebastian Heilmann, Elizabeth J. Perry, eds., *Mao's Invisible Hand: The Political Foundations of Adaptive Governance in China*, Cambridge, MA: Harvard University Press, 2011, pp. 1-29; Yongshun Cai, “Power Structure and Regime Resilience: Contentious Politics in China,” *British Journal of Political Science*, vol. 38, no. 3, 2008, pp. 411-432.

学习与扩散[1]、允许甚至鼓励区域性的制度试验与创新[2]等。

一些研究侧重于观察权力之于改革的重要作用。这些研究也可以大致分为两类。一类研究讨论政府权力对市场、社会的干预，最具代表性的理论便是解释东亚奇迹的发展型国家理论[3]。该理论认为中国经济的发展与日本、亚洲四小龙等经历高速增长经济体的经验类似，主要得益于国家权力对经济发展的积极干预[4]，其核心特征在于强调产业政策和国家能力[5]。一些研究者在此基础上，结合中国改革开放的经验特征，进一步提出了“地方发展型政府”[6]、“地方企业型政府”[7]等解释概念。另一类研究更多地讨论政府内部的治理结构和权力配置对中国经济社会发展的影响。这类讨论认为

[1] See Shaoguang Wang, “Adapting by Learning the Evolution of China's Rural Health Care Financing,” *Modern China*, vol. 35, no. 4, 2009, pp. 370-404; William Hurst and Jessica C. Teets, “Conclusion: Compliance, Resistance, Innovation, and Involution—Assessing the Politics of Experimentation and Diffusion,” in Jessica C. Teets, William Hurst, eds., *Local Governance Innovation in China: Experimentation, Diffusion, and Defiance*, London: Routledge, 2015, pp. 174-179; Jessica C. Teets, “Policy Diffusion in China: Contracting out Elder Care,” *China: An International Journal*, vol. 14, no. 3, 2016, pp. 88-106.

[2] See Oscar Almén, “Local Participatory Innovations and Experts as Political Entrepreneurs: The Case of China's Democracy Consultants,” *Democratization*, vol. 23, no. 3, 2016, pp. 478-497; Sebastian Heilmann, “Policy Experimentation in China's Economic Rise,” *Studies in Comparative International Development*, vol. 43, no. 1, 2008, pp. 1-26; Sebastian Heilmann, “From Local Experiments to National Policy: The Origins of China's Distinctive Policy Process,” *The China Journal*, vol. 59, 2008, pp. 1-30.

[3] 发展型国家理论由查莫斯·约翰逊在解释日本发展模式时首次提出（查莫斯·约翰逊：《通产省与日本奇迹》，长春：吉林出版集团有限责任公司，2010年）。

[4] See Robert Wade, *Governing the Market: Economic Theory and the Role of Government in East Asian Industrialization*, Princeton: Princeton University Press, 1990, pp. 297-344; Peter Evans, *Embedded Autonomy: States and Industrial Transformation*, Princeton: Princeton University Press, 1995, pp. 3-20.

[5] 参见耿曙、陈玮：《“发展型国家”模式与中国发展经验》，《华东师范大学学报（哲学社会科学版）》2017年第1期。

[6] 郁建兴、高翔：《地方发展型政府的行为逻辑及制度基础》，《中国社会科学》2012年第5期。

[7] Marc Blecher, “Development State, Entrepreneurial State: The Political Economy of Socialist Reform in Xinju Municipality and Guanghan County,” in Gordon White, eds., *The Chinese State in the Era of Economic Reform: Studies on the Chinese Economy*, London: Palgrave Macmillan, 1991, pp. 265-291; Andrew G. Walder, “Local Governments as Industrial Firms: An Organizational Analysis of China's Transitional Economy,” *American Journal of Sociology*, vol. 101, no. 2, 1995, pp. 263-301.

中国的改革开放重构了中央与地方关系，在保持集权的基础上进行政府间的放权，较为有效地激发了地方政府改革发展的积极性，同时保证了中央政府的管理权威，进而较好地推动了中国的经济社会转型。这些研究提出了多个刻画、描述当代中国权力结构及其特征的解释概念，它们或注重考察中央政府对地方政府的分权，以及地方政府在分权体制之下的行为，如提出中国特色财政联邦主义[1]、中国事实上的行为联邦制[2]等；或倾向于观察中央政府对地方政府的激励和控制，如提出分权化威权主义[3]、命令式管理[4]等；或从集权和分权两个维度共同切入，在放任和控制之中寻找国家权力体系的结构性特征，如提出地方分权式威权主义体系[5]，中央治官、地方治民的“上下分治”结构[6]等。

还有一些研究尝试从发展阶段、资源禀赋、历史文化等角度，解读当代中国的改革开放。其中，后发优势理论认为中国改革充分利用了后发优势，即发展中国家通过引进消化吸收再创新实现技术进步和产业升级，降低体制学习和创新成本，较快地实现了经济社会转型。[7]资源禀赋论者尤其强调人口优势之于中国改革开放的重要意义，他们普遍认为中国在计划经济时期积累起来的超出同等收入国家的人力资本禀赋，在改革开放时期得到释放，

---

[1] See Gabriella Montinola, Yingyi Qian and Barry R. Weingast, “Federalism, Chinese Style: The Political Basis for Economic Success in China,” *World Politics*, vol. 48, no. 1, 1995, pp. 50-81.

[2] See Yongnian Zheng, *De Facto Federalism in China: Reforms and Dynamics of Central-Local Relations*, Singapore: World Scientific Publishing Co. Pte. Ltd., 2007.

[3] See Pierre F. Landry, *Decentralized Authoritarianism in China: The Communist Party's Control of Local Elites in the Post-Mao Era*, Cambridge: Cambridge University Press, 2008, pp. 1-36.

[4] See Mayling Birney, “Decentralization and Veiled Corruption Under China's ‘Rule of Mandates’,” *World Development*, vol. 53, 2014, pp. 55-67.

[5] See Chenggang Xu, “The Fundamental Institutions of China's Reforms and Development,” *Journal of Economic Literature*, vol. 49, no. 4, 2011, pp. 1076-1151.

[6] 参见曹正汉：《中国上下分治的治理体制及其稳定机制》，《社会学研究》2011 年第 1 期。

[7] See Justin Yifu Lin, “The Latecomer Advantages and Disadvantages: A New Structural Economics Perspective,” in Martin Andersson, Tobias Axelsson, eds., *Diverse Development Paths and Structural Transformation in Escape from Poverty*, Cambridge: Cambridge University Press, 2016, pp. 43-67.

是中国经济增长动力的重要来源。[1] 文化维度的解释则认为中国增长之谜的答案很可能在于东亚人民崇尚勤俭尤其是重视教育和学习传统文化，这个共同的文化使得东亚国家和地区在物质和人力资本的积累速度特别是学习西方先进技术的能力上超过了其他发展中国家。[2]

已有关于中国改革开放的解读，有的互为补充，有的存在一定竞争性，但它们大多分享了一个共同的关键词：政府。关注制度的研究都同意这样的判断：政府是制度与政策的供给者，无论是明确产权的一系列制度安排，抑或是财政包干、分税制、国有企业股份制改革等重要的政策规定，都是由政府主导制定并实施的，即便是制度本身的弹性、模糊性、不确定性和区域差异性等重要特征，也同样来自政府的有意为之。关注权力的研究认为，政府是公共权力最主要的掌握者和使用者，政府与市场、社会关系的重构，中央与地方关系的调整，都源自政府对公共权力格局的重新分配。制度、权力以外的研究，例如后发优势理论，虽然更多地强调了中国改革开放之于世界各国现代化进程中后期的重要意义，但这一理论首先承认，后发优势之所以得到发挥，其前提是政府成功地推动了计划经济向市场经济的转型。再如资源禀赋论的相关研究认为，人口红利很大程度上源自中国政府在计划经济时代鼓励生育的政策，进一步地，从蓄积的人力资本转化为持续的经济增长动力，同样得益于政府主导建构的社会主义市场经济新秩序。可以说，理解中国改革开放 40 年，政府是关键变量。

*首先，政府改革是中国改革开放的起点和重点。*中国的改革开放，起点在于政府改革。周其仁将改革前的中国比喻为运转不灵的超级国家公司，改革的出发点是超级国家公司的组织成本太高，计划经济失灵，资源配置效率太低。他的比喻非常形象。1978 年 12 月，为了改变“以阶级斗争为纲”和高度集中的计划经济体制，中国共产党召开了十一届三中全会，确立了

[1] See Xiaodong Zhu, “Understanding China’s Growth : Past, Present, and Future,” *Journal of Economic Perspectives*, vol. 26, no. 4, 2012, pp. 103-124；参见蔡昉：《中国改革成功经验的逻辑》，《中国社会科学》2018 年第 1 期。

[2] 参见朱天：《中国增长之谜，是制度还是文化？》，https : //www.guancha.cn/ZhuTian/2015_04_16_316113_2.shtml。

解放思想、实事求是的思想路线，做出了将全党工作重心转移到社会主义现代化建设上来的重要战略决策。中国改革开放的第一步即政府在各领域的放权让利改革：在农村大力推行家庭联产承包责任制，激发农民的生产积极性；在企业管理领域改革政企关系，减少政府对企业的直接管理，扩散企业自主权，推行两步“利改税”；在商品市场领域改革政府直接供给的计划模式，恢复和发展个体经济；在基础设施建设领域改革政府直接拨款方式，实行“拨改贷”改革。为了与上述改革相适应，中国于 1982 年开展了第一次党政军机构改革。而且，政府改革也是中国改革开放的核心内容，中国改革开放的基本逻辑即以政府改革撬动其他各领域的改革。改革开放以来的历次重要事件，如上述改革初期的一系列放权让利改革，20 世纪 80 年代中后期围绕“有计划的商品经济”这一改革目标所开展的一系列政府与市场关系和公共服务改革，20 世纪 90 年代开展的“建立社会主义市场经济体制”的相关改革，以及 21 世纪以来“完善社会主义市场经济体制”和“全面深化改革”的系列改革，都依托政府改革这一核心抓手而展开。

*其次，政府是资源的主要所有者和支配者。*中国一直以来实行社会主义公有制体制，国家掌握了大多数资源的支配权。在新中国成立初期，中国政府即开展了全国范围的土地改革，确立了农村土地的公有制属性，掌握了最为核心的生产要素。而且，中国宪法规定，矿藏、水流、森林、山岭、草地、荒地、滩涂等自然资源，都属于国家所有。中国政府作为国家的代理人，也是唯一代理人，对上述自然资源拥有绝对支配权。此外，中国政府拥有对人才、信息、科技等社会资源的较大支配权。中国一直坚持党管干部、党管人才的原则，通过大量提供低端产品制造和来料加工组装等低附加值产品，创造初级水平加工业的规模优势，支持建立相对完整的服务于工业化、现代化建设的公立高等教育体系，覆盖了从基础理论到应用技术、从人文社科到理工农医等领域和学科，使得中国最优秀的人力资源能够大量地聚集在公共部门尤其是党委、政府或国有企事业单位。基于对人才的广泛吸纳，中国政府进而拥有了对大量重要信息、核心科技等的所有权。例如：袁隆

平院士在国家的大力资助下研发出了杂交水稻，解决了中国上亿人口的吃饭问题，为后续人口红利的爆发进而推动工业化、市场化进程奠定了重要基础;政府主导的“两弹一星”工程，为中国的国防安全提供了坚实的保障，基本上排除了在中国本土发动大规模战争的可能性，即便是在20世纪80年代大幅裁军和削减军费的背景下，中国的国家安全也没有受到明显威胁，这正是政府掌握尖端科技所释放的安全红利。这些自然资源和社会资源，为政府提出、推动改革开放奠定了不可或缺的要素基础。

再次，政府是改革开放以来各项重要制度供给的主要设计者与最终决策者。如上所述，中国的改革开放，政府改革是起点也是重点。进一步说，政府主导了改革开放以来几乎所有重要的制度设计及其供给，不仅包括政府改革本身，也包括政府以外的其他领域改革。改革开放初期，中央政府为了探索符合中国特色的市场经济模式，决定在深圳、珠海、汕头和厦门设立经济特区，通过政策变通、政策特许、政策豁免等方式，给予经济特区额外的制度供给，探索新的区域经济增长模式。正如改革开放总设计师邓小平所定义的:“特区是个窗口，是技术的窗口，管理的窗口，知识的窗口，也是对外政策的窗口。”[1]特区政策的广泛优势，也在后续发展中得到证实，为中国引入商品经济以及嗣后建设社会主义市场经济奠定了重要基础，创造了中国乃至世界区域经济发展史上的奇迹。改革开放中期，中央政府为了更好地理顺集权与分权的关系，于1994年开始实施全国性的分税制改革，改变了过去的财政包干体制（同样源自政府的制度供给）。这一改革对中国后续的改革开放进程产生了深远影响，它有效加强了税收征管，保证了中央对宏观经济的调控能力以及对地方政府的约束力，减少了地方的机会主义行为，增强了地方政府发展经济的动力。21世纪以来，中国政府在公共服务、社会治理的制度供给上进行了诸多探索。2002年，中央政府明确提出各级政府要积极引导农民建立以大病统筹为主的新型农村合作医疗制度。2007年，中央政府决定开展城镇居民基本医疗保险试点。2009年，中央政

[1]《邓小平文选（第三卷）》，北京：人民出版社，1993年，第51～52页。

府做出深化医药卫生体制改革的重要战略部署，确立新型农村合作医疗（简称“新农合”）制度。2016年，中央政府印发《关于整合城乡居民基本医疗保险制度的意见》，推进城镇居民医保和新农合制度整合，逐步在全国范围内建立起统一的城乡居民医保制度。在养老领域，中央政府于2000—2005年连续开展统筹城乡社会保障体系和养老保障制度的重要改革，于2005年初步形成了中国养老保障体系。2009年，中央政府印发《关于开展新型农村社会养老保险试点的指导意见》，决定在全国范围内开展新型农村社会养老保险（简称“新农保”）试点。2012年3月，政府出台政策将机关事业单位和企业职工养老保险制度合二为一，实现了两种制度的并轨。在基层社会治理领域，中国政府探索形成了村民自治、“网格化管理、组团式服务”“村务监督委员会”“民主恳谈会”“民主协商议事会”、自治法治德治“三治融合”等多种形态的社会治理机制。在全面深化改革新时代，政府作为重要制度的设计者与供给者，更表现得淋漓尽致。无论是十八大以后渐次提出的“放管服”改革、各地逐渐开展的“营改增”改革以及监察体制领域的各项重大改革，抑或是十九大以后开展的乡村振兴计划、养老保险基金中央调剂制度、学前教育改革等，几乎都是政府策划、发起并推动的制度创新与变迁。

*最后，政府尤其是基层政府，是绝大多数制度设计与制度安排的维护者和实施者。*改革开放后，中国仿照西方发达国家的现代政府体制逐渐建立并完善了自上而下的科层制结构，地方政府成为中国政府职能的实际履行者和政府责任的主要承担者。尤其是县、乡两级基层政府，作为与广大民众有着广泛直接联系的一级政府，是中国政府大政方针、政策制度的主要执行者。无论是旨在促进增长的经济政策、产业政策，还是巩固和维护国家统一的社会管理、公共服务政策，除了仅涉及高层级政府内部治理改革的制度设计之外，大多都需要由基层政府最终落实。基层政府在贯彻自上而下的政府政策时，既是政府政策权威的执行者，又是政府政策权威的维护者，同时表现出高度的多样性和灵活性。例如，部分基层政府在落实中央意识形态宣传和其他各类普及性教育工作时，为了提高宣传普及工作的有效性和

参与性，创造性地提出让居民／村民参与讨论，形成了基层协商民主的雏形；一些基层政府在落实《中华人民共和国村民委员会组织法》的民主监督职能时，在村级层面增设了村务监督委员会，在基层形成了村党委、村委会、村监会共治的基层治理新格局；还有一些基层政府在落实社会治理职能时，为了更好地发挥非正式制度，尤其是地方文化和血缘宗族的约束力，首创了乡贤理事会等类似机构，积极鼓励当地有声望、有一定社会资本、在基层群众中具有较高威信的个人，参与基层社会治理，或是充分挖掘当地文化和道德资源，致力于形成自治法治德治“三治融合”的治理格局。基层政府的这些创新性举措，有些并不值得鼓励，比如“花钱买平安”的维稳方式、强制性向民众摊派教育支出、乡镇财政空转的数字游戏等。但是，相当一部分的机制、方式创新，如上面提到的“村务监督委员会”“民主恳谈会”、自治法治德治“三治融合”，以及“参与式预算”“民间设奖”“流动人员积分管理制度”等，都体现了地方政府在执行制度与政策时的治理能力和治理智慧。这些地方政府创新中的一部分得到了更高层级的制度化，甚至上升为国家层面的制度设计，为更好地推进当代中国改革开放贡献了地方智慧。

二、当代中国政府改革的成就与问题

政府是中国改革开放的主导者和责任人。中国改革开放的成功，很大程度上得益于有效的政府改革，主要体现在四个方面。

第一，现代化、市场化的改革方向。有效的政府改革，首要原因在于选择并坚持了现代化、市场化的改革方向，使改革红利得以最大限度地、普惠性地释放，进而促进经济社会各领域的发展，而不是满足于小部分群体的利益获取。中国改革开放的方向，就是坚定不移地建立、发展和完善社会主义市场经济体制，推进国家治理体系和治理能力的现代化。1978 年，党的十一届三中全会转变了“以阶级斗争为纲”的路线，把党委、政府的工作重点转移到社会主义现代化建设上来，在坚持四项基本原则的基础上，集中力量发展社会生产力。其后开展的一系列政府放权让利改革，有效激发了地方政府、社会和市场的活力。1984年，党的十二届三中全会提出了“有计划的商品经济”这一改革目标，首次将与市场经济相关的“商品经济”概念上升为国家改革的最高指示。围绕这一目标，中国政府进一步向地方、向市场放权，通过政府与国有企业的关系改革、政法体制改革、教育体制改革、科学技术体制改革等，服务于围绕建设商品经济的经济体制改革。1992年，党的十四大明确提出经济体制改革的目标是建立社会主义市场经济体制，标志着改革进入“建设社会主义市场经济体制”的历史新阶段。1997年，党的十五大决定，建立以公有制为主体，多种所有制经济共同发展的基本经济制度，为巩固和发展社会主义市场经济奠定了基础。2002年，党的十六大进一步提出了“建成完善的社会主义市场经济体制和更具活力、更加开放的经济体系”这一新目标。2012年，党的十八届三中全会明确提出，全面深化改革的总目标是完善和发展中国特色社会主义制度，推进国家治理体系和治理能力现代化，为全面深化改革时期的各项制度变革指明了方向。十八大以来的一系列政府改革，都坚持围绕这一目标，取得了显著成效。

第二，理性主义、实用主义的改革逻辑。理性主义、实用主义是当代中国改革的核心逻辑。新中国成立以后，效仿苏联建立了由国家主导的计划经济体制，国家掌握所有政治、经济、文化资源的支配权。在意识形态领域，作为共产党领导的国家政权，中国理所当然地站在了社会主义阵营，但凡与“资本主义”挂钩的任何概念、制度、工具等，都被排除在外。当时的选择与主要领导人对国际形势的判断、对国家建构的认知以及当时的经济社会发展情况密切相关。这种国家全能主义的发展逻辑，尽管为后续的改革开放积累了必要的工业基础，但也严重影响了中国的现代化进程。1978年12月13日，邓小平在十一届三中全会前夕的中共中央工作会议闭幕会上做了“解放思想，实事求是，团结一致向前看”的重要讲话，为后续的改革开放决策扫除了意识形态壁垒，也首次在中央层面确立了“实践是检验真理的唯一标准”这一原则。这是邓小平提出理性主义、实用主义改革逻辑的第一步。1984年，在邓小平领导下的党中央首次将“商品经济”的概念写入党和国家最高决策文件，提出了“有计划的商品经济”。1992年，党的十四大更是进一步将“市场经济”写入党的报告，确立了“建立社会主义市场经济”的重要目标。此后，“白猫黑猫，只要捉住老鼠就是好猫”“摸着石头过河”“不争论”“发展才是硬道理”等许多类似方法论性质的理性主义、实用主义判断，成为政府改革实际上的指导思想。作为中国改革开放的总设计师，邓小平的改革主张很大程度上影响了各级政府的改革逻辑，而且，秉承理性主义、实用主义改革逻辑所获得的巨大改革红利，也让各级政府甚至政府以外的经济社会各领域，深切体会到了解放思想、转变观念的现实意义，更加坚定了理性主义、实用主义改革逻辑。这种改革逻辑，尽管在指导实践时在一定程度上带来了一些问题，例如地方政府的短期主义行为、政府改革或政府治理的短期结果导向等，但是，它有效缓解甚至规避了改革开放进程中的意识形态争论与推进制度变迁之间的紧张关系，降低了改革的时间成本、机会成本，为提升改革效率提供了重要保障，是中国改革开放40年政府改革的思想认知基础。

第三，事权下放、人事集中的制度安排。在制度安排层面，当代中国的政府改革主要开展了两方面工作。一方面是分权，既包括中央向地方分权，也包括政府向市场、社会分权。如前所述，改革开放以后，中央政府为了充分调动地方政府、企业以及基层社会的积极性，开展了大量的放权让利改革，从改革之初的“收支挂钩、全额分成、比例包干、三年不变”的财政包干制度、扩大国营工业企业经营管理自主权、社队企业免税政策等，到之后实行的“划分税种、核定收支、分级包干”体制、国有企业承包经营责任制改革，20世纪90年代中期开始实施的“分税制”改革（尽管这一改革在一定程度上表现出财政集权的特征，但分权化改革的基本基调并未因此改变）、工商行政管理体制改革、粮食产业和流通体制改革，再到进入新世纪以来在公共服务、社会治理领域一系列的合同外包、合作治理、政府购买服务改革等。总体而言，中国的改革开放历程在纵向政府间关系、政府与市场、社会关系层面，主要表现为中央向地方放权，政府向市场、社会放权。当下的中国已经成为世界各国中分权程度最高的国家之一。[1] 仅从财政上看，中国地方政府的财政支出占全部政府财政支出的 85% 左右；财政收入上，中央与地方大致呈现对半分的局面，中央收入的 80% 左右通过转移支付的手段重新转移给了地方。[2] 制度安排的另一方面是相对集中的干部人事制度，即党委掌握着重要岗位领导干部的任免权。当然，这首先得益于计划体制时期，公共部门掌握着中国几乎所有的人力资源，大量优秀人才都集聚在党委、政府或国有企事业单位。其次，改革开放后，党的十二大进一步把“四化”方针写入党章，大力鼓励革命化、年轻化、知识化和专业化的人才进入党委、政府工作。仅 1982—1984 年，就有 200 多万符合“四化”标准的年轻干部走上各级党委、政府的重要岗位。基于这样的人才资源储备和正向的人才吸纳，加之相对集中的干部人事制度，中国的党委、政府，尤其是党中央、国务院，紧紧地把握住“治官权”，进而通过与业绩挂钩的选拔晋升与奖惩激励制度，逐渐形成了“中央治官、地方治民”的治理格局，较好地平衡了发展与稳定、控制与放任之间的关系，实现了中央政府对地方政府行为的有效调控[3]，并通过地方政府或重要企业和社会组织主要领导人，进一步传导至市场与社会领域。

第四，试点、创新和五年规划（计划）的政策工具。在政策工具选择上，当代中国的政府改革主要做对了三件事：广泛运用试点、大力鼓励地方创新、制度化地开展五年规划（计划）[4]。试点被广泛认为是中国改革开放进程中的一种重要机制[5]，在全面深化改革的新时代，其重要程度更加显著。2015 年

[1] See Christine P. W. Wong, “Budget Reform in China: Progress and Prospects in the Xi Jinping Era,” *OECD Journal on Budgeting*, vol. 15, no. 3, 2016, pp. 27-36; Pierre F. Landry, *Decentralized Authoritarianism in China: The Communist Party's Control of Local Elites in the Post-Mao Era*, Cambridge: Cambridge University Press, 2008, pp. 1-36.

[2] 参见姚洋：《中国经济增长的三个具体原因》，http://finance.sina.com.cn/zl/china/2018-04-10/zl-ifyvtmxe8434292.shtml?cre=zl&r=user&pos=5_2。

[3] 参见曹正汉：《中国上下分治的治理体制及其稳定机制》，《社会学研究》2011 年第 1 期。

[4] 自 2006 年起，“五年计划”更名为“五年规划”。

[5] See Sebastian Heilmann, “Policy Experimentation in China's Economic Rise,” *Studies in Comparative International Development*, vol. 43, no. 1, 2008, pp. 1-26; Ciqi Mei and Zhilin Liu, “Experiment-Based Policy Making or Conscious Policy Design? The Case of Urban Housing Reform in China,” *Policy Sciences*, vol. 47, no. 3, 2014, pp. 321-337.

6 月 5 日，习近平在中央深改组第十三次会议上强调，试点是改革的重要任务，更是改革的重要方法。试点能否迈开步子、趟出路子，直接关系改革成效。要牢固树立改革全局观，顶层设计要立足全局，基层探索要观照全局，大胆探索，积极作为，发挥好试点对全局性改革的示范、突破、带动作用。2017 年 5 月 23 日，习近平在中央深改组第三十五次会议上再次强调，抓好试点对改革全局意义重大。要认真谋划深入抓好各项改革试点，坚持解放思想、实事求是，鼓励探索、大胆实践，敢想敢干、敢闯敢试，多出可复制、可推广的经验做法，带动面上改革。《人民日报（海外版）》曾对 36 次中央深改组会议的通稿进行词频分析，发现“试点”一共被提及 191 次，出现频率位居第八。[1] 试点即在正式出台新政策之前，选择有限的地方或部门先行试验新政策或新制度，观察新政策或新制度在实践中的效果和问题，基于部分地区的实践产出，考虑修改完善制度设计，进而向更大范围推广扩散。试点机制的优点在于它有效控制了推行一项新政策或新制度所耗费的改革成本和改革风险，因为选择部分地区或部门先行试验，能够最大限度地降低新的制度设计在意识形态、改革适用性方面的阻力和争论，即便新的制度设计存在重大疏漏，也可以控制在小范围的地区或部门之内，不至于在全国范围内出现普遍的制度偏差，进而消耗大量的改革成本，甚至影响国家的安全稳定，起到了为改革“投石问路”的作用。中国改革开放以来的几乎所有重大制度安排与制度变迁，都广泛运用了试点的方式。第二个重要机制是地方创新。地方创新是中国政府改革活力与智慧的重要来源。试点与地方创新是中国体制适应性的两个重要面向。试点主要代表高层级政府自上而下的改革逻辑[2]，更多地属于“顶层设计”。地方创新主要是指地方政府或市场、社会组织根据地方公共事务治理的特征探索出的新的政策设计与制度安排，可以理解为广泛的“地方探索”。地方创新的兴起与改革

[1] 参见陈振凯：《热词透析 36 次中央深改组会议（砥砺奋进的 5 年）》，人民网，http://politics.people.com.cn/n1/2017/0705/c1001-29383164.html。

[2] 也有一些试点由地方先行提出，并谋求高层级政府的许可与同意（参见郁建兴、黄飚：《当代中国地方政府创新的新进展——兼论纵向政府间关系的重构》，《政治学研究》2017 年第 5 期）。

开放以来政府开展的一系列分权化改革有着密切关系，尤其是2002年以来，自党的十六大将“创新”一词写入政治报告以后，高层级政府出台了一系列鼓励地方探索创新的政策文件，地方创新在过去近20年中逐渐成为中国国家治理不可或缺的重要组成部分，成为平衡治理普遍性和特殊性的重要机制。这一时期涌现出许多优秀的地方创新实践，例如中国基层对协商民主形式的探索、公共服务供给的多样化机制、基层社会治理模式的创新等，在地方治理中发挥了重要作用。而且，相当一部分地方创新通过制度化的渠道逐渐上升为国家制度，在全国层面得到了推广和扩散。本书研究对象“最多跑一次”改革即近年来地方探索上升为顶层设计并进而在全国范围内“全面开花”的典型案例。可以说，试点和地方创新，构成了中国改革开放以来制度建设与政策变革的两种最为核心的机制，为中国建立现代化的国家治理体系，提升中国国家治理能力，提供了重要的实践探索和经验支持。第三个重要机制是制度化的五年规划（计划）。这是改革开放以来中国政府明确保留且一直实际执行的为数不多的具有显著计划特征的工作机制。这种国家主导的周期性规划体制，大致框定了国家和各个地方经济社会发展的预期目标，从预期性、长期性、综合性的角度确定了各级党委、政府在较长时间内的政策议程或者说政策的优先次序，并对实现这些目标和政策变革所需的资源及其配置进行了事先考虑和规划，倒逼各级党委、政府周期性地系统、详细了解国家和地方的发展状况，提前思考分析未来较长一段时间的发展形势、发展目标以及实现目标所需的资源，保证了在主要领导干部更迭后，各级党委、政府在经济社会发展战略上的相对一致性和连续性，在一定程度上规避了（尤其是在经济建设领域）理性主义、实用主义改革逻辑引致的地方政府短期行为模式的影响；同时，规划的非完全刚性，即规划内容的模糊性和规划实施、修改的灵活性，反过来给予各级党委、政府一定的发展自主性，能够较为迅速地通过规划的修改完善，对外界环境变化做出适应性反应，降低了机械执行规划而走错方向、用错工具的可能性。

可以看到，过去40年，中国的政府改革坚持了现代化、市场化的改革方向，基于理性主义、实用主义的改革逻辑，设计了集权与分权并行的制度安排，并运用试点、地方创新和五年规划机制，较好地在实践中最大限度地利用了不确定性的优势，造就了中国体制异乎寻常的弹性与韧性，成就了中国改革开放的发展奇迹。

当然，当下中国改革的困难与问题也在一定程度上源自政府，其核心就是不断增加的体制成本，即政府的组织架构及其运行所发生的成本不断增加。这似乎又回到了改革开放的起点,即运转不灵的超级国家公司。显然，中国的政府已不再是当年的超级国家公司，政府改革的问题也不只是运转不灵这么简单。当下中国体制成本的来源与内容已经发生了深刻变化。中国目前较高的体制成本，一部分的确来源于对计划体制的路径依赖，例如中国大多数公共部门的人力资源管理工作仍保留着传统计划经济时代高耗低效的人事管理模式，但更多的，则是在建立完善社会主义市场经济体制的过程中逐渐形成的，主要包括政府权力的额外扩张、政府权力的不当配置以及政府对部分权力的过度行使或对部分职责的放任不管，即通常所说的政府职能越位、错位、缺位。经济学家往往从政府与市场关系的维度讨论体制成本，更多关注政府对市场的不当干预，这些体制成本主要体现在过度设置的行政审批,这些审批就像“细铁丝”,捆住了中国市场的手脚。但是，经济学家们较为忽视的政府自身权力配置不当、运行不畅以及政府对社会的过度管理和对公共服务的相对放任，也是增加体制成本的重要因素。

政府自身权力配置不当、运行不畅，主要表现为机构设置不合理以及由此带来的部门间协调难问题。中国改革开放以后仿照现代政府科层体制建立完善了以专业化、分工化为基本取向的分部制组织结构。这一做法隐含了一个假设，即分部制后效率提高所带来的收益应大于跨部门合作所需的协调成本。改革开放至今，中国政府开展了多轮机构改革，旨在调整政府机构设置，使之更好地匹配现实的治理需要。每一次机构改革当然带来了组织成本的降低，但组织机构的变革始终无法追赶外部世界日益增长与变化的复杂性，而政府部门之间的协调成本则随着公共事务治理的复杂化而不断提高。[1] 所以，近两轮机构改革都被称为“大部制”改革，这本身便是对过去分部制改革的纠偏，目的之一在于通过部门合并，将原本过度切割的行政权力重新统合起来，降低协调成本，但收效并不明显。[2]

政府对社会的过度管理和对公共服务的相对放任，主要表现为政府对社会稳定的绝对追求，以及公共服务领域的过度地方化。在社会领域，20世纪90年代以来，伴随着城市化、国有企业改革的持续推进，社会稳定成为中国政府社会治理的核心任务，随之建立的“一票否决”“稳定压倒一切”的管理逻辑，使得政府在社会管理领域的支出大大增加，尤其是一些地方政府为了实现刚性的维稳目标，不计成本地运用各种手段“摆平”社会问题。[3] 在公共服务领域，中央政府为了降低公共服务支出，将公共服务职能大量下放给地方政府，而地方政府因为发展阶段、经济基础、人口结构等不同，在公共服务供给意愿、供给能力、供给范围、偏好方式等方面，均存在诸多差异，从而形成了高度碎片化的公共服务供给状况，给民众的自由迁移和流动增添了非常多的制度性壁垒，也给公共服务供给的系统化改革造成了诸多障碍，显著提高了体制成本。

总的来看，中国改革的成功主要归因于政府改革，不足之处在很大程度上也来源于政府。尽管过去十余年的诸多改革和变化已经证明，中国的发展模式正在超越发展型国家模式[4]，影响中国改革发展的变量除了政府，还有多种显著因素，如市场经济的完善、社会力量的兴起、国际环境等，但毋庸置疑，政府改革仍然是影响改革开放的重要因素，甚至是诸多其他影响因素的前置性条件。所以，当下中国的改革发展，政府改革肯定不是全部，

[1] 参见朱光磊、李利平：《回顾与建议：政府机构改革三十年》，《北京行政学院学报》2009年第1期。

[2] 参见石亚军、于江：《大部制改革：期待、沉思与展望——基于对五大部委改革的调研》，《中国行政管理》2012年第7期。

[3] 参见郁建兴、黄飚：《地方政府在社会抗争事件中的“摆平”策略》，《政治学研究》2016年第2期。

[4] 参见郁建兴、徐越倩：《从发展型政府到公共服务型政府——以浙江省为个案》，《马克思主义与现实》2004年第5期；郁建兴、石德金：《超越发展型国家与中国的国家转型》，《学术月刊》2008年第4期。

但政府改革是突破口。通过政府自我革命，进而撬动经济社会各领域的改革，是全面深化改革的主要内容和方式。

三、中国问题，也是世界问题

体制成本不断增加，是当代中国政府改革问题的主要表征，其核心症结或者说深层次的问题，在于改革始终无法摆脱政府中心主义的治理逻辑，即公共管理、公共服务以公共服务组织（主要是政府）作为基本单位，分析讨论公共服务组织的行为。政府改革如果仅从政府自身逻辑出发，首先考虑的可能是固守甚至扩张自我利益，即使有意削减自我利益也是基于自身的需要，那么，即便改革方向正确、改革逻辑适宜、制度安排有效、工具选择恰当，在具体执行中还是会出现预期目标与实际产出不匹配的情况。无论是政府权力的额外扩张、政府权力的不当配置，抑或是政府对部分权力的过度行使或对部分职责的放任不管，根本原因都在于政府改革的本位主义。

改革开放以来，中国是全球公共管理理论与实践的学习者和受益者。当代中国的政府改革在旨趣和特征上，与全球公共管理理论与实践的演进十分相似。中国政府改革面临的核心问题，即政府中心主义，很大程度上也是当前全球公共管理理论与实践的共性问题。

19 世纪末，古典自由主义主导的消极政府权力观日渐式微，积极的政府权力观在西方世界广泛兴起。1887 年，伍德罗·威尔逊在《政治学季刊》上发表《行政之研究》一文，开创性地提出了“政治 - 行政”二分法，将“行政”作为区别于“政治”的独立领域进行考察，标志着公共管理学的诞生。威尔逊的研究为公共管理理论与实践的首个范式——公共行政范式——的提出，奠定了基础。公共行政范式在 20 世纪 20、30 年代进入全盛时期。这一范式主要关注正式的政府组织架构和运行效率，以“政治 - 行政”二分为逻辑基础，以韦伯的科层制理论、泰勒的科学管理理论为原则，强调公共行政的专门化、技术化、非人格化，强调层级制的权力体系。然而，这种“正统理论”在第二次世界大战结束之后受到了理论界的较多批判，最具代表性的就是西蒙和沃尔多对“政治－行政”二分法的反思和批评。[1] 西蒙认为行政行为必然包含某些决策活动，无论是政治（政策）问题还是行政问题，都包含价值与事实两种因素。[2] 沃尔多指出：“不管是作为对事实的描述，还是对改革的谋划，简单地将政府二分为政治与行政都是不恰当的。作为对事实的描述，它是不恰当的，因为治理过程是一张‘由自由裁量权和行动构成的无缝之网’。作为对改革的谋划，它是不恰当的，因为它具有和它所企图取而代之的三分方案同样的缺陷：它自身带有分歧、异议和反对声音。”[3] 如何走出公共行政的“范式危机”？西蒙和沃尔多分别从“管理主义”的视角和“民主行政”的视角提出了不同路径，并由此引发了公共管理学说史上最扣人心弦的西蒙－沃尔多之争。西蒙主张在“正统理论”框架内进行修正，引入逻辑实证主义，将公共行政发展成为一门真正的科学。沃尔多则主张将民主纳入公共行政中，推进民主制行政，发展规范的政治理论。[4] 作为对公共行政范式的超越，沃尔多在 20 世纪 60 年代末的明诺布鲁克会议上，主导提出了新公共行政范式，尝试将社会公平纳入公共行政学的讨论，关注官僚机构对弱势群体需求的回应。[5] 但是，这一范式总体上缺乏核心概念和机制层面的讨论，因而并未成为占据主导地位的理论范式。当然，更为重要的是，进入 20 世纪 70 年代后，全球公共管理实践发生了重大变化，无论是西蒙主张的逻辑实证主义的公共行政范式，抑或是沃尔多提出的基于规范价值的新公共行政范式，都失去了广泛指导实践的可能。

20 世纪 70 年代，主张国家干预的经济体普遍陷入滞胀危机，经济下行引发的失业，带来了严重的政治、社会问题。福利国家、凯恩斯主义成

[1] 参见王诗宗：《治理理论与公共行政学范式进步》，《中国社会科学》2010 年第 4 期。

[2] 参见赫伯特·西蒙：《管理行为——管理组织决策过程的研究》，北京：北京经济学院出版社，1988 年，第 44 ～ 59 页。

[3] 德怀特·沃尔多：《行政国家：美国公共行政的政治理论研究》，北京：中央编译出版社，2017 年，第 161 页。

[4] 参见郁建兴、任杰：《沃尔多〈行政国家〉及其当代意义》，《公共管理与政策评论》2018 年第 4 期。

[5] 参见陈振明：《从公共行政学、新公共行政学到公共管理学——西方政府管理研究领域的“范式”变化》，《政治学研究》1999 年第 1 期。

为众矢之的。与凯恩斯主义相契合的公共行政范式，同样遭遇了严峻挑战。公共行政范式下的政府运行效率低下、机构臃肿、回应性缺乏等弊端，时刻敲打着政府探索一种新的治理模式。20 世纪 70 年代末，伴随着新自由主义思潮崛起，英国、美国、澳大利亚、新西兰等国家率先开启了以放松管制、提速增效为核心目标的一系列政府改革，尝试将私人部门的管理组织方式引入公共部门，运用竞争、合同外包、绩效考核、民营化等手段，提高政府运行效率。这场以学习企业管理模式为蓝本的公共管理改革，被学界称为“新公共管理运动”，随之发展起来的理论——新公共管理理论，成为新的公共管理理论范式。[1] 新公共管理运动的广泛开展，较为有效地改变了公共行政范式下僵化、无效的政府体制模式，降低了公共财政支出，提高了政府工作效率，较好地回应了西方发达国家的公共财政危机和政府信任危机。同时，这一新范式打破了公共行政范式中政府作为公共服务唯一供给者的垄断局面，极大地促进了公共事务治理的市场化、社会化，拓展了公共服务供给的范围、幅度和多样性。[2] 但是，自 20 世纪 90 年代中后期以来，随着公共事务治理持续增长的复杂性、碎片化和全球化，新公共管理范式的问题和不足日益显现，集中体现在新公共管理过度强调绩效和产出，忽略了公共管理的有效性、公平性等面向。[3] 作为一种理论上的回应，登哈特夫妇在新公共管理的基础上，修正了政府作为掌舵者角色的判断，提出了“新公共服务理论”。该理论认为政府应该更多地扮演服务者角色，公共管理的核心目标是追求公共利益，而不仅仅是效率。[4] 新公共服务理论作为一种近乎美好的理想模式，得到了部分理论家的追捧，但遗憾的是，这一理论由于缺乏明确的实践机制，而与新公共行政理论一样，较多地停留在理论形态，

[1] 参见郁建兴、吴国骅：《超越新公共管理——基于政治层面的思考》，《湖南社会科学》2004 年第 1 期。

[2] 参见陈振明：《评西方的“新公共管理”范式》，《中国社会科学》2000 年第 6 期；陈天祥：《新公共管理：效果及评价》，《中山大学学报（社会科学版）》2007 年第 2 期。

[3] 参见郁建兴、吴国骅：《超越新公共管理——基于政治层面的思考》，《湖南社会科学》2004 年第 1 期。

[4] 参见珍妮特 • V. 登哈特、罗伯特 • B. 登哈特：《新公共服务：服务，而不是掌舵》，北京：中国人民大学出版社，2004 年，第 150 ～ 162 页。

只有"服务型政府"等概念得到了实务界的部分采纳。

改革开放以来中国的政府改革，也大抵经历了类似过程。改革伊始，中国政府即效仿公共管理理论与实践的经典范式——公共行政范式，基于"政治－行政"二分的理论基础，主张党政分工、党政分开，同时，大量招录并启用专业技术人才，根据公共事务治理需要设置政府部门，建立了层级分明的科层制体系。[1]20世纪90年代以来，受到新公共管理运动的影响，中国政府积极学习企业管理方式，引入市场化、民营化机制，完善政府内部激励，更多地让市场、社会在公共事务治理中发挥作用，旨在提高公共服务供给效率。[2]在过去较长一段时间中，流程再造、绩效评估、政府购买服务、政府雇员、混合所有制等"新公共管理运动"的关键词，大量地出现在中国政府改革的话语之中。进入21世纪以后，中国政府改革借鉴了新公共服务的相关理念，提出了服务型政府建设的战略目标等。然而，与多数国家一样，中国政府在服务型政府建设中面临诸多困难，在机制层面，还未能真正实现从"掌舵"到"服务"的根本性转变。更为重要的是，政府本位的治理逻辑与服务者的角色，存在严重的紧张关系。

总的来看，公共管理理论与实践经历了公共行政范式、新公共管理范式，如今已经进入后新公共管理时期。无论是早期的公共行政范式，之后的新公共管理范式，抑或是晚近兴起的合作治理理论等，都为全球公共管理改革提供了广泛的指导和支持。然而，就单一理论而言，它们也遭受了诸多质疑。因此，在后新公共管理时期，大多数国家的公共治理体系都是以科层制为基础的公共行政范式和基于市场与竞争的新公共管理范式，以及后新公共管理的网络化组织模式的混合体。[3]随着公共治理性质、内容、需求以及外部治理环境、治理网络等的深刻变迁，全球公共管理实践逐渐显现出诸多问题，主要体现在以下两方面：一方面，公共行政范式的专业化、

[1] 参见袁超：《后备干部与当代中国的精英转换》，《治理研究》2018年第4期。

[2] 参见郁建兴、吴国骅：《新公共管理运动与官僚制》，《教学与研究》2003年第9期。

[3] See Erik M. Eriksson, "Representative Co-Production: Broadening the Scope of the Public Service Logic," *Public Management Review*, vol. 21, no. 2, 2019, pp. 291-314.

分工化模式，使得政府机构臃肿，部门之间的协调成本随着公共事务治理复杂性的不断提高而显著增长；另一方面，新公共管理的企业化运作模式，使公共服务组织过度关注效率，而忽视了公共服务供给的有效性。

这些问题归根结底，很大程度上源自政府中心主义的治理逻辑[1]，即公共管理的理论与实践以公共服务组织（主要是政府）作为关注的核心内容，以公共服务组织（主要是政府）作为分析讨论公共管理、公共服务的基本单位和逻辑出发点。正如后新公共管理时期逐渐兴起且得到理论界较多关注的新公共治理理论所批评的，公共行政理论和新公共管理理论的核心问题在于，它们大多关注公共服务组织的实践，而忽略了公共服务是“服务”的现实，在公共服务供给日益碎片化、公共服务供给更加需要跨组织运转的当下，仅关注封闭的行政过程（传统公共行政强调的内容）或组织的内部管理（新公共管理强调的内容）是不可能的。同时，这些理论把公共服务看作生产而非服务的过程，它们的概念大多来自生产部门，而非服务部门，这是已有理论的致命瑕疵。[2] 遗憾的是，无论新公共治理以及作为其最新进展的公共服务逻辑[3]，抑或公共价值管理[4]、整体性政府[5]、整体性治理[6]等，同样强调回归公共服务本质、强调民众参与的理论，都没有就后新公共管

---

[1] 政府是公共服务组织中最重要的组成部分，也是公共服务的主要供给者，而且以公共服务组织为中心的核心问题即政府中心主义，因此，为方便理解和更加鲜明地突出问题的关键，本文使用“政府中心主义”这一更加确切的说法。

[2] See Stephen P. Osborne，Zoe Radnor and Greta Nasi，“A New Theory for Public Service Management? Toward a (Public) Service-Dominant Approach,” *The American Review of Public Administration*，vol. 43，no. 2，2012，pp. 135-158；参见竺乾威：《新公共治理：新的治理模式？》，《中国行政管理》2016 年第 7 期。

[3] See Stephen P. Osborne，“From Public Service-Dominant Logic to Public Service Logic：Are Public Service Organizations Capable of Co-Production and Value Co-Creation?” *Public Management Review*，vol. 20，no. 2，2018，pp. 225-231.

[4] See Gerry Stoker, “Public Value Management: A New Narrative for Networked Governance?” *The American Review of Public Administration*，vol. 36，no. 1，2006，pp. 41-57；何艳玲：《“公共价值管理”：一个新的公共行政学范式》，《政治学研究》2009 年第 6 期。

[5] See Tom Christensen and Per Lægreid，“The Whole-of-Government Approach to Public Sector Reform,” *Public Administration Review*，vol. 67，no. 6，2007，pp. 1059-1066.

[6] 参见竺乾威：《从新公共管理到整体性治理》，《中国行政管理》2008 年第 10 期。

理时期如何超越政府中心主义，即公共管理转型的实现条件及其具体机制进行充分讨论。

四、“最多跑一次”：从改革到革命

理解当代中国改革开放，政府是关键变量。过去40年，中国政府改革坚持市场化、现代化的改革方向，秉承实用主义、理性主义的改革逻辑，开展了卓有成效的制度供给与创新，广泛运用了试点、地方创新和五年规划（计划）等符合中国国情的政策工具,取得了举世瞩目的改革成就。当然，当代中国的政府改革同样存在诸多问题，主要表现为不断增加的体制机制成本，其症结在于公共事务治理、公共服务供给及其改革始终无法摈弃政府中心主义的逻辑。当代中国政府面临的这一重大挑战，同样困扰着全球许多国家与地区的公共管理实践。如何转变政府中心主义的治理逻辑，实现公共服务供给与民众需求尽可能地相匹配，降低公共管理实践、公共服务供给等的体制机制成本，提高公共服务供给的有效性？这构成了当前全球公共管理改革的核心议题。

始于浙江、燎原于中国的“最多跑一次”改革秉承“以人民为中心”的发展思想，以理念革新为先导，以民众的获得感和满意度为目标和宗旨，通过创新体制机制、广泛运用新技术等方式，有效改变了政府中心主义的治理逻辑，实现了从政府改革向政府革命的颠覆性转变，为求解包括中国在内的全球公共管理理论与实践的重大问题，提供了可能的新思路、新方法和新经验。下面，兹将“最多跑一次”改革的缘起、做法、成效及其扩散情况进行简要介绍。

2016年12月，时任浙江省委副书记、代省长车俊在浙江省委经济工作会议上提出,要以“最多跑一次”的理念和目标深化政府自身改革。声势浩大的“最多跑一次”改革在浙江率先拉开帷幕。这既是习近平总书记在浙江工作时倡导的机关效能建设、政府自身改革的再推进再深化，也是推进供给侧结构性改革和“放管服”改革、优化发展环境、加强党风廉政建设的重大举措。

“最多跑一次”改革将“以人民为中心”作为指导理念。习近平同志在十九大报告中明确提出，人民是历史的创造者，是决定党和国家前途命运的根本力量，要把“以人民为中心”作为新时代坚持和发展中国特色社会主义的重要内容。以往的政府改革，大多从政府自身逻辑出发，改革的动议者、执行者、评价者，是政府，也仅是政府。多数民众游离在改革之外，一些民众虽然间接地分享了改革红利，但无法对改革的设计、实施提出适当的反馈。“以人民为中心”，要求公共事务治理以民众的需求为出发点和落脚点。“最多跑一次”，主语是民众，核心也是民众。这一改革以民众到政府办事“最多跑一次”为理念和宗旨，以与民众生产生活关系最紧密的领域和事项为改革起点，以与民众的获得感、满意度为评判改革成效的核心标准，具有显著的“需求导向”“问题导向”“效果导向”的特征，致力于让政府的公共服务供给与民众真实需求相匹配。

“最多跑一次”改革以民众定义的“一件事”为行动基础。“最多跑一次”是指民众到政府办理一件事情，在申请材料齐全、符合法定受理条件时，从政府部门受理申请到做出办理决定、形成办理结果的全过程一次上门或零上门。何为“一件事”？这是“最多跑一次”改革的基本问题。传统的行政审批以政府部门相互分割的“事项”为标准，而在民众眼中，“一件事”往往由一个或多个部门的多个“事项”构成。因此，“最多跑一次”改革的第一步就是主动转变立场，从民众的视角定义“一件事”，重新梳理、归并、整合政府权力“事项”，明确规范“一件事”的名称、适用依据，最大限度地缩减“一件事”所需的材料、办事流程、办理时限，尽可能穷尽各种非常规情形的处理方式（如缺少必需材料须二次上门，缺少一项非必需材料可以接受容缺受理）等内容，分批通过报纸、互联网等多个渠道公布实现“最多跑一次”的“一件事”清单。

“最多跑一次”改革以“互联网＋政务服务”为技术支撑。互联网和大数据技术是提高政务服务效率和有效性的重要工具，也是“最多跑一次”改革的重要依托。以率先发起“最多跑一次”改革的浙江省为例，2017 年 2 月，浙江省人民政府印发《加快推进“最多跑一次”改革实施方案》，明确提出充分运用“互联网＋政务服务”和大数据，全面推进政府自身改革，倒逼各地各部门简政放权、放管结合、优化服务，促进体制机制创新，使民众对改革的获得感明显增强、政府办事效率明显提升、发展环境进一步改善，不断增强经济社会发展活力。在实践中，浙江省着力解决公共数据和电子政务领域存在的基础设施条块割裂、网络互联互通不畅、业务系统缺乏协同等问题，同时，制定《浙江省公共数据和电子政务管理办法》，确立电子签名、电子证照等法律效力，确保网上办事于法有据。浙江省政府也多次召开专题会议，重点审议、协调“信息孤岛”问题，依托地方产业优势，邀请第三方团队协助攻关各部门数据共享，逐项逐条统一格式、统一接口，形成统一的数据库，统一项目名称、子项目名称、数据标签等内容，推进民众跑、办事人员跑向“数据跑”的转变。全国多个省、直辖市、自治区在开展“最多跑一次”改革时，同样以“互联网＋政务服务”作为技术支撑，充分运用互联网和数字治理技术。

“最多跑一次”改革以“一窗受理”“一网通办”为主要手段。政府的部门分工和职能细化甚至割裂，是“一件事跑多次”的重要原因。“最多跑一次”改革积极运用习近平同志提出的系统集成方法，以“一窗受理”“一网通办”为主要抓手，打造“线下服务＋线上服务”双轨并行的全方位政务服务模式。“一窗受理”致力于在物理空间意义上实现“最多跑一次”，通过行政权力归并、划转，将承担审批和服务职能的部门向行政服务中心集中，改造行政服务大厅的窗口设置，将原来按部门排布的服务窗口按“高频事项专门窗口＋综合服务窗口”的形式重新整合，同时，增加行政服务中心人员编制数量，强化规范培训，统一前台受理人员与后台审批人员的工作规范和工作要求，避免因办事标准不一造成的“跑多次”情况。“一网通办”面向民众网上办事，致力于实现“不用跑”，依托各地的政务服务网、政务服务 APP、政务信息发布平台等线上综合服务窗口，对接、融合部门的既有平台，完善或新增投资项目和企业注册登记联合在线审批平台、商事登记服务平台、综合便民服务平台等，同时，结合人脸识别、实名认证等技术手段，提高网上办事比例，推进“跑一次”向“不用跑”“网上办”“不见面”等转变。

就最早开展“最多跑一次”改革的浙江省而言，截至2017年底，全省“最多跑一次”事项总数，从改革之初的2 822项精简至2 076项，省、市、县三级可网上办理事项的比例，分别达79.9%、61.5%、55.9%。“最多跑一次”的实现率从2017年6月至2017年底，提高了10.2个百分点，达到87.9%；截至2018年6月，已经达到88.8%。根据浙江省官方公布的第三方评估结果和本书课题组开展的问卷调查数据，民众的满意度明显提升。

更重要的是，“最多跑一次”改革是浙江省撬动其他各领域改革，推进全面深化改革的杠杆和支点。2018年1月2日，浙江省委书记车俊在全省全面深化改革大会上明确提出，必须充分发挥“最多跑一次”改革的牵引作用，以此撬动各领域改革，不断提高改革的系统性、整体性、协同性。如果把全面深化改革看成一项系统工程，那么“最多跑一次”改革就是撬动这项系统工程的杠杆和支点。“最多跑一次”改革自实施以来，其撬动效应已初步显现。在经济发展方面，通过实行“标准地＋承诺制＋政府代办制”，以及区域环评、区域能评、联合测绘、联合踏勘、联合评价、施工图联审、联合验收等改革举措，企业投资项目审批时间大大缩短，营商环境大为改善；在社会治理领域，嘉兴市在桐乡首先探索自治法治德治“三治合一”的基础上，致力于自治法治德治“三治融合”；在公共服务领域，2018年4月底省政府办公厅下发《浙江省医疗卫生服务领域深化“最多跑一次”改革行动方案的通知》，加快推进“最多跑一次”改革向医疗卫生服务领域延伸；在监督问责方面，台州市首创“市长助跑”微信平台，拓展社情民意集聚与反馈的渠道，提高政府与民众的沟通效率，强化政府内部的纵向问责。

自2016年底浙江省委、省政府提出“最多跑一次”改革至今，这一改革业已从“地方探索”跃升为“顶层设计”，从“区域创新”扩散为“全域改革”，甚至获得了部分西方国家的赞誉。[1]

在纵向制度化层面，2017年2月，浙江省正式启动“最多跑一次”改

[1] 刘少华：《浙江“最多跑一次”法国人点赞》，《人民日报・海外版》2018年11月21日。

革。2017 年 5 月即得到中央关注，中共中央办公厅信息专刊印发了浙江省“最多跑一次”改革经验。2017 年 9 月，国务院办公厅通报表扬浙江省“最多跑一次”改革。2018 年 1 月 23 日，中央深改组专门听取了《浙江省“最多跑一次”改革调研报告》并建议向全国推广。之后，“最多跑一次”被写入 2018 年国务院政府工作报告。“最多跑一次”改革这一“地方探索”，经过短短一年时间，即跃升为具有较高显示度的“顶层设计”。

在横向扩散层面，自 2017 年 2 月浙江省人民政府印发《加快推进“最多跑一次”改革实施方案》至 2018 年 6 月，从中共中央、国务院、中央各部委到全国各省、直辖市、自治区，共颁布 400 余条“最多跑一次”相关政策文件。“最多跑一次”改革从“一枝独秀”演变成为“全面开花”。具体来看，2017 年 2 月浙江省发布“最多跑一次”改革实施方案后，2017 年 3 月陕西省西安市即提出实施“最多跑一次”改革，并在 2017 年 5 月颁布《西安市推进“最多跑一次”改革实施方案》。2017 年 4 月，“最多跑一次”扩散到安徽、吉林、福建三省。2017 年 6 月，“最多跑一次”扩散到内蒙古、河北、辽宁、江苏、宁夏等省、自治区。2017 年 7 月，“最多跑一次”扩散到四川省。2017 年 8 月，“最多跑一次”扩散到甘肃、山西二省。2017 年 9 月，“最多跑一次”扩散到云南、陕西、青海、黑龙江等省。2017 年 9—12 月，“最多跑一次”扩散到山东、河南等省，并在之前已扩散省份得到更多实践应用。2018 年 1 月，“最多跑一次”改革得到中央深改组的肯定与推广，此后，“最多跑一次”更大范围地辐射到全国。截至 2018 年 6 月，全国除港澳台外的 31 个省、直辖市、自治区中，已有 29 个提出并开展了“最多跑一次”或类似改革。

五、本书主要内容与结构安排

本书以纪念改革开放 40 年为重要契机，以立足当下、展望未来为主要方式，将当前中国改革的经验与问题置于全球公共管理改革的视角下进行讨论，通过考察始于浙江、燎原于中国的“最多跑一次”改革，致力于求解包括中国在内的全球公共管理理论与实践的重大问题，即政府中心主义的治理逻辑，并基于“最多跑一次”改革的经验，尝试提出突破政府中心主义的中国方案，即“以民众为中心”的公共管理。

本书的后续章节将按照如下逻辑展开：

第二章为“浙江省‘最多跑一次’改革的缘起、进展与成效”。本书以“最多跑一次”改革为研究对象，致力于探讨公共管理逻辑转型的可能性及其机制。“最多跑一次”改革由浙江省率先开展，为分析如何超越政府中心主义治理逻辑提供了一个重要的案例。本章将围绕“最多跑一次”改革，考察这一改革的缘起和动力来源，探讨“最多跑一次”改革的主要理念、实现路径和政策工具，在此基础上评价改革的阶段性成效。

第三章为“浙江省‘最多跑一次’改革的撬动效应”。“最多跑一次”改革不限于政府自身，这是“最多跑一次”改革作为“革命”而非仅仅“改革”的关键所在。浙江省将“最多跑一次”改革定位为全面深化改革的突破口，即希望依托政府的行政审批改革撬动经济社会各领域的全面改革。这也是“最多跑一次”改革能够超越已有改革，可能贡献于全球公共管理理论与实践的重要原因。因此，本章将进一步讨论浙江省“最多跑一次”改革的溢出效应，从经济发展、社会治理、政府内部治理结构等方面考察这一改革对于经济社会各领域改革的撬动效应。

第四章为“‘最多跑一次’改革的政策创新扩散”。“最多跑一次”改革不限于浙江。经过近两年的实践探索，“最多跑一次”改革已从“地方探索”跃升为“顶层设计”，从“区域创新”扩散为“全域改革”，为“最多跑一次”改革从“浙江经验”上升为“中国方案”提供了现实可能性。本章将基于政策创新扩散理论，运用文本比对、内容分析等基于数据驱动的技术手段，考察“最多跑一次”改革从提出至2018年6月的扩散情况，探究“最多跑一次”政策创新扩散的趋势、路径，其中的政策趋同与政策学习，以及政策趋异与政策再生产。

第五章为“‘最多跑一次’改革的管理保障”。“最多跑一次”改革要求实现跨部门、跨层级的流程再造、信息共享和权力重构，由此突出了碎片化行政体制向整体性政府转变过程中的协调难题。如何克服这一协调难题？浙江省“最多跑一次”改革提供的解决方案，不仅有助于解决当代中国政府改革的现实问题，也将对全球公共管理理论与实践做出贡献。本章基于“最多跑一次”改革在各地的扩散实践，指出党委发挥“总揽全局、协调各方”的领导作用，优化纵向激励体制、横向协调体制和信息反馈机制等，是超越部门利益、打破部门壁垒的重要管理保障。

第六章为“当代公共管理改革的中国方案？”。“最多跑一次”改革在一定程度上超越了政府中心主义的传统逻辑，那么，基于“最多跑一次”改革，是否可以提出一种可能的中国方案，贡献于全球公共管理理论与实践？本章将体现本书的核心理论关怀：求解包括中国在内的全球公共管理理论与实践问题，即突破政府中心主义治理逻辑。因此，本章将首先基于十九大提出的“以人民为中心”的发展思想，建构“以民众为中心”的公共管理这一新路径，然后基于全书对“最多跑一次”改革的描述，论证“最多跑一次”改革是一场“以民众为中心”的公共管理创新。最后，基于“最多跑一次”的改革实践，提炼出实现“以民众为中心”的公共管理可能的条件与机制。

围绕上述研究目标，本书课题组对始于浙江、燎原于中国的“最多跑一次”改革进行了系统、深入调研。2017 年上半年，课题组首先调研了浙江省编办、杭州市、衢州市、湖州市、台州市等部门和地区。2017 年下半年，课题组受浙江省全面深化改革领导小组办公室委托，进一步开展浙江省“最多跑一次”改革实践进展的调研与下一阶段改革突破口的课题研究。在此期间，课题组参与了浙江省委、省政府及相关职能部门的多个工作会议。在继续开展省内调研的基础上，课题组前往江苏省、湖北省、广东省和陕西省等开展类似改革的地区进行实地调研。2017 年 12 月，课题组前往江苏省考察“不见面审批”的主要做法，前往湖北省武汉市考察“马上办网上办一次办”（“三办”改革）的实践进展，并写出了调研报告。2018 年 4 月，课题组前往广东省，在广州市、佛山市、东莞市等考察当地行政审批制度改革的经验与做法。2018 年 5 月，课题组前往陕西省西安市，考察西安市“最多跑一次”改革的进展。

在考察制度设计、政策文本、典型案例等的同时，课题组于 2018 年 7—8 月在浙江省实施了问卷调查，从民众视角更为系统地考察“最多跑一次”改革的成效与限度。考虑到群众、企业办理事项的差异，课题组分别设计了面向群众、企业的不同问卷。在调查中，课题组在各设区市选取 1 ～ 2 家行政服务中心，约请前来办事的市民、个体工商户和企业办事人员分享他们在政务事项办理中的实际体验。截至 2018 年 8 月 20 日，课题组共收到市民问卷 607 份，个体工商户和企业办事人员问卷 211 份。在此过程中，课题组还访谈了部分地区的行政服务中心工作人员，进一步了解了行政服务中心在推动“最多跑一次”改革中的角色定位、工作进展和面临的主要问题。

第二章

浙江省“最多跑一次”改革的缘起、进展与成效

良好的政府如何建构？市场秩序的扩展为政府创新提供了重要的动力来源，但成功的政府改革还需要具备良好的理念、恰当的实现路径和有效的政策工具。浙江省“最多跑一次”改革超越了以往政府中心主义的传统范式，确立了“以人民为中心”的政府改革新理念。基于这一理念，浙江省建立了识别、回应人民需求的工作机制，探索了结果导向的整体性政府改革路径，并借助互联网、大数据等技术工具加速改革进程，巩固改革成效。实践表明，浙江省“最多跑一次”改革在较短时间内显著提高了民众的满意度和获得感，快速推进了政府治理现代化。

“历史经验反复表明，良好的政府不是奢侈品，而是非常必需品。”世界银行《1997 年世界发展报告：变革世界中的政府》中的这句话一再被人们引述。然而，如何建立良好的政府却是发展中国家面临的普遍难题。1978 年中国实行改革开放后，市场化进程的持续推进构成了政府改革创新的重要动力来源，但成功的政府改革还需要具备良好的理念、恰当的实现路径和有效的政策工具。在这方面，浙江省“最多跑一次”改革提供了一个合适的研究对象，它致力于以“群众感受的‘小变化’造就政府运行的‘大变革’”[1]。本章系统回顾了浙江省从强县扩权到“最多跑一次”改革的主要历程，比较不同时期政府改革的理念、路径与工具。在改革早期，政府主导的行政审批制度改革有助于推进行政权力在各层级政府间的结构性重构；伴随着改革进入深水区，“以人民为中心”的理念是深化行政审批制度改革、建设现代政府治理体系的先导。“最多跑一次”改革通过落实“以人民为中心”的理念，借助“互联网 + 政务服务”推进整体性政府建设，在建设更加透明、负责的政府，更加高效、友好的政府，以及更加规范、有序的政府方面取得了显著成效。

一、从强县扩权到“最多跑一次”改革

市场秩序的扩展是政府改革的重要动力来源，但良好政府的建构并没有那么简单。在中国，行政审批制度是政府改革的关键领域，它既包含政

[1] 车俊：《坚持以人民为中心的发展思想，将“最多跑一次”改革进行到底》，《求是》2017 年第 20 期。

府职能范围的收缩、调整，即取消、下放各级政府的行政审批事项，减少政府对市场、社会的不必要干预；也包含政府职能履行方式的创新，即精简、优化行政审批流程，提高政务服务质量与效率。从20世纪80年代的“放权让利”开始，到十八大后国务院提出“简政放权”的新议程，行政审批制度改革贯穿中国政府改革的全过程，是中国经济社会快速发展的重要解释要素。

“最多跑一次”改革是浙江省行政审批制度改革的最新探索，也是既有改革的集大成者。作为民营经济较为发达、社会发育较为充分的地区，浙江省在改革开放后探索形成了“强县扩权”“集中审批”“机关效能建设”和“四张清单一张网”等深化行政审批制度改革的具体策略，分别从纵向政府的权力重构、地方政府行政审批机制创新和职能部门权力规范等角度切入，回应了不同时期经济社会发展的现实要求。在改革进入深水区后，“最多跑一次”改革更加自觉地坚持需求导向、结果导向，系统整合不同维度的行政审批制度改革，倒逼各层级政府、各职能部门协同合作，从而实现了从“以政府为中心”到“以人民为中心”的重大转型，全面推进了政府治理现代化。

（一）从强县扩权到扩权强县：重构纵向政府间的行政权力（1992—1998）

强县扩权是指高层级政府将一部分原本属于省级政府、设区市的行政审批权限（经济社会管理审批权）以委托交办等形式下放给县级政府，实现纵向政府间行政审批权力的重构。[1]这一改革旨在授予县级政府更多经济社会管理审批权限，确保经济发达地区的县级政府能够更好地适应经济社会事务复杂化、规模化后带来的新挑战，使行政审批体制能够适应区域经济的快速扩张。从1992年首次决定实行强县扩权开始，浙江省在1997年进一步扩大了改革范围、明确了扩权内容，由此确定了纵向政府间行政审

[1] See Jianxing Yu and Xiang Gao, “Redefining Decentralization: Devolution of Administrative Authority to County Governments in Zhejiang Province,” *Australian Journal of Public Administration*, vol. 72, no. 3, 2013, pp. 239-250.

批权力重构的制度框架。此后，浙江省又在 2002 年、2006 年和 2008 年分别出台文件，推动了强县扩权向扩权强县的制度变革，巩固了行政省管县的体制安排。

以减少、下放各级政府行政审批权力为切入点推动县域经济发展，起源于 20 世纪 80 年代中国“梯度分权”的改革策略。改革开放后，中央政府尽管明确了实施改革的战略方向，却未能在如何推进市场化的问题上取得一致意见。当时，民营经济尚未取得合法地位，个体工商户和民营企业只能雇用 7 人或以下的劳动力，一旦雇用 8 人或以上就会被定性为“资本主义剥削”。除了旧观念的制约，政府也缺乏宏观调控的基本经验。为了减少市场化改革可能带来的动荡，中国政府采用了“逐级有条件下放经济社会管理权限”这一梯度分权的策略性做法。梯度分权首先意味着政府保留了配置土地、金融等重要生产资料的权限，以及审批特定类型经济活动的权限，由此确保政府能够运用行政手段实施宏观调控。与指令经济不同的是，中央政府不再将这些权限全部控制在中央部委手中，而是采用设立经济特区等方式赋予地方政府管理当地经济社会发展的权力。深圳、珠海、汕头和厦门等经济特区不仅可以享有更高的财政分成比例，而且拥有自主审批投资项目等的行政权力。梯度分权的第二层含义则是分权的程度因区域、层级等存在差异。在 20 世纪 80 年代，中国在行政分权中形成了“经济特区—经济技术开发区—沿海开放城市—沿海经济技术开发区—内地”等多个不同层次，它们享有的行政权力呈现出依次递减的特征。在经济特区的改革模式取得较大进展后，中国政府进一步拓展了梯度分权的范围，把经济社会管理权限逐级下放给省、市、县和乡镇政府。不过，高层级政府在梯度分权中从类型和规模两个方面为地方各级政府设置了权力上限。就类型而言，一些特定领域的投资项目需要经过中央或省级政府的审批。举例来说，直到 2014 年简政放权后，新建乙烯、对二甲苯（PX）、二苯基甲烷二异氰酸酯（MDI）等石化类项目的审批权限依旧掌握在省级政府手中[1]，而此前

[1]　参见《国务院关于发布政府核准的投资项目目录（2014 年本）的通知》（国发〔2014〕53 号）。

相当长时间内则必须由国务院投资主管部门、国务院行业管理部门核准[1]。就规模来看，高层级政府设定了行政审批权力下放的额度限制。如在20世纪90年代，浙江省绝大多数的县级政府只能自行审批3 000万元以下的技术改造类项目。一旦某个项目的投资额度超出这一范围，县级政府就必须按照逐级上报的原则，由具备审批资格的政府职能部门审批。

梯度分权在20世纪80年代有效推进了区域经济社会的快速发展，但浙江省县域经济的快速发展凸显了有限经济社会管理权限对经济强县的体制约束。在改革开放早期，县级政府的经济社会管理权限尽管非常有限，但仍然可以在县本级审批绝大多数经济社会管理事务。90年代以后，浙江省部分地区的县域经济快速发展，萧山、余杭、义乌等地区的经济体量已经远远超过当地政府所掌握的行政审批权限范畴。这一变化使得这些经济强县的绝大多数经济社会发展事务都需要前往设区市政府、省政府申请行政审批，无疑大大降低了行政审批的效率，也影响了区域经济社会发展。地方官员形象地把这种现象称为“小马（政府有限的行政权限）拉大车（庞大而复杂的经济活动）”。

为了解决这一问题，浙江省于1992年启动了强县扩权改革，旨在通过行政权力下沉的方式来改善浙江省的营商环境。由于确保经济发达地区地方政府能够获得较大经济管理权限是实行强县扩权的重要目标，浙江省的权力下放改革并未延续经济特区的试验逻辑，而是明确把经济发达县（市）作为扩权对象。同时，为了保证省政府仍然能够较好地调控经济运行，浙江省侧重于把地级市政府的经济管理权限下放到县级政府，而较少将省级部门的管理权限直接下放到县（市）。[2]与梯度分权的两个维度相对应，浙江省的强县扩权包含下放特定类型经济社会管理审批权限、扩大原有经济社会管理权力上限两方面的内容。从特定类型权力下放来看，浙江省在

[1] 参见《国务院关于发布政府核准的投资项目目录（2013年本）的通知》（国发〔2013〕47号）。

[2] 参见课题组访谈201208B。本书使用了课题组历年来围绕行政审批制度等开展的一系列调研访谈。访谈记录均采用“年＋月＋字母”的方式编号，其中数字代表访谈年月，字母代表当月的访谈次序，“201208B”即课题组在2012年8月开展的第二次访谈。

1992 年的第一次扩权改革中，赋予经济相对发达的 13 个县（市）“基本建设和技术改造项目审批权”“外商投资项目审批权”等 3 种权限，规定“凡符合国家产业政策，资金、能源、原材料、外汇等建设和生产经营条件不需要省综合平衡，总投资 1 500 万元以下的非生产性基本建设项目、3 000 万元以下的生产性基本建设项目和 1 000 万元以下的技术改造项目，均由县（市）审批”，“凡符合国家产业政策，资金、能源、原材料等建设和生产经营条件不需要省综合平衡，产品出口不涉及配额、许可证，总投资 2 000 万美元以下的生产性外商投资项目，由县（市）审批”。到 1997 年，《浙江省人民政府关于在萧山和余杭两市试行享受市地一级部分经济管理权限的批复》，首次尝试将部分地级市的行政审批权限全部下放给两个县级政府。就原有经济社会管理权限的继续扩张来看，浙江省在 1992 年的扩权文件中允许县（市）自行审批 1 000 万元以下的技术改造项目；到 2002 年，扩权县（市）的自行审批额度已经达到 3 000 万元。生产性外资项目审批权限的提升也是如此：1992 年扩权县（市）只能自行审批 2 000 万美元以下的项目，到 2002 年，这一权限已经扩大到 3 000 万美元。

经过 1992 年、1997 年两轮强县扩权改革，浙江省正式确立了行政省管县的制度框架。此后，浙江省于 2002 年、2006 年和 2008 年继续下放行政权力，进一步巩固了行政省管县的制度框架。不过，行政权力的下放并未改变纵向政府间梯度分权的性质，即上级政府始终会保留特定类型的行政审批权力，也仍然设置了县级政府行政审批权力的上限。由此，县域经济进一步发展、壮大后，县级政府经济社会管理权限的天花板就会再次显现。相应地，浙江省在 1992 年启动强县扩权改革后，就需要依据县域经济的发展进度持续不断地推进行政权力下放。在 1992 年、1997 年的强县扩权改革以后，浙江省政府向扩权县（市）授予的经济社会管理权限数量持续增加，权限的范围也越来越大（见表 2-1）。2002 年，浙江省进一步要求从行政审批权力的“部分下放”转变为“能放则放”，文件中列明的行政权限数量达到了 12 大类共 313 项。到 2008 年，浙江省规定“除国家法律、法规有明确规定的以外，目前需要经过市审批或由市管理的，由扩权县（市）自行审批、管理，报市备案"。这一规定相当于把县级政府的行政权力放到了与地级市平级的地步。更为重要的是，浙江省不再只是选取部分经济发达区域的县级政府作为扩权对象，而是开始将扩权本身作为工具来推动县域经济的快速发展，即实现了从强县扩权向扩权强县的转变。

表 2-1　浙江省行政审批权力下放（1992—2009）

时间	文件名称	扩权对象	新增权限数量	审批权限	
				技术改造项目	生产性外商投资项目
1992	浙江省人民政府关于扩大十三个县市部分经济管理权限的通知（浙政发〔1992〕169 号）	经济发达县（市） 萧山、余杭、鄞县、慈溪、余姚、海宁、桐乡、绍兴、黄岩、嘉善、平湖、海盐、椒江	2 类 3 项	1 000 万元以下	2 000 万美元以下
1997	浙江省人民政府关于在萧山和余杭两市试行享受市地一级部分经济管理权限的批复（浙政发〔1997〕53 号）	经济发达县（市） 萧山、余杭	10 类	1 000 万元以下	部分享受同地级市同等审批权限
2002	中共浙江省委办公厅、浙江省人民政府办公厅关于扩大部分县（市）经济管理权限的通知（浙委办〔2002〕40 号）	经济发达县（市） 绍兴、温岭、慈溪、诸暨、余姚、乐清、瑞安、上虞、义乌、海宁、桐乡、富阳、东阳、平湖、玉环、临安、嘉善	12 类 313 项	3 000 万元以下	3 000 万美元以下
2006	中共浙江省委办公厅、浙江省人民政府办公厅关于开展扩大义乌市经济社会管理权限改革试点工作的若干意见（浙委办〔2006〕114 号）	经济发达县（市） 义乌	同地级市	同地级市	同地级市
2008	中共浙江省委办公厅、浙江省人民政府办公厅关于扩大县（市）部分经济社会管理权限的通知（浙委办〔2008〕116 号）	全部县（市） 义乌 其他县（市，包括杭州市萧山区、余杭区）	618 项 443 项		
2009	浙江省加强县级人民政府行政管理职能若干规定（省政府令第 261 号）	全部县（市） 所有县级政府（包括县级市）	能放则放	同地级市	同地级市

资料来源：课题组根据浙江省历年政策文件整理。
说明：本书中的所有图表，除特别标明外，均为作者自制。

（二）集中审批的地方探索：组建行政服务中心（1999—2005）

“强县扩权”“扩权强县”等省管县的行政体制改革，重构了纵向政府间行政权力的配置方式，旨在通过减少地方经济事务跨层级的审批流程来提高行政效率、优化营商环境。相比之下，行政服务中心旨在把各职能部门中与行政审批事务相关的办事人员都集中到同一个办事大厅，由此降低民众获得政务服务的成本。与“强县扩权”这一省委、省政府自上而下推动的改革相比，行政服务中心是地方政府自下而上的自主探索。在这项改革中，地方政府在给定的制度框架内推动了各职能部门间的流程再造，提高了行政服务的效率与质量。

行政服务中心建设源自政府分部制，即同一经济社会管理活动需要多个职能部门共同参与。分部制导致行政审批过程中涉及的部门数量繁多、手续庞杂，从而增加了民众的办事成本。20 世纪 90 年代中期，行政审批的复杂流程明显阻碍了各地经济社会的发展。某省省委书记曾为复杂的行政审批流程大发雷霆：“办理一个房产项目手续，要用一年甚至三年时间，盖 166 枚公章，涉及 94 项收费，除非我们的地下是金砖，否则谁还来我们这里搞开发？”到 2001 年，这种情形尚没有得到扭转。四川省政府研究室调查组发现，绵阳市某房地产集团上一个 6 000 万元的项目，从立项到开工累计办理各类审批手续的时间达到 543 天。[1] 由于权力大、影响大，行政审批还常常诱发腐败。[2]

浙江省不少市、县政府在 1999 年前后开始自发探索行政审批、政务服务集中办事的行政服务中心模式，致力于通过“一站式”改革来提高政府行政服务的效率与质量。1999 年，金华市率先采用“一站式”服务来提

[1] 参见四川省政府研究室调查组：《对绵阳市行政服务中心的调查》，《四川行政学院学报》2001 年第 2 期。

[2] 在实践中，一些部门在行使行政审批权力的过程中未能做到依法依规行使，由此出现了权力寻租现象。当然，行政审批权限的滥用并不限于地方层面，而更多见于较高层级政府，即县乡层级政府往往需要为了一个大型基础设施建设项目或企业投资项目而前往省级政府甚至中央政府寻求支持。不少报道都指出，这种安排造成的一个附加影响是权力寻租。参见双瑞：《“跑部钱进”诱发的权力寻租》，《瞭望》2013 年第 39 期。

高企业投资项目审批、便民服务的办事效率，开创了国内政务服务中心的先河。与重在调整纵向地方政府间行政权力（即“配好权力”）的强县扩权改革相比，行政服务中心的建立明确地把“用好权力”作为改革的核心目标。金华市行政服务中心的前身是20世纪90年代中期的市政府集中办事大厅。集中办事大厅的目标是把各职能部门的对外审批功能集中到同一个地点，民众等可以在相对集中的空间范围内完成事项办理。1999年，金华市进一步按照“服务投资、方便市民、并联审批、全程代理、强化监督”的要求，率先采用了“一站式”审批模式。同年，上虞市把分散在不同部门的审批、审核、办证、办照事项分离出来集中到一个大厅进行办理，建立了全国首家规范意义上的政务服务中心。事实上，由于多部门分头管理导致的行政审批“门难进、脸难看、事难办”现象在各地普遍存在，作为一种重要改变，行政服务中心模式在同一时间段相继出现在广东、山东、四川等地。

物理集中是行政服务中心早期阶段的突出特点。在这一阶段，一些行政服务中心尽管也会提出“并联审批”的要求，但这仅仅是对原有行政程序的简单调整，并未涉及行政程序、权力的系统重构。行政服务中心方便民众办事的最重要方式是将办事事项从空间分散的各职能部门集中到统一的行政服务平台。以金华市行政服务中心为例，它建立后，包括市计委、建设局、工商局、文化局、卫生局、质监局、人防办等在内的多个部门都设置了服务窗口。不过，行政服务中心是市政府的派出机构，对外并不具备行政主体资格，对内缺乏行政协调监督权，因而它更像是“收发室”。[1]换句话说，行政服务中心并不直接面向民众提供服务，而是为各职能部门提供了集中办公场所，具体政务服务和行政审批事项（包括流程与审核权限）仍然归属于各职能部门。

行政服务中心的物理集成看起来简单，成效却十分明显。早期的行政服务中心主要解决三方面问题。第一，通过集中办事降低民众在办事过程

[1] 参见中国行政管理学会课题组：《政务服务中心建设与管理研究报告》，《中国行政管理》2012年第12期。

中的交通成本。1999 年后各地成立的行政服务中心都体现出“汇总”的特点，即在地方党委、政府的推动下，要求与行政审批、政务服务等相关的职能部门派办事人员入驻行政服务中心。[1] 地方政府通过为各职能部门提供统一办事的大厅，解决了民众难以找到行政职能部门办事的难题，大大提升了政务服务的效率。第二，通过机关作风建设解决职能部门办事态度不佳、作风散漫等问题。作为专门以优化行政服务为核心目标的职责机构，行政服务中心在提供物理空间的同时，也具备考核、规范各职能部门派驻人员服务态度的权力（但不属于行政协调与监督权）。这使得行政服务中心的设立不仅解决了民众在寻求政务服务时“门难进”的问题，也改变了“脸难看”的情形。第三，通过公开、现场办事解决一些职能部门行政审批不规范、乱收费问题。20 世纪 90 年代，地方政府尚未全面推进统收统支的财政体制改革，不少职能部门依赖行政事业性收费来改善本单位工作人员的福利待遇。行政服务中心推动建立了公开、透明的办事程序，较为有效地遏制了职能部门在行政审批环节中的乱收费现象。2001 年 10 月，国务院批转监察部、国务院法制办、国务院体改办、中央编办《关于行政审批制度改革工作的实施意见》，其中在“效能原则”中明确要求地方政府在行政服务中心的建设中坚持“一个部门应当实行一个‘窗口’对外”，肯定了行政服务中心物理集成各职能部门的做法。

物理集中的行政服务中心模式很快在全国范围内得到推广应用。截至 2005 年，浙江省 101 个设区市都建立了集中、公开、透明的行政服务中心（有的称为行政审批服务中心）。截至 2011 年底，全国除港澳台外的 31 个省、直辖市、自治区共设立了 2 912 个行政服务中心（或政务服务中心，其中也包括各级各类开发区设立的服务中心）。[2]

[1] 参见谭海波、赵雪娇：《“回应式创新”：多重制度逻辑下的政府组织变迁——以广东省 J 市行政服务中心的创建过程为例》，《公共管理学报》2016 年第 4 期。

[2] 参见中国行政管理学会课题组：《政务服务中心建设与管理研究报告》，《中国行政管理》2012 年第 12 期。

（三）职能整合与流程再造：推进行政审批制度改革（2006—2012）

行政服务中心成立后，在较短时间内就体现出改善政务服务质量、提高行政审批效率的巨大效应。伴随着改革的推进，仅限于物理集成的办事大厅模式很快表现出较大的局限性，即由于行政服务中心缺乏行政主体资格，且对内缺乏协调和监督权限，它始终没有能够推进各部门间的行政权力重构，也没有能够协调相关职能部门优化行政程序，从而未能根本性地降低民众的办事成本。有鉴于此，浙江省在2006年后分两个阶段深化了行政审批制度改革。2006—2008年，浙江省通过整合职能部门的审批职能，解决了派驻行政服务中心办事窗口只收件、不审批的问题。2009—2012年，浙江省开始探索创新审批方式、下放审批权力的实现途径，在涉及多部门审批事项中形成了并联审批、网上审批等新模式。

审批职能整合是深化行政审批制度改革的重要前提。行政服务中心的成立和运行要求各职能部门派驻窗口工作人员。不过，由于职能部门的内部审批权力较为分散，它们实际上难以安排一名专门从事行政审批的工作人员直接在窗口完成事项审批。作为权宜之计，职能部门派驻在行政服务中心的办事人员主要承担材料初审和转交工作，具体的行政审批事项仍然需要回到职能部门由相关科室完成。这一安排无疑降低了行政服务中心的办事效率。为此，浙江省以《中华人民共和国行政许可法》的实施为契机提出了“两集中、两到位”的新要求。“两集中”是指各职能部门需要梳理机关内部的行政审批事项，将这些事项向本部门的审批处（科）室集中，这些审批处（科）室再向行政服务中心集中。“两到位”是指各职能部门应当保证进驻行政服务中心的审批事项到位、审批权限到位。在这一改革以后，行政服务中心才从地方政府的集中“收发室”转变为职能部门的集中办事大厅。如杭州市富阳区在改革前共有150多个审批职能科室，分属于不同的行政机构。经过“两集中、两到位”的改革，到2014年只剩下44个行政许可科室，且都进驻了市行政服务中心现场办公。[1]

行政审批职能整合是职能部门内的行政审批权力重构，而并联审批、网上审批、模拟审批则是跨部门、多部门行政审批事项的流程再造。在实践中，并联审批、网上审批是同步推进的审批方式创新，它们旨在借助信息通信技术（简称 ICT）来实现多部门联动，即在民众提交申请材料后，各相关职能部门借助在线联网的技术工具同步完成在线审批，由此减少行政审批所需时间。这种做法最早运用于企业投资项目审批领域。早在 2001 年，浙江省发改委（当时为“发展计划委员会”）就发布了《网上并联审批公告》，明确要求“建立公开、便捷、规范、高效的政务运行系统”。依托新兴互联网技术，并联审批既是为了便捷，即降低基层政府和民众的办事成本，通过网络报送实现即时处理，提高行政效率，也是为了能够规范政府的权力运行方式，即通过全程公开办理流程，将“机关的办事过程完全置于被服务者的监督之下”。2009 年以后，浙江省各地行政服务中心都开始将并联审批、网上审批作为提高行政服务效率的重要手段。

在“两集中、两到位”改革后，行政服务中心在浙江省各级政府中的定位更加明确，成为推动行政服务效率和质量提升的关键部门。在这一阶段，浙江省出现了两种不同的行政审批制度改革模式：一是行政服务中心模式，即政府以派出机构或临时机构的形式成立办事大厅，协调各职能部门工作；二是行政审批局的模式，即政府成立一个新的事业单位，通过行政授权使它可以直接行使行政审批权力。目前，浙江省绝大多数地区采用了行政服务中心这一派出机构模式，嘉兴市南湖区、绍兴市柯桥区、台州市天台县和温州经济技术开发区则试行了相对集中行政许可权的行政审批局模式。

（四）“四张清单一张网”：地方政府的自我限权（2013—2016）

相比于政府内部的权力调整与流程优化，浙江省于 2013 年启动的“四

[1] 参见颜新文、霍翟羿、杨来斌：《“两集中、两到位”方便群众办事》，《中国纪检监察报》2014 年 2 月 11 日。

张清单一张网”改革更加明确地提出了重构政府与市场、社会关系的目标。2013年，党的十八届三中全会要求推行“地方各级政府及其工作部门权力清单制度”。作为对中央要求的积极响应，浙江省很快启动了以限权为核心目标的“四张清单一张网”改革，旨在理清地方各级政府及其职能部门的法定权力，更好地规范、约束政府的行政权力，重构政府与市场、社会的关系。

“四张清单一张网”改革首先是对十八届三中全会“规范权力运行”的积极响应。以重构政府与市场、社会的关系为目标，浙江省明确提出各级政府及其职能部门“法无授权不可为”的原则，要求各级政府及其职能部门只有在获得法律法规明确授权的情况下才能干预市场、社会的具体微观事务，以遏制一些地区过多干预微观市场主体运行的做法。在改革中，浙江省以机构编制委员会为主体启动了权力清单的编制工作，要求各职能部门依照法律法规梳理、归并行政权限，清理缺乏法律依据的行政权力。权力清单梳理的成效显著，如省级部门的行政权力从1.23万项减少到4 236项。[1] 各市、县政府也基于职能部门行政权力的依法梳理减少或下放了行政权力，明确了各级政府职能部门所享有的行政权力主要内容。如杭州市富阳区在2014年3月公布了权力清单，其政府部门的权力从2008年的7 800多项削减到公布时的6 100余项，常用行政权力则从2 500多项削减到1 534项。[2] 为了进一步规范政府权力，浙江省又编制了企业项目投资负面清单、政府责任清单以及省级部门专项资金管理清单。其中，企业项目投资负面清单是指“企业可以从事清单上列明的投资项目之外的所有经营活动”。政府行政部门法无授权不可为，企业则是法无禁止即可为。这一转变极大地重构了政府与市场、社会的关系，意味着企业的多数生产经营活动不再需要政府审批，从而较好地调整了政府干预市场运行的职责范围。

浙江省在“四张清单一张网”改革中正式启动了省级政府的电子政务

[1] 参见马斌：《规制权力释放制度红利》，《浙江人大》2016年第11期。

[2] 参见袁华明、李知政、章卉：《“最多跑一次”——一场“刀刃向内”的自我革命》，http://zj.people.com.cn/GB/n2/2018/0727/c186995-31865088.html。

建设，即开发了“浙江省政务服务网”。自20世纪90年代的强县扩权改革开始，浙江省的便民服务类事项、个体工商户的证照登记和商事主体的税务事项等大多可以在市、县和乡镇、街道层面完成，行政服务中心也就主要设立在市和县政府，省政府并未设立直接面向民众的实体办事大厅。而在梯度分权的模式下，省级政府仍然承担了审批特定领域、特定规模企业投资项目的职责。2012年后，中国政府为控制政府规模而实行了“定编定岗”，浙江省很难在不撤销既有机构的情况下建立新的行政服务中心。为求解这一问题，时任浙江省委副书记、省长李强提出了建设“在线政务大厅”的设想，即建立一个全省统一，为民众提供咨询办事等多种功能服务的政务服务网。在这一网站上，也可以公布各级政府的行政权力及其运行轨迹、运行流程，确保权力正当行使。2014年6月，浙江省政务服务网正式上线，奠定了浙江省“四张清单一张网”中“一张网”的格局。依托政务服务网，浙江省101个设区市和县（市、区）、42个省级行政部门公布了各自的行政权力。市民、个体工商户和企业办事人员可以在政务服务网完成水电煤缴费、查询政府服务办事流程等事务。

（五）“最多跑一次”改革：从“以政府为中心”到“以人民为中心”（2016年至今）

自1992年开始，浙江省各级政府从重构纵向政府间的行政权力、创新行政审批的工作机制、规范职能部门的权力行使等不同的视角切入，较为有效地回应了不同时期经济社会发展的客观需要。不过，这些改革仍然有着较强的政府中心主义特征，改革成果较难转化为民众获得感。为了更好地将政府改革成果转化为民众的获得感，车俊在2016年12月省委经济工作会议上提出了“最多跑一次”改革的倡议，要求树立“以人民为中心”的改革新理念，以群众感受倒逼政府变革，由此更好地执行“八八战略”[1]，再

[1] “八八战略”是指中共浙江省委于2003年7月第十一届四次全体（扩大）会议上提出的面向未来发展的八项举措，即进一步发挥八个方面优势、推进八个方面举措，其中第一条就是“进一步发挥浙江的体制机制优势，大力推动以公有制为主体的多种所有制经济共同发展，不断完善社会主义市场经济体制”。

创浙江体制机制优势。“最多跑一次”是指“群众和企业到政府办理‘一件事情’，在申请材料齐全、符合法定受理条件时，从政府部门受理申请到做出办理决定、形成办理结果的全过程一次上门或零上门”。2017年1月，车俊在向浙江省人大所作政府工作报告中进一步提出，到“2017年底确保实现‘最多跑一次’覆盖80%左右的行政事项，基本实现群众和企业到政府办事‘最多跑一次是原则，跑多次是例外’的要求”。2017年2月，浙江省出台《加快推进“最多跑一次”改革实施方案》，改革正式启动。

“以人民为中心”，提高民众对于政府改革的获得感，是浙江省委、省政府提出“最多跑一次”改革的出发点和落脚点。以前，行政服务中心尽管较好地回应了民众关于优化政务服务质量、提高政务服务效率的诉求，但始终没有能够彻底清理大量不必要的、重复的行政审批事项，始终难以实质性地降低民众获得政务服务的成本，甚至常常出现“证明你妈是你妈”的现象。在政府层级间分权、部门间分工的碎片化行政体制中，以政府为中心的改革模式始终难以避免地方化、部门化。这一碎片化的体制特征使得政府尽管经历了相当长时间的行政审批制度改革，民众仍然需要在多个部门、多个地点之间多次奔波办事。“最多跑一次”改革正是致力于将政府改革的成果转化为民众获得感。与以往改革相比，“最多跑一次”的主语由政府转变为民众，即“按照群众和企业到政府办事‘最多跑一次’的理念和目标”，“从与群众和企业生产生活关系最紧密的领域和事项做起”[1]。可见，“最多跑一次”具有“需求导向”“问题导向”“效果导向”等突出特点。

以政府自身逻辑出发梳理行政权力已不容易，要使这些工作立竿见影有成效，实实在在转化为民众的获得感就更加困难了。已有研究指出，职能部门的抵抗是行政服务中心长期停留在“收发室”模式的关键。行政服务中心尽管是地方政府主动发起的创新项目，但并非所有地方政府的职能部门都支持这一改革。在行政服务中心制度建设过程中，没有行政审批职

[1] 《浙江省人民政府关于印发加快推进“最多跑一次”改革实施方案的通知》（浙政发〔2017〕6号）。

能的纠风办、监察局等更倾向于支持这一改革，而具备较多、较大审批职能的工商局、环保局等则比较反对这一改革。因此，不少地方党委、政府采用了自上而下行政命令的方式推动这一改革。早期的行政服务中心改革“并不涉及政府体制内部核心权力和利益格局的调整，而仅仅是在政府组织外围开辟一块缓冲区域，来回应民众的利益诉求和不满情绪”[1]。那么，作为刀刃向内的政府自我革命，浙江省委、省政府推动“最多跑一次”改革时，更是面临诸多困难和障碍。“最多跑一次”改革从直接面向民众的政务服务事项出发，其目标的实现，既要求有管理意义上的流程再造，也要求更好地协调各职能部门的工作，实现较大范围内的信息共享和权力重构，而且要求跨地区、跨层级之间的合作。如果说此前浙江省行政审批制度改革的各个阶段都是聚焦于某个环节的专门改革，那么“最多跑一次”改革则是从结果倒推的系统再造。有干部提出，为避免改革没有回旋余地，可以先从个别部门、个别地区先行先试，待取得成效后再全面铺开。但是，浙江省委、省政府认为，“(党委和政府)不能因为怕担当而不去改革”[2]。2017年2月10日，浙江省政府召开推进“最多跑一次”改革专题会议，时任省长车俊主持，会议决定将原“‘四张清单一张网’改革协调小组”更名为“推进‘最多跑一次’深化‘四张清单一张网’改革协调小组”，车俊担任组长，这表明了浙江省委、省政府推进“最多跑一次”改革的决心。2月16日，浙江省政府办公厅印发《浙江省人民政府办公厅关于加快推进“最多跑一次”改革全面梳理公布群众和企业到政府办事“零上门”和“最多跑一次”事项的通知》(浙政办发明电〔2017〕16号)，开始启动“最多跑一次”事项梳理工作。《通知》要求全省分两批完成“最多跑一次”事项梳理公布工作，其中59个省级单位梳理958项，设区市本级平均梳理1 002项，县(市、区)平均梳理862项。2月20日，浙江省人民政府印发《加快推进“最多跑一次”改革实施方案》，不仅提出了“最多跑一次”改革的思路，确定了时间

[1] 谭海波、赵雪娇：《“回应式创新”：多重制度逻辑下的政府组织变迁——以广东省J市行政服务中心的创建过程为例》，《公共管理学报》2016年第4期。

[2] 贾世煜：《全国人大代表、浙江省委书记车俊：“最多跑一次”实现率达87.9%》，《新京报》2018年3月9日。

表、路线图和任务书，而且明确要求“省市县乡四级全面推进‘最多跑一次’改革”。四天后，浙江省政府召开第九次全体会议，部署加强政府自身建设和加快推进“最多跑一次”改革工作，这标志着“最多跑一次”改革在浙江省全面推开。

以民众关心的“一件事”出发倒逼政府改革，浙江省委、省政府的出发点和落脚点并不限于狭义上的行政效率提升，而是旨在以此为出发点推进全面深化改革。2017 年 4 月 26 日，中共中央决定车俊任浙江省委书记。在 2017 年 6 月浙江省第十四次党代会上，车俊明确提出要“以‘最多跑一次’改革为突破口，大胆闯、大胆试、自主改，在经济、政治、文化、社会、生态文明和党的建设各个领域，谋划实施一批群众最期盼、发展最急需的重大改革举措，以改革再创民营经济新优势，以改革加强社会治理，以改革优化发展环境，以改革惠及更多人民，使市场在资源配置中起决定性作用和更好地发挥政府作用，努力在治理体系和治理能力现代化上继续走在前列”。2017 年 10 月 16 日，车俊在《求是》发表“坚持以人民为中心的发展思想，将‘最多跑一次’改革进行到底”的署名文章，其中指出：“‘最多跑一次’改革已经在诸多方面取得重大实质性突破，显现出牵一发动全身、一子落满盘活的示范带动效应，引领形成了浙江改革发展的新优势。”换句话说，“最多跑一次”改革尽管始于政府直接面向民众的政务服务，但它不再是以往“在政府外围开辟一片缓冲区域”意义上的机制创新，而是旨在以结果为导向、需求为导向系统优化经济体制、社会体制、权力运行机制等的全面变革。也正因此，“最多跑一次”改革被称为“刀刃向内的政府自我革命”。2017 年 6 月党代会后，浙江省委、省政府一方面着力巩固“最多跑一次”改革在提升行政效率、优化行政质量方面的积极意义，另一方面开始更有意识地提出、强调、重申这项改革的撬动效应。2018 年 1 月 2 日，省委书记车俊在全省全面深化改革大会上发表“高举改革大旗，扛起改革担当，当好新时代全面深化改革的排头兵”的讲话，其中明确把发挥“最多跑一次”改革的撬动效应作为 2018 年浙江省“深化‘最多跑一次’改革，推动重点领域改革”的关键。他强调，要“进一步扩大改革的覆盖面、深化改革的实践成果、更好地发挥这项改革的撬动效应，最大限度地释放制度红利”。

截至本书定稿时，浙江省“最多跑一次”改革已近两年，成效卓著。为了深化改革进展、巩固改革成果，浙江省从2017年开始探索以立法的形式推动“最多跑一次”改革，探索建立改革的长效机制。2017年7月28日，浙江省人大常委会通过了《关于推进和保障桐庐县深化“最多跑一次”改革的决定》，一方面正式授予桐庐县人民政府在得到省、设区市人民政府依法委托后实施行政许可的权力，另一方面规定桐庐县人民政府应依据改革精神、根据改革需要调整合并本级政府部门职能、实施配套机构改革。地方立法机构的参与标志着“最多跑一次”改革真正具备了体制创新的可能性。作为行政机构，各级地方政府尽管可以在“最多跑一次”改革的过程中发现问题，却必须依法履职，在法律法规规定的范围内优化行政流程，而无法调整审批窗口与原行政部门之间的审批权力结构，更无法减少行政部门掌握的审批权力。立法机构的参与使行政权力得以在纵向政府间、横向部门间实现重构，也使地方政府可以根据改革需要调整机构设置，优化地方政府的治理结构。从长远来看，立法机构的介入也为“最多跑一次”改革更好地发挥撬动效应奠定了基础。政府改革需要在法制框架内开展，但需求导向的政府改革也可以及时发现那些不再符合经济社会发展新要求的法律法规，为立法机关修订法律法规提供线索。在这一意义上，政府治理现代化必然包含立法机关与（行政）政府改革之间的良性互动。在地方探索取得阶段性进展后，《浙江省保障“最多跑一次”改革规定（征求意见稿）》于2018年4月25日开始公开征求意见。7月25日，《浙江省保障“最多跑一次”改革规定（草案）》提交省十三届人大常委会第四次会议审议，正式进入立法程序。11月30日，浙江省十三届人大常委会第七次会议全票审议通过《浙江省保障“最多跑一次”改革规定》。该规定将于2019年1月1日起施行，成为全国“放管服”改革领域首部综合性地方法规。

二、“最多跑一次”改革的理念、实现路径与政策工具

如何加快政府职能转变、创新政府职能履行方式，是推进政府治理现代化的核心命题。早在 2001 年，《国务院批转关于行政审批制度改革工作的实施意见的通知》（国发〔2001〕33 号）中就已明确提出“合法原则”“合理原则”“效能原则”“责任原则”和“监督原则”，要求各级政府按照法定权限和法定流程行使行政权力，并按照“凡是通过市场机制能够解决的，应当由市场机制去解决”的逻辑来取消不合理的行政审批项目，通过“简化程序，减少环节，加强并改善管理”的方式来提高政务服务质量和效率。遗憾的是，各级政府始终未能从根本上减少行政审批事项，民众对于政府改革的获得感也相当有限。

反复改革，改革成效却经常反复，这一现象源自政府中心主义的改革逻辑。在浙江，从强县扩权到“四张清单一张网”，政府改革尽管都回应了市场化进程中民众的诉求，但它们都属于政府内部的行政改革，总体上缺乏结果导向、需求导向的绩效标准，这就使得改革始终无法从根本上减少政府行政权力。即便是在公共服务、社会治理领域，政府改革创新缺乏需求导向也是常见现象。本书课题组在 2013 年面向浙江省 11 个设区市 19 项地方政府创新项目的电话调查显示，这些旨在面向普遍民众提供公共服务或鼓励其参与社会治理的创新项目，平均的政策知晓度只有 32%。这一政府中心主义的改革逻辑并非浙江独有，而是普遍存在的现象。本书课题组 2017 年面向五省县乡干部的问卷调查显示，58.9% 的县乡干部表示地方党政领导是推动当地政府创新的最重要力量，44.25% 的县乡干部认为企业家和地方能人参与推动了当地政府创新，只有 9.5% 的县乡干部认为当地老百姓参与了政府创新过程。这种未能充分让民众参与决策过程的政府中心主义改革模式，往往导致改革难以转化为民众获得感。[1]

[1] 参见高翔：《公民参与视角下的地方政府创新及其绩效——基于浙江省 19 个地方政府创新项目的研究》，《经济社会体制比较》2015 年第 5 期。

相比之下，浙江省 2016 年 12 月以来开展的“最多跑一次”改革，采用了全新的政府改革理念、路径与工具，超越了政府中心主义的改革逻辑。在“最多跑一次”改革中，浙江省委、省政府明确提出“以人民为中心”的改革理念，把“最多跑一次”改革的目标定位为“给人民群众带来更多获得感”。相应地，准确识别、发现民众的实际需求就成为确定改革内容及其优先次序的关键，市民、个体工商户和企业办事人员的实际体验成为评价改革成效的核心标准。为了能顺利推进改革，浙江省各级政府建立了“整体性政府”的改革路径，即不再以职能部门为单位分头推进，而是强调政府应当作为一个整体来面向民众提供服务。在浙江省政府的多次工作会议上，来自机构编制委员会办公室、数据资源管理局等的官员都反复表示，各级政府不应当要求民众承担碎片化政府管理的办事成本，而是应当把这部分的协调任务在组织内部消化，作为“一个组织”向民众提供服务。这意味着整体性政府理念已经在浙江政府系统内初步形成，为实践中进一步推进整体性政府建设奠定了思想基础。与此同时，伴随着互联网技术的日益成熟，信息通信技术为浙江省推行“最多跑一次”改革、建设整体性政府提供了重要的技术支持。

（一）理念转变：建立政府回应民众需求的新模式

以市民、个体工商户和企业办事人员的实际需求为出发点，倒逼各级政府及其职能部门推进、深化放管服改革，是浙江省“最多跑一次”改革的核心理念。与以往改革相比，“最多跑一次”改革提出了明确的评价标准，即“群众和企业到政府办事‘最多跑一次’”，同时把群众、企业的获得感作为改革的重要目标，建立了评判改革成效的明确标准。当前，市民、个体工商户和企业办事人员等大致需要在三个领域寻求政务服务或通过行政审批，包括便民服务类事项（如各类社会保险、交通违章处理、住房与公积金事务、户籍与公共事业服务等）、商事证照事项（包括纳税、营业执照办理、各类经营许可办理等），以及企业投资项目审批事项。这些事项往往涉及不同层级、不同区域的多个行政部门，民众需要在不同部门间来回奔波，准备各类材料、证明。在以往以政府部门为本位的改革中，各部门更加侧重从部门权力扩张或法定责任履行的角度界定自身职能，因而行政权力的下沉与行政流程的重构都没有能够从根本上简化办事流程、降低办事成本。2016 年 12 月，车俊提出“最多跑一次”时，正是希望从民众的实际办事体验出发，建立一个更具结果导向的评价标准，倒逼各级政府转变改革逻辑。

如何以市民、个体工商户和企业办事人员的实际体验倒逼各级政府的行政审批制度改革？公共行政学经典理论认为，实质性的参与机制是民众能够参与界定公共服务内容和数量的必要保障。不过，基于积极公民、强势民主等假设所提倡的参与机制并不是浙江省推进“最多跑一次”改革的主要做法。事实上，在现代社会，民众并不热衷于公共事务已经是一个普遍现象，中国更不例外。民众会在私下评价政府的治理质量，却并不十分愿意在公共生活中表达对公共事务的看法，或是采取行动参与公共事务治理。[1]

正因为如此，“最多跑一次”改革更应被视作提出了一个新的工作评价标准，但并未跳跃到民众直接参与界定甚至决定政府公共服务的内容与质量这一理想状态。“最多跑一次”改革首先改变了各级政府及其职能部门的管理观念，确立了“回应”“责任”等价值在政府政务服务中的积极意义，要求政府在工作中重视发现并回应市民、个体工商户和企业办事人员的实际需求，并由此来确定政府改革的内容、方向和优先次序，从而推动政府与民众关系的重新建构。在实践中，浙江省各级政府建立了一系列旨在识别并回应民众需求的机制。

一是借助技术手段分析以往政务服务的实际发生频率，由此确定政府改革具体事项的优先次序和服务资源配置。如何确定优先改革的政务服务？浙江省各级政府基于政务数据的统计信息分析了各类政务服务的办事频次，

[1] 近年来，不少中国民众开始以各种方式参与公共事务治理，但他们大多集中在少数大城市，且人数占比较小。

选取办件量大的重要事项优先予以改革。政府组织的一大核心特征是以文档为基础的运作，因而各职能部门事实上掌握着市民、个体工商户和企业办事人员的实际办件情况。为了落实“最多跑一次”改革，各级政府的一个重要做法是收集并分析这些基础数据，判断民众实际的办事需求。浙江省在2015年11月成立了数据资源管理中心，建立了省级政务服务的数据库。在“最多跑一次”改革中，省数据资源管理中心与省编办等职能部门通力合作，选取民众办件量最多的前100个事项集中攻关。在市、县，不少行政服务中心也建立了政务事项办理的监测机制，实时了解各类政务服务事项的办理情况。如衢州市行政服务中心基于排队叫号系统，定期了解不同类型事项的办理数量，以及市民、个体工商户和企业办事人员在不同窗口的排队等候情况，根据这些信息调整一线窗口工作人员的数量与结构安排，推动后台的政务事项改革。义乌市行政服务中心根据不同政务服务窗口的办件数量调整窗口设置。2016年，义乌市行政服务中心有288个办事窗口。在“最多跑一次”改革中，义乌市不断优化行政程序，也增加了线上办事通道，大大减少了前往市行政服务中心的办事人员数量。基于日常办事数量的统计分析结果，义乌市行政服务中心在2017年削减了48个办事窗口，在2018年1—7月又削减了60个办事窗口。

二是发挥一线窗口部门的信息优势，发现在实践中需要继续优化的政务服务事项。基于政务数据的系统回顾与实时分析，政府可以确定“最多跑一次”改革中需要调整、优化的大多数政务事项，在相对较短时间内确认政府改革的核心任务。随着改革的持续推进，政府改革需要不断精细化，以更好地发现并回应更加非规模化、个性化的政务服务需求。作为查漏补缺的重要手段，政府开始采用分权的方式发挥一线窗口部门的信息优势。在实践中，一线窗口部门主要有两种途径发挥其信息优势：一是直接由办理业务的窗口工作人员向特定政府机构反馈信息；二是建立专门的工作机制，安排负责流程优化的部门负责人入驻一线，更好地了解政务服务中的实际情况。义乌市行政服务中心为了发现政务服务中的“不必要证明材料”，在5个主要部门、14个镇街建立了村（社区）监测点。由于公安局（户政窗口）

和镇街往往是开具各类证明的主要主体，行政服务中心可以通过与这些一线部门建立联系，了解市民、个体工商户和企业办事人员究竟需要开具哪些证明，进而判断是否可以减少行政审批过程中的材料要求。义乌市还专门在行政服务中心设立了“跑一次没办成”投诉与代办窗口，安排各职能部门主要负责人值班。在收到民众反馈的未能一次办成事项以后，负责受理的职能部门负责人不仅需要记录具体的事项内容，包括民众为这一事项已经办理的次数、时间，以及未能一次办成的原因，也需要协调各相关部门，协助民众完成相关事项。事项办结后，职能部门负责人需要与行政服务中心一同分析未能一次办结的体制机制原因，进而推进政务服务的流程再造。在衢州市，行政服务中心要求各职能部门主要领导到办事窗口直接提供业务服务，以确保他们能够充分了解、掌握业务操作中的具体情形。有的职能部门负责人在办理了一天业务后表示：“原来实践中真的还有那么多不必要的行政流程啊，的确要改！”

三是浙江省各级政府建立了面向市民、个体工商户和企业办事人员等办事主体的反馈机制，查漏补缺，帮助行政服务中心发现改革中尚未涉及的重要内容。在“最多跑一次”改革开展以前，浙江省各级政府已经建立了一些比较成熟的反馈机制，如杭州市、湖州市等都有12345政务服务热线，供民众在获得政务服务过程中咨询、反馈各类问题。政务中心在接电后必须在规定时间内给予解答或联系相关职能部门，责成职能部门在一定时间内（一般为24小时）联系民众。同时，政务中心也会以周为单位统计投诉件的基本情况并将其抄报给本级党委、政府，由地方党政领导特别是分管领导督促各职能部门积极履职。在杭州市、湖州市和衢州市等地，行政服务中心借助12345政务服务热线为民众提供与政务事项有关的反馈渠道。此外，浙江省各行政服务中心都建立了专门的投诉与反馈渠道。如浙江省政务服务网和浙江省政务服务APP[1]上建立了由信访局负责的咨询投诉入口。通过这一入口，民众既可以直接评价各职能部门提供的政务服务，

[1] 2018年9月后，浙江省政务服务APP更名为“浙里办”。

也可以投诉、举报或给予更为具体的建议。宁波市行政服务中心建立了“一次未跑成”服务台，供民众反馈他们在便民服务、商事证照登记以及企业投资项目审批中未能一次完成的政务事项。衢州市建立了“市级领导接听电话（短信）”的机制，即将各职能部门主要负责人的电话号码公布给民众。这一做法的效果较为显著，2018 年 8 月 4—10 日，45 个职能部门主要负责人共接到了 359 个电话或短信，包括 207 个咨询、93 个反馈、59 个投诉。

通过建立政务数据分析系统、发挥窗口单位的信息优势，以及建立完善面向民众的反馈机制，浙江省较好地重构了政府与民众的关系，大大提高了行政机构的回应性、问责性。与建立在“政治－行政”二分“环式民主”基础上的传统行政机构相比，浙江省突出了行政过程中的回应性、问责性对于提高行政服务效能、优化政务服务质量的积极意义。传统公共行政学认为，行政机构是以效率为核心导向的执行机构，因而并未特别突出“回应性”在优化行政机构职能履行中的积极作用。沃尔多在《行政国家》一书中批评了古典公共行政“仁慈的家长制”作风，也更多地在价值（而非工具）的意义上指出了传统公共行政模式的集权导向。此后，无论是新公共行政理论还是新公共服务理论，都倾向于强调民众参与的价值，却始终未能从体制机制意义上建立具有可操作性的公民参与机制。通过在行政过程中引入多种形式的“回应机制”，浙江省较好地建立了识别民众实际办事需求的工作机制，形成了一种新型的民众参与模式。这一模式的核心是实质性的需求发现机制，但它并不仅仅依赖于民众的需求表达。

（二）结果导向：探索整体性政府的实现路径

重构政府与民众的关系是“最多跑一次”改革的起点，它意味着政府及其职能部门应当及时识别并回应民众需求，提供高效率、高质量的政务服务。但是，政府不是铁板一块，如何将权力分散的政府体制与高度分散的市民、个体工商户和企业办事人员连接起来，是各级政府及其职能部门面临的一大挑战。以往，行政服务中心的出现减少了民众在部门之间奔波的物理空间距离，但民众仍然需要在多个部门间反复办事。在一些情况下，由于行政流程中存在互为前置等条件，民众不仅需要反复提供性质相似的各类材料，还可能被困在多个部门之间举步维艰。为了解决这些问题，浙江省在“最多跑一次”改革中明确提出了整体性政府的改革理念，强调政府作为一个整体组织的责任，要求以民众只跑一次为目标，以部门间的协调来代替民众在部门间的奔波。

在公共行政学中，整体性政府并不是一个全新概念。作为一种政府管理理念，整体性治理致力于回应“20 世纪 80 年代和 90 年代初新公共管理改革时所强化的碎片化状况”。其中，碎片化治理根植于科层制组织的分部制，表现为各机构间的责任推诿，各机构、各项目之间的目标冲突、职责重复，部门间缺乏沟通导致政策目标难以实现，公众不知道究竟应当从何处获得何种服务，等等。[1] 为了解决这些问题，整体性治理把部门整合、大部制作为政府改革的重要方向，强调应当重新整合碎片化的政府机构，使它们能够共同应对政府治理中的各类问题。当然，大部制与部门合并不可能解决所有的政府治理问题，政府也不可能取消组织内部的职责分工。相应地，整体性治理更加侧重于如何依据民众的实际需求重建政府组织，建立更加灵活的职能部门协作机制，为民众提供“一站式”公共服务。

整体性治理的改革理念贯穿了浙江省“最多跑一次”改革的全过程。在改革之初，浙江省委、省政府就明确界定了“最多跑一次”，即在申请材料齐全、符合法定受理条件时，从政府部门受理申请到做出办理决定、形成办理结果的全过程“一次上门”或“零上门”。让民众跑一次就能“办结”一件事，成为浙江省倒逼各地各部门开展改革的重要抓手。以往政府改革更多以部门为主体推进，因而改革更加侧重部门权力的梳理、清理与简化，但它始终没有办法围绕民众的实际需求来实现行政流程的重构。改革周期结束后，行政权力依旧会分散在各职能部门之中，民众仍然需要根据自身实际的办事需求前往各职能部门。“最多跑一次”改革要求各部门打破“山

[1] 参见竺乾威：《从新公共管理到整体性治理》，《中国行政管理》2008 年第 10 期。

头主义”，以“一件事”为核心重新整合自身与其他部门之间的行政权力与流程，确保民众只需要找到牵头办事机构，就能够一次性办成政务服务的具体事项。

那么，如何推进以“一件事”为载体的行政流程重构呢？这不仅要求政府明确每一个政务事项的牵头责任部门，也要求政府确立牵头推进改革的协调部门、建立有效的协调机制，统一推进政务事项的跨部门协调。浙江省在《加快推进“最多跑一次”改革实施方案》中就明确要求省政府办公厅负责协调各地各部门的改革工作，并由省编办承担改革的日常工作，在此基础上界定了省发改委、公安厅、财政厅、人力资源和社会保障厅等各职能部门需要承担的具体政务事项。不过，省政府办公厅是省人民政府的直属机构，已经承担了为省政府领导起草或审核以省政府、省政府办公厅等名义公布的文件，以及调查研究、会议准备与组织等各类工作，较难再承担所有与“最多跑一次”改革相关的协调职能。为此，浙江省机构编制委员会办公室（省跑改办）主持牵头了“最多跑一次”改革工作，组织协调各部门加快推进“最多跑一次”改革相关工作。[1]

在“最多跑一次”改革中，行政服务中心的角色变化是碎片化行政体制向整体性政府治理转变的重要表征。在改革过程中，浙江省多个行政服务中心逐渐从分部制的“淘宝”模式，转变为与整体性政府相匹配的“京东”模式（见图 2-1）。相比于其他职能部门，行政服务中心成立时间较短，在政府各职能部门中的地位相对较低，因而绝大多数行政服务中心在较长时期内都只是政府的集中“收发室”，或仅仅承担了促进各职能部门“物理集成”的责任，形成了“淘宝”模式。在“淘宝”模式中，行政服务中心为与政务服务相关的民众等办事主体和各职能部门提供集中面对面办事的共享空间，但其本身并不直接干涉职能部门的具体工作内容，其主要权力与

[1] 2018 年 10 月 4 日，党中央、国务院批准同意《浙江省机构改革方案》。在该方案中，对应中央改革任务要求，浙江将省委全面深化改革领导小组改为省委全面深化改革委员会，并单独设置省委全面深化改革委员会办公室，划入“最多跑一次”改革、行政审批制度改革的牵头协调职责，对外加挂省最多跑一次改革办公室牌子，目的之一就是加强省委对全面深化改革工作的领导和统一部署，继续在更宽领域更深层次推进“最多跑一次”改革。

责任仅仅局限于规范窗口工作人员的着装、服务态度和工作效率等。职能部门则具体决定办事的流程以及可依据的行政权力。随着行政审批制度改革的不断深化，一些行政服务中心注意到“淘宝”模式难以实质性地提高行政效率，也无法从真正意义上优化政务服务的质量，因此开始探索更加积极、主动的行政服务中心履职模式，进而形成了“京东”模式。在“京东”模式中，行政服务中心承担了跨部门政务事项的协调工作。如围绕“一件事”的要求，行政服务中心可以系统梳理该政务事项所涉及的行政流程，提出行政流程再造、部门间信息流通共享和权力重构的建议方案，召开专门的跨部门协调会议。在较好地协调各部门工作后，行政服务中心就会依托浙江政务服务网研发网上审批和数据共享模块，确保民众提交的材料能在各部门之间以电子文档的形式实时互动、共享，也授予了各职能部门在网上审核民众提交材料的权限。在“京东”模式中，行政服务中心不再只是为职能部门提供办事窗口的物理平台，也是跨部门事务中职能部门行政流程、数据流通共享和行政权限使用的设计者。行政服务中心在政府改革中的后台角色变化也表现为前台的受理方式变革。概括起来，在“淘宝”模式中，民众需要分别前往职能部门窗口办理；在“京东”模式中，民众只需要到综合受理窗口一次性递交材料，就能够完成事项办理。

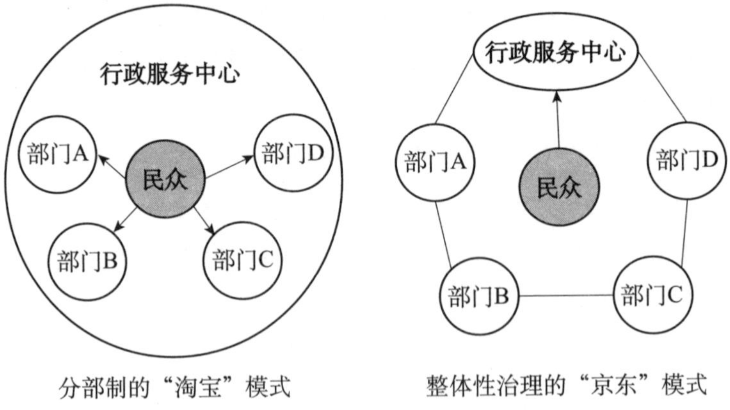

图 2-1 “最多跑一次”改革：整体性政府的改革新模式

（三）技术赋能：加速改革进程、巩固改革成效的政策工具

“以人民为中心”的改革理念与整体性政府的改革路径，是浙江省扎实有效推进“最多跑一次”改革的重要保障。但是，历史经验表明，行政审批制度改革的真正挑战还在于如何保持改革的可持续性。如前所述，在以行政权力下放为核心的历次改革中，不少高层级政府的职能部门都会在改革周期结束后重新收回业已下放的权力，进而导致改革难以持续。为了解决这些问题，“最多跑一次”改革明确把基于互联网的信息通信技术作为推进、巩固改革的重要工具，通过建立在线政务服务系统有效整合跨部门事务的行政流程，通过推进跨部门的信息共享大大减少政务事项办理中要求民众提交的材料数量。这一“互联网＋政务服务”不仅使得无纸化办公、“一窗受理、一次办结”成为可能，推动了浙江省政务服务逐渐从线下办理转变为线上办理、移动办事，更为政府的数字化转型奠定了扎实基础。

运用基于互联网的信息通信技术推进“最多跑一次”改革，其表现之一是政府机构的新变化。在改革中，浙江省设立了数据资源管理局等专门从事跨部门信息整合的机构，突出了行政服务中心的信息化职能，也提高了电子政务中心在政府职能部门中的重要性。在省级层面，浙江省于2015年12月正式成立浙江省数据资源管理中心，其核心职责包括制定数据采集、应用、共享等标准规范，组织协调大数据资源归集整合、共享开放，推进大数据应用等。作为浙江省办公厅下属的行政机构，数据资源管理中心直接参与“最多跑一次”改革，与省机构编制委员会办公室一起承担推进省级层面“互联网＋政务服务”的工作职责。在设区市层面，杭州市于2017年2月正式成立数据资源管理局（正局级），明确由数据资源管理局统计收集原本分散在各职能部门的政务数据。截至2018年8月，浙江省大部分设区市都成立了相似机构，包括杭州市（数据资源管理局）、宁波市（大数据管理局）、温州市（大数据管理中心）、嘉兴市（城市大数据中心）、湖州市（大数据管理中心）、台州市（大数据管理中心）、丽水市（数据管理中心）、金华市（大数据公司）等。绍兴市、舟山市和衢州市尽管尚未成立正式的数

据资源管理机构，但在实践中主要由统计局或行政服务中心承担事实上的数据整合与管理、运用工作。在建立数据资源管理机构的基础上，基于互联网的通信技术为浙江省“最多跑一次”改革提供了办事系统、材料传输以及信息共享三个方面的技术支撑。

第一，以互联网为载体，浙江省政务服务网为跨部门政务服务建立了统一办事平台，使得各系统之间的信息交互和联动成为可能。在传统分部制管理模式下，政府多个职能部门如工商、公安、人力资源和社会保障、住建、国土等都分别建立了全国性信息系统。“最多跑一次”改革提出后，行政服务中心推动了以事项为载体的跨部门流程再造。其中，行政服务中心面临的重要挑战是如何在条块部门的系统之间建立桥梁，使得各部门能够不再“各自为政”，而是在一个相对统一的平台上协调工作。为了解决这一问题，浙江省各级地方政府开始以浙江政务服务网为平台，建立智能化政务流程管理与优化平台，逐一整合多个职能部门的信息系统。需要指出的是，统一政务平台的建设并不意味着地方政府要建立一个覆盖并替代原有职能部门信息系统的新办公体系，而是致力于为各职能部门的信息系统提供交互平台，针对需要跨部门协调的事件建立新的互动连接，使得各职能部门能够协同办理政务事项。这一平台的建立大大降低了各职能部门之间的互动成本，也使行政服务中心能够以计算机程序的方式确认、巩固新办事流程，确保职能部门无法随意更改行政流程。

第二，运用基于互联网的信息通信技术，浙江省多个行政服务中心实现了无纸化在线办公，极大地提高了跨部门、跨区域和跨层级行政审批的效率。在线办公系统的建立为各部门在线协调办公提供了可能，而纸质版材料的电子化，则进一步提高了各职能部门在线审批的行政效率。在“最多跑一次”改革中，浙江省市县行政服务中心都实行了“一窗受理、集成服务”的改革模式。在这一改革中，由行政服务中心窗口工作人员接受市民、个体工商户和企业办事人员等提交的材料。为了协同多部门办公，前台受理人员需要借助扫描、图形识别等技术手段将纸质材料电子化，再通过在线平台分发给各职能部门的工作人员实现在线受理。纸质材料的电子化是跨部门政务事项实现整体性治理的必要技术保障。

第三，随着改革的不断深化，行政服务中心与数据资源管理局等机构一同推进了政务数据的标准化、信息化，在数据共享基础上实现了“让数据跑代替老百姓跑”的目标，进一步减少了需要民众提供的证明材料，提高了职能部门的办事效率。在无纸化办公阶段，民众仍然需要根据要求提供相应的证明材料，而政务服务的效率提升主要通过电子图片的方式在线传播。在这一阶段，政务事项的办理方式与传统政务服务高度相似，只是两者的办事场景发生了变化，即从线下的行政服务大厅转变为在线的行政办事系统。随着改革的不断推进，浙江省各级政府都注意到，民众在办事过程中所需提交的大量材料本身就来自各职能部门，政府可以通过内部的信息共享来降低民众的办事成本。2017 年，浙江省明确提出了“让数据跑代替老百姓跑”的口号。以省级层面的数据共享工作为例，浙江省以数据资源管理中心为牵头单位，针对每一个具体办事事项，要求各部门以事项标准化为切入点，统一主项名称、子项名称、适用依据、申请材料、办事流程、业务经办流程、办理时限和表单内容等，并将办事材料分门别类整理为数据目录，区分出可以由其他部门提供共享的数据、本部门产生的数据，以及必须由办事者提交的数据等。在此基础上，浙江省同步推进了各省级单位的数据库建设，并基于个人、法人的数据库建设，谋划了省、市两级资源共享的大数据中心。各部门围绕数据的一系列工作，致力于通过政府内部的数据共享，最大限度地减少民众办事时所需提供的证明材料。通过这一改革，浙江省逐步从“政务服务 + 互联网”实现了向“互联网 + 政务服务”的转变。以往，政务服务网是传统政府行政体系的增加项，主要提供政务咨询等服务，民众仍然需要依据行政流程跨部门流动办事。现在，政务服务网成为政府行政的“大脑”，民众在办理事项时只要到责任部门“一窗受理”，即可获得后台各部门间数据共享、系统对接后提供的“集成服务”。行政服务办事大厅、政务服务网、自助终端机以及政府服务 APP，则成为政务服务与民众的接口和桥梁。

基于互联网的信息通信技术大大加速了浙江省“最多跑一次”改革进

程，为整体性政府的实现提供了技术方案。随着各地政务服务系统跨部门、跨地区、跨层级对接，浙江省各级各地政府网上办事事项持续增加。截至2018年7月，省、市、县三级共实现了1 458项办事事项标准化，80%以上政务服务事项网上办理，48.4%民生事项“一证通办”。在已有工作基础上，浙江省于2018年7月正式启动了政府数字化转型工作，在省政府发布的《浙江省数字化转型标准化建设方案（2018—2020年）》中，明确提出打造智慧政府的新目标，即政府将更多借助大数据、互联网、云计算、人工智能、区块链等现代化信息技术，不仅为整体性政府的构建提供技术支持，也助力政府优化决策，继续深化“最多跑一次”改革。

三、“最多跑一次”改革推进政府治理现代化的成效与挑战

浙江省自开展“最多跑一次”改革以来，在较短时间内就取得了明显成效。这一成效，首先表现为民众对“最多跑一次”改革的广泛好评。在本书课题组于2018年7—8月面向市民、个体工商户和企业办事人员开展的问卷调查中，受访者对“最多跑一次”改革、行政服务中心的满意度均在80%以上，总体评价介于“比较满意”和“非常满意”之间（见表2-2）。[1]当然，民众满意度是评价“最多跑一次”改革的核心指标，但不是也不应是

[1] 本书课题组调查的民众满意率要略低于浙江省政府新闻办公室于2018年2月公布的第三方评估结果，即94.7%的满意率（直到2018年7月，浙江省官方采用的满意率仍然是94.7%，实现率则从87.9%提高到了88.8%）。这一差异可能来源于两个方面：一是评估方式不同，二是民众预期的变化。从评估方式来看，浙江省尽管委托了第三方调查，但受制于考核评价的奖惩压力，部分地区在应对上级组织的考核评价时会有意引导当地民众较高评价改革进展，从而改善当地在绩效考评中的表现。如浙江省某县在官方微信公众号发布《“最多跑一次”改革满意度调查｜请回答“非常满意”》，倡导当地居民要“耐心接听、积极配合”来自0571-12340的调查电话，并要求“请回答‘非常满意’‘非常满意’‘非常满意’”。相比之下，本书课题组在调研前并未告知当地政府，调研结果可能更真实地反映了民众的实际体验。从民众预期来看，浙江省在启动“最多跑一次”改革后明确承诺把“跑一次”作为评价改革成效的重要指标。对各级政府来说，“最多跑一次”是在满足“符合法定受理条件”“材料齐全”这两个条件下而言的，但对民众来说，“最多跑一次”则是指他们办理某个事项是否事实上能够只需“跑一次”。这种认知差异无疑抬高了民众对于改革成效的预期要求，相应降低了他们对改革成效的评价。尽管如此，民众对“最多跑一次”改革仍给予了很高的评价。

唯一指标。“最多跑一次”改革的关键是“以群众感受为标准倒逼深化政府自身改革”。政府自身改革既包括政府治理现代化的内容，即改革是否实现了效率、回应、负责、规范等现代政府治理的多元价值，又包含政府职能转变，即政府与市场、社会关系的系统重构。相应地，本节除了考察民众对“最多跑一次”改革的满意度，还将着重评估改革推动政府治理现代化的进展。在下一章中，我们将进一步分析“最多跑一次”改革对于高质量经济发展、社会有效治理等的撬动效应。

表 2-2　“最多跑一次”改革的满意度

		满意度	均值	标准差	N
“最多跑一次”	市民	82.8%	4.18	0.940	524
	法人	80.6%	4.28	1.158	175
行政服务中心	市民	78.4%	3.97	0.909	532
	法人	81.5%	4.31	1.096	173

说明：课题组在调查中请受访者分别评价他们对“最多跑一次”改革和行政服务中心的满意程度。调查采用李克特量表形式，由受访者在“非常不满意”“不太满意”“一般”“比较满意”“非常满意”中选择最符合个人真实感受的选项。在数据处理时，“非常不满意”记为 1 分。

资料来源：课题组 2018 年 7—8 月问卷调查。

（一）更加透明、高效、规范的政府治理

民众感受的“小变化”，源自政府运行的“大变革”。“最多跑一次”改革较好地推进了浙江省透明政府、效能政府和法治政府建设。从透明政府建设来看，浙江省各级政府更加注重以民众的实际需求和使用偏好来发布政务信息，也建立了更加积极主动与民众沟通的制度化回应渠道，确保政府能够响应来自民众的公共服务需求。从效能政府建设来看，浙江省各级政府显著提升了便民服务、商事登记和企业投资审批项目等的办事效率，降低了民众的办事成本。更为重要的是，浙江省“最多跑一次”改革超越了行政管理意义上的效率提升，它以事项为载体撬动了跨部门的流程再造，建立了更为规范、清晰的政务服务办事流程和标准，大大推进了法治政府建设进程，在规范行政权力行使等方面成效显著，已经初步显现出推动全

面深化改革的撬动效应。以民众对“最多跑一次”改革、行政服务中心满意度为因变量的回归分析结果证实，高效、友好的政务服务的确会提升民众对于“最多跑一次”改革的获得感，但“规范办事”才是真正意义上影响民众满意度的最重要因素。换言之，只跑一次、只跑一站和服务友好能够提高民众对政务服务的满意度，但民众更为期待的是一个对所有人都一视同仁、严格依法依规办事的法治政府，而这正是“最多跑一次”改革推动政府治理现代化的关键所在。

第一，“最多跑一次”改革使得政府更加透明、负责。“透明政府”要求政府公开信息、主动交流和承担责任，因而它也是保证政府公正行使公权力，为人民负责并且有效遏制腐败的重要工具。然而，政府的信息披露并不容易，其中既有信息发布载体、范围等技术因素的限制，也有职能部门更倾向于围绕行政要求组织信息，总体上缺乏内在激励去识别、了解民众需求的影响。也正因此，民众如何获得关于政务服务的必要信息一直都是中国各级政府面临的突出问题。中国综合社会调查（2015）显示，中国老百姓对于政务服务的不满，首先表现为信息获取困难，即他们不了解应当如何完成某个政务服务事项。如有将近一半（48.2%）的民众认为，他们到政府机关办理企业注册、房产过户、申请护照等类似事项时，要获得完整、有效和易懂的办事介绍材料是相当困难的。政府的信息不公开、不透明，民众不仅很难获得公共服务，也难以真正意义上要求政府承担责任。

浙江省各级政府在“最多跑一次”改革中建立了面向民众的信息发布、收集与反馈机制。从信息发布来看，浙江省除了依托各级政府官方网站、报纸、杂志等传统媒介及时公布信息，也基于互联网的信息通信技术建立了“24 小时不打烊”的数字政府，针对用户习惯建立了浙江政务服务网、浙江政务服务 APP 等多样化的在线信息查询与问题咨询等渠道。为了降低民众的检索成本，浙江省在浙江政务服务网、浙江政务服务 APP 等都嵌入了地理信息定位系统，精准识别民众所在的地理区域，民众在访问时可以直接跳转到当地政府的办事页面，更有针对性地了解当地政府在政务服务中所要求提交的材料清单、具体的办事流程，以及可以预期的办事费用等。这些政务信息发布渠道的建立极大地提高了民众对于各级政府政务服务的了解程度。在课题组调查中，民众总体上满意各级政府提供的材料指引信息，其满意率明显高于全国调查的平均水平。在便民服务事项中，75.8% 的民众正面评价了材料指引信息，85.0% 的民众认为政府提供的指引信息较改革之前有了进步；在税务、企业投资项目审批等事项中，69.9% 的民众表示他们比较满意或非常满意政府提供的材料指引信息，83.7% 的民众认为政务服务类指引信息相比改革之前有了进步。

除了单向的信息发布，浙江省在“最多跑一次”改革中建立的政府与民众双向沟通机制也取得了显著进展。如前所述，浙江省除了在便民服务事项中基于数据统计了解民众在政务服务中的实际需求，也开始建立各类旨在发现、回应民众个性化需求的投诉、反馈机制。那么，这些反馈机制运行情况如何呢？在调查中，不少民众表示他们曾经通过政务服务网等反馈渠道向政府部门反映在办事过程中遇到的问题，而且这些投诉、反馈获得了回应。在这一群体中，85.0% 的民众表示政府回应了他们提出的问题，其中又有 48.6% 的民众在 1 天内就得到了反馈，33.3% 的民众在 1 ～ 2 天内得到了反馈。与普通市民相比，政府对个体工商户、企业办事人员的反馈更为积极。在有过反馈经历的个体工商户和企业办事人员中，91.5% 的受访者表示政府很快解决了他们所反馈的问题，其中超过一半（52.3%）的受访者在 1 天内就得到了反馈，有 25% 的受访者在 1 ～ 2 天内解决了问题。

*第二，“最多跑一次”改革使得政府更加高效、友好。*政务服务质量和行政效率始终是各国人民诟病政府的重要内容，中国政府也不例外。改革开放后，民众到政府办事“门难进”“脸难看”的问题长期存在、极为突出。中国综合社会调查（2015）显示，只有极少部分民众（3.3%）表示他们相当满意获取政府公共服务的便利程度，近三分之一（29.2%）的民众明确表示不满意。民众满意度不高的一个重要原因是政府服务效率低下。在常见政务事项中，民众认为行政效率最高的是“办理身份证”，但也仍然有将近五分之一（18.5%）的民众认为该事项的办理效率较低。民众对到政府部门开证明的评价最低，近三成（28.9%）的民众认为政府部门开具证明的办事

效率较低。

浙江省“最多跑一次”改革从政务服务事项中办事频次最高的100个事项入手，在解决民众到政府部门办事难、办事慢等突出问题方面取得了显著成效。2016年12月以来，浙江省各级政府通过部门间流程再造和权力重构，系统梳理、公布了“最多跑一次”事项清单。截至2018年9月，浙江省、市、县三级公布的可实现“最多跑一次”事项，分别占同级总事项数的100%、99.59%、99.21%。这意味着民众不再需要辗转奔波于各个部门之间开齐证明才能获得便民服务、商事证照登记和企业投资项目审批。逻辑上的“只跑一次”并不必然意味着现实中“只跑一次”，但这一改革的确大大降低了民众的办事成本。课题组调查显示，在行政服务中心办事的市民、法人（个体工商户和企业办事人员）中，初次跑（即为了所需办理事项首次前往行政服务中心）的比例分别为63.76%和66.33%，表明民众反复前往行政服务中心办一件事情的情形的确已经大大减少。而且，在非初次跑的民众中有超过一半是因为材料缺失或格式不符合要求（见图2-2）。尽管政府的官方统计并不会把材料缺失或格式不符合要求导致的情况统计为“跑两次”，但各地政府自2018年开始已经将“减少材料”列为深化“最多跑一次”改革的主要内容。“只跑一次”事项的增加，以及所需提交材料数量和难度的下降，极大地提高了民众对于政务服务的评价。在调查中，有79.5%的民众表示改革后他们办一件事情时需要补充、修改材料的次数变少了，有81.1%的民众表示改革后他们为了办一件事情所要前往的地点数量减少了，有79.9%的民众表示他们办同一件事情反复奔波的次数减少了。

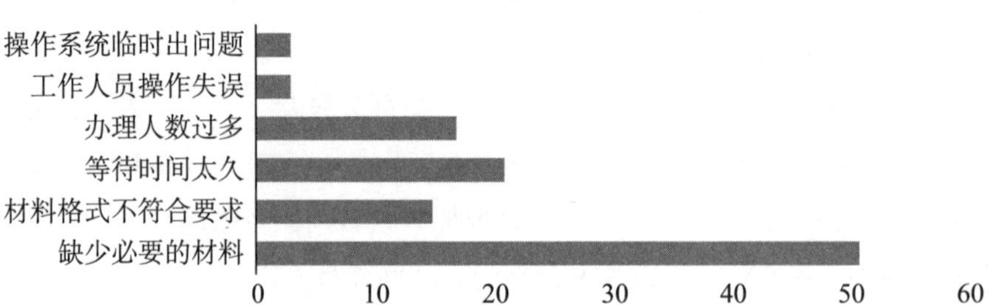

图2-2　市民“跑两次以上”办事的主要原因（频率）

资料来源：课题组2018年7—8月问卷调查。

“跑一次”降低了民众在获得政务服务中的奔波成本，但一些企业办事人员会担心“一事跑一次，一次等半年”。与便民服务相比，个体工商户、企业办事人员所涉及的商事证照登记、企业投资项目审批等事项更为复杂。在以往改革中，一些地方政府尽管以代办制等形式推进了改革，但企业办事人员仍然要等候较长时间才能完成证照办理或获得施工审批。针对较为复杂的便民服务事项和各类法人事项，浙江省把提高政务服务的行政效率作为“最多跑一次”改革的重要内容，并且已经取得明显成效。截至2018年9月，杭州市在便民服务中不但实现了平均60分钟完成不动产登记，更做到了市民办理不动产登记“零材料上传”。2018年7月，浙江在全省范围内推动了商事证照登记的“多证合一、一照一码”，把证照办理的时间压缩到1～2个工作日。在企业投资审批项目方面，浙江省平均所需时间为104个工作日，2018年9月更是提出了“全省一般企业投资项目开工前审批‘最多一百天’”的新目标。除了压缩复杂政务服务事项的办理时间，行政服务中心的办事效率也有显著提升。调查显示，市民和法人（个体工商户和企业办事人员）在行政服务中心的平均等候时间不到1小时。

以回应民众需求为导向的“最多跑一次”改革也较好地改善了各地政府的政务服务态度，解决了“脸难看”的问题。行政服务中心工作人员表示，他们在上岗前需要接受行政服务中心提供的专门培训。这些培训不仅包含如何更好地完成工作的技术指引，也包含如何与民众沟通的具体建议。这使得行政服务中心一线工作人员能够更好地以服务的态度来面对民众的咨询。调查显示，在便民服务事项中，分别有78.30%、81.30%的民众正面评价了行政服务中心工作人员的服务态度、服务质量，更有84.40%、86.20%的民众认为行政服务中心工作人员的服务态度、服务质量相比2016年以前变得更好了。在商事证照登记、企业投资项目审批等事项中，分别有72.7%、74.6%的民众正面评价了行政服务中心工作人员的服务态度、服务质量，更有75.2%、79.3%的民众认为行政服务中心工作人员的服务态度、服务质量相比2016年以前有了改善（见图2-3）。

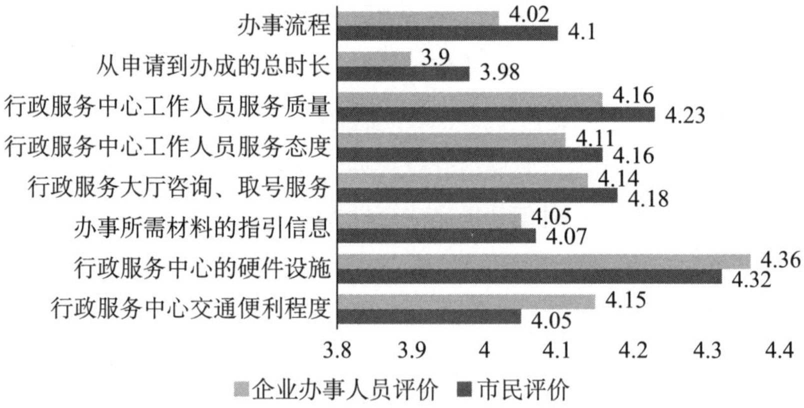

图 2-3 市民与企业办事人员对“最多跑一次”改革的评价

说明：课题组在调查中请受访者分别评价他们对行政服务中心各方面服务的满意程度。调查采用李克特量表形式，由受访者在“非常不满意”“不太满意”“一般”“比较满意”“非常满意”中选择最符合个人真实感受的选项。在数据处理时，“非常不满意”记为 1 分。

资料来源：课题组 2018 年 7—8 月问卷调查。

第三，“最多跑一次”改革使得政府更加规范、有序。“最多跑一次”改革充分运用以互联网为基础的信息通信技术，从而不仅提高了政务服务的效率，更建立了清晰稳定的行政流程，明确了政务服务的操作标准，大大推进了法治政府建设。改革开放以来，中国政府在经济社会发展中扮演了积极而重要的角色，但也存在一些政府部门未能依法行政的现象，造成了经济社会运行中相对较高的体制成本。中国综合社会调查（2015）显示，大约五分之一的民众认为政府不能够做到公平执法（18.7%）、不能够秉公办事（21.8%）。在民众看来，不少政府部门未能做到依法行政。在交通违章、违法经营、违章建筑和餐馆卫生等常见的行政执法或市场监管领域，都有约三分之一的民众认为政府部门没有做到依法办事。政府部门不能严格执法，民众为了能够办成事，常常需要付出额外成本。在调查中，40.2% 的民众表示他们经常会为了办事给公职人员送礼，33.9% 的民众表示他们有时会这么做。上述两个数据都高到了令人匪夷所思的地步，它们不仅表明我国政府仍然存在相当高的体制成本，也意味着法治政府、廉洁政府建设仍然面临着很大挑战。

浙江省“最多跑一次”改革在规范行政权力运行方面取得了显著成效。通过“最多跑一次”改革，浙江省各地各部门都建立了更为规范、清晰的事项办理程序和标准，并通过在线政务系统给予固化。与以往基于办事人员的行政审批和政务服务相比，依托互联网建立新的政务系统标准化程度更高，最大限度地提高了权力行使的规范化程度，减少了办事人员的随意性，降低了个人将公共的行政权力服务于私人利益的可能性。也正因此，浙江省的办事民众总体上认为他们可以通过公开渠道（而不必依托熟人）办成不同类型的政务服务事项，且认为政府在这方面的表现相比 2016 年以前有了相当大的进步（见表 2-3）。需要注意的是，对于不同类型的政务服务事项，民众的评价存在一定的差异。其中，民众对于程序类政务服务的评价较高，而在与利益相关的福利救助事项上民众的评价明显较低，表明“最多跑一次”改革在特定领域还需要继续深化推进。

表 2-3　通过正式公开渠道获得政务服务的便利程度：民众评价

事项	公开渠道办成评价（5 代表非常容易）	与 2016 年以前相比评价（5 代表更容易）
纳税、缴费、开纳税证明	4.23	4.40
就业、人才服务	4.05	4.35
社保、医保服务	4.25	4.42
交通违章处理	4.31	4.44
办理身份证、护照等证件	4.39	4.51
房产服务（不动产登记）	4.15	4.50
申请福利救助	3.78	4.28
公积金服务	4.13	4.43
公证服务	4.04	4.33

资料来源：课题组 2018 年 7—8 月问卷调查。

透明政府、效能政府和法治政府建设都是“最多跑一次”改革推动政府治理现代化的重要表现，但它们并不会同等地影响民众的获得感。以民众对行政服务中心满意度评价结果为因变量，线性回归模型结果表明，“首次办事”“一站办事”和较好的服务评价的确是显著增强民众对行政服务中心满意度的因素。不过，在加入“公正规范”，即代表法治政府建设水平的变量后，“首次办事”“一站办事”等代表效能政府建设的影响因素就不再显著了（见表 2-4）。同样地，以民众对“最多跑一次”改革的满意度为因变量，民众对于法治政府建设成效的评价，即他们能否通过公开渠道获得政府一视同仁的政务服务，也是影响他们对于“最多跑一次”改革满意度的显著因素（见表 2-5）。这表明，相比于政务服务办事流程的效率、办事人员的服务态度，民众更在意的是地方政府能否依法依规履行政府职责。这也说明“最多跑一次”改革的意义不仅在于提高政务服务的质量和效率，更在于撬动权力运行等体制机制层面的变革。本书第三章将详细展开“最多跑一次”改革的撬动效应。

表 2-4　民众对于行政服务中心满意度的影响因素回归模型

	模型 1		模型 2		模型 3	
常量	4.138	67.696	4.087	33.710	3.610	4.544
首次办事（是 =0）	-.149	-1.515*	-.060	-.351	-.011	-.054
一站办事（是 =0）	-.187	-1.851***	-.098	-.563	-.022	-.104
服务友好	.382	7.779***	.324	2.858***	.264	1.979**
公正规范			.236	2.268***	.258	2.072**
性别（男 =0）					.099	.491
年龄					-.003	-.247
政治面貌（党员 =0）					.179	.765
受教育程度					.182	.758
Adj R^2	0.209		0.252		0.164	
N	305		112		90	

说明 1：首次办事是指受访者是第一次为手头事项前往行政服务中心；一站办事是指受访者在办理该业务时只需要跑一个地点；服务友好是基于受访者对于行政服务中心工作人员服务态度等一系列问题的答案，采用因子分析方式降维构成的新指标；公正规范则是基于受访者对于是否可能在不托熟人的情况下完成政务服务事项的主观判断；受教育程度按照 1= 高中及以下、2= 大学、3= 研究生及以上分为等级变量。

说明 2：* 代表 $p<0.1$，** 代表 $p<0.05$，** 代表 $p<0.01$。p 按照单边检验计算。

表 2-5　民众对于“最多跑一次”改革满意度的影响因素回归模型

	模型 1		模型 2		模型 3	
常量	4.404	67.721	4.300	30.330	3.485	3.841
首次办事（是 =0）	-.331	-3.235***	-.238	-1.188	-.088	-.373
一站办事（是 =0）	-.317	-3.038***	-.084	-.414	-.051	-.208
服务友好			.204	1.543*	.131	.862
公正规范			.213	1.746**	.284	1.999**
性别（男 =0）					.048	.210
年龄					-.008	-.516
政治面貌（党员 =0）					.368	1.381
受教育程度					.361	1.318
Adj R^2	0.064		0.130		0.113	
N	367		112		90	

说明：* 代表 $p<0.1$，** 代表 $p<0.05$，** 代表 $p<0.01$。p 按照单边检验计算。

（二）深化“最多跑一次”改革的主要挑战

春江水暖鸭先知。浙江省先行先试，在开展“最多跑一次”改革、探索“互联网 + 政务服务”的过程中也较早遇到了问题与挑战，突出表现为三个方面。首先，政府需要更加重视用户导向的线上政务服务产品开发与推广。各级政府在探索数字化转型、推进线上线下政务服务融合时，在较短时间内未能很好地改善线上产品的用户体验，也未能有效地引导用户更多使用线上政务服务。其次，改革应针对市民、个体工商户和企业办事人员等不同群体建立机会更为均等的服务和回应机制，而现有机制设计更加偏向于满足个体工商户、企业办事人员等的办事需求。最后，一些地方政府狭隘地解读“以人民为中心”，出现了未能充分遵守上级政府关于特定项目或事项不得采用容缺受理方式办理的要求。

第一，如何引导民众更好地使用新的政务服务工具，同时增加政府的回应性、责任性，是浙江省各级政府面临的重要挑战。浙江省各级政府提供了多种类型的在线政务信息发布或政务服务办理平台，但这并不必然意味着民众就能够充分享受到这些便利。自“最多跑一次”改革启动以来，浙江省借助政务服务网、政务服务 APP 和 12345 政务服务热线等多种渠道提供了信息咨询、在线办事的途径，但在实践中，真正运用这些渠道的民众占比并不高。调查数据显示，浙江省政务服务网、政务服务 APP 和 12345 政务服务热线在市民、个体工商户和企业办事人员中的知晓度普遍不高，只有小部分受访者曾经使用过这些在线政务服务的接口查询信息或者办理业务：40.4% 的市民知道政务服务网，23.4% 的市民使用政务服务网查询过信息，15.7% 的市民用它办理过业务。个体工商户与企业办事人员使用在线政务服务的比重相对较大，61.6% 的受访者知道政务服务网，46.9% 的受访者用它查询过信息，36.5% 的受访者用它办理过业务。访谈表明，限制民众选择线上办事的原因之一是这些在线政务服务的使用体验并不好。受访者中，半数左右的市民对于在线政务服务表示满意，四分之三左右的个体工商户和企业办事人员对在线政务服务表示满意，均低于他们对于“最多跑一次”改革和行政服务中心的满意度（见表 2-6）。

表 2-6　在线政务服务的知晓度与满意度评价

	市民				个体工商户与企业办事人员			
	知晓度	查询信息	办理业务	满意度	知晓度	查询信息	办理业务	满意度
政务服务网	40.4%	23.4%	15.7%	47.1%	61.6%	46.9%	36.5%	72.4%
政务服务 APP	34.1%	15.7%	9.1%	53.2%	50.2%	33.2%	27.0%	73.7%
12345 政务服务热线	40.4%	15.3%	10.4%	53.6%	49.3%	19.4%	16.1%	72.5%

说明：知晓度、查询信息和办理业务的百分比均为总人群中的知晓和使用比例，而满意度则仅适用于那些有使用经历的受访者。

资料来源：课题组 2018 年 7—8 月问卷调查。

因为在线政务服务的知晓度偏低，有过在线使用经历的民众也较少获得良好使用体验，不少民众更倾向于选择线下办理的方式。在许多行政服务中心人满为患的窗口，办理的恰恰是那些可以通过在线办理就能够完成的政务事项。调查显示，在便民服务事项中，31.4% 的受访者明知可以在线办理，却依旧选择到现场办理。他们不选择线上办理的主要原因有“不会具体操作”（21.7%）、“网上办理麻烦”（18.5%）、“现场办理更加踏实”（34.4%）、“便捷”

（20.8%）等。在法人事务中，高达56.3%的受访者表示，他们知道自己正在办理的业务可以网上办理，但由于“不会具体操作”（12.7%）、“网上操作过于复杂”（12.7%）、“现场办理更加可靠”（18.3%）等原因，依旧选择前往行政服务中心办理相关业务。面对长时间排队的民众，行政服务中心也较少明确告知他们如何运用手机APP等设备完成业务办理。

第二，不少地方政府更倾向于满足投资发展领域的政务服务需求，未能充分重视提高便民服务。在“最多跑一次”改革中，面向市民的便民服务和面向法人（个体工商户、企业办事人员）的商事证照登记、企业投资审批项目等都是重要内容，但三个领域的改革进展并未完全同步。课题组调查显示，面向法人的办事事项“一次跑”“一站跑”的实际实现比例要略高于面向市民的便民服务事项（见表2-7）。在各个投诉、反馈渠道中，各级政府也更倾向于较快答复来自个体工商户、企业办事人员的投诉与咨询。政府提供服务的差异，直接反映为两个群体获得感的不同：个体工商户、企业办事人员比市民更高评价了政府反馈机制的效果与效率；市民对“最多跑一次”改革、行政服务中心的满意度也都低于法人的满意度。这一现象或许与推动“最多跑一次”改革的内在动力机制有关，即政府总体上更加倾向于优化面向个体工商户、企业办事人员的营商环境。

表2-7 市民、法人在“最多跑一次”改革中的获得感比较

	市民	法人（个体工商户、企业办事人员）
初次跑比例	63.76%	66.33%
一站跑比例	66.40%	82.20%
反馈得到回应、处理比例	85.0%	91.5%
对反馈结果的评价	3.43	4.11
对反馈效率的评价	3.51	4.04
对“最多跑一次”改革的满意度	4.18	4.28
对行政服务中心的满意度	3.97	4.31

资料来源：课题组2018年7—8月问卷调查。

第三，各级政府推进“最多跑一次”改革的另一个挑战是如何建设责任政府。作为一项以人民满意为出发点的政府改革，“最多跑一次”改革已经推动各级政府确立了“以人民为中心”的改革理念，也形成了强调参与、回应的工作机制。在此过程中，一些地方政府狭隘地理解“以人民为中心”，在政务服务中片面地以容缺受理等方式提高行政效率。“容缺受理”是指“对基本条件具备、主要申请材料齐全且符合法定形式，但次要条件或申请材料欠缺的政务服务事项，经申请人做出相应承诺后，政务服务单位先予受理，当场一次性告知需要补正的材料、时限和超期补正处理办法，并进行审查，在申请人补正全部材料后，在承诺办结时限内及时出具办理结果意见，颁发相关批文、证照的制度”。在便民服务中，政务服务事项的社会影响较小，而且政府可以通过将容缺受理与社会信用体系挂钩，确保民众按照承诺补齐材料。但在市场监管和企业投资项目审批等领域，省级政府明确规定了不适用于容缺受理的特定项目和事项类型，但并非所有地方政府都能充分遵守。同时，在从审批到监管的职能转变中，不少地方政府的监管能力也未能及时提高，出现了放而不管的情形。然而，“放管服”改革并非只要求“更优的服务”，它也要求“更好的监管”。对于政府来说，其核心任务首先是维护公共秩序，而秩序的维护则必然包含对市民、法人等具体行为的规范、约束。换句话说，政府在市场监管等职能的履行中不能狭隘地将服务对象限定为“企业办事人员”，而应该看到，市场监管的真正服务对象是受到企业生产经营影响的消费者、劳动者等。相应地，更好地规范企业生产经营行为，才是践行“以人民为中心”发展思想的关键。

四、本章小结

“以人民为中心”的发展思想，是浙江省“最多跑一次”改革得以超越政府中心主义的传统范式，探索以“群众感受为标准，倒逼深化政府自身改革”这一新模式，推进政府治理体系与治理能力现代化的先导。由于规模庞大，政府等大型组织对于外部环境较不敏感，因而较难开展有效的治理变革，改善自身的绩效表现。浙江省“最多跑一次”改革经验表明，政府可以通过赋权民众，为不敏感的大型组织构建一个直观、可测量的结果指标，由此倒逼各级政府实质性地推动政府治理现代化。在这一意义上，整体性政府的改革路径也是“以人民为中心”这一理念的必然产物，即在确立了结果导向、需求导向的评价指标后，政府自然而然地需要作为一个组织来承担责任，解决职能部门推诿卸责等组织内部的协调问题。

基于互联网的信息通信技术是浙江省“最多跑一次”改革的重要支撑，为传统公共管理难以解决的一些关键问题提供了技术解决方案。在浙江省“最多跑一次”改革实践中，基于既有政务信息的数据分析增加了政府识别民众需求的有效途径，基于互联网的智能化政务流程与管理平台使得整体性政府的构建成为可能，“24 小时不打烊的数字政府”既改变了政府政务服务的递送方式，也为政府与民众的互动提供了新的平台。需要指出的是，在人类历史上，新技术的价值从来不会止步于解决旧世界的传统问题，而在于它将开启一个全新的世界。正因此，我们不能只是停留在传统公共管理范式框架内修修补补，把新兴技术视作传统工具的替代，而是应当充分挖掘新技术的潜力，发挥全新的想象，系统重构政府治理、公共治理的未来图景。

提高民众获得感是倒逼政府改革的重要切入点，但它不是“最多跑一次”改革的终极目标。“给我一个支点，我能撬动整个地球。”在“最多跑一次”改革中，“群众感受的‘小变化’”就是撬动“政府运行‘大变革’”的重要支点。本章考察了行政意义上的“政府运行‘大变革’”，发现这项改革的确促进了透明政府、效能政府和法治政府建设。但在实践中，政府治理现代化的内涵更加丰富，“最多跑一次”改革的撬动效应也不限于此。在改革中，浙江省委、省政府反复强调，要“紧紧扭住‘最多跑一次’改革这个‘牛鼻子’，坚定不移推动这项改革向纵深推进”，撬动经济体制改革、公共服务体制改革、权力运行机制改革，真正落实“八八战略”，增创体制机制新优势。那么，“群众感受的‘小变化’”究竟撬动了哪些领域的“大变革”呢？我们将在下一章中展开论述。

第三章

浙江省“最多跑一次”改革的撬动效应

“最多跑一次”改革是浙江选准的全面深化改革突破口，它不仅指向政府自身，还要撬动其他各领域的改革。它的撬动效应，是“浙江故事”的下篇，甚至可能是更为重要的篇章。改革的共同体意识、整体性的制度框架、政府内部的自我强化机制以及互联网与大数据的普遍应用，为“最多跑一次”改革效应的溢出提供了可能性。在经济体制、社会体制以及权力运行体制等领域中，“最多跑一次”改革都不同程度地显现出撬动效应，并在持续进行中。它以改革促发展、始终让绝大多数人受益、以激发全社会活力为动力源泉、强调统筹协调推进的基本原则，不断深入、系统地带动经济社会体制的全面变革。

浙江省“最多跑一次”改革是一场深刻的政府自我革命，大大推进了政府治理现代化。不仅如此，这场改革不限于政府自身，它还是浙江省撬动其他各领域改革，推进全面深化改革的杠杆和支点。2018 年 1 月 2 日，浙江省委书记车俊在全省全面深化改革大会上提出，必须在深化“最多跑一次”改革的同时，在“撬”字上狠下功夫，统筹推进重要领域和关键环节改革取得重大突破，不断放大“最多跑一次”改革对全面深化改革的牵引作用。2018 年 1 月 25 日，浙江省长袁家军在向省十三届人大一次会议所作政府工作报告中也指出，要“深入推进‘最多跑一次’改革，增创市场有效、政府有为、企业有利的体制机制新优势”。也就是说，“最多跑一次”改革是浙江选准的“牛鼻子”，它还要撬动“整头牛”的改革。“最多跑一次”改革的撬动效应，是“浙江故事”的下篇，甚至可能是更为重要的篇章。

本章拟从三个方面考察“最多跑一次”改革业已呈现的撬动效应：在经济体制改革领域，“最多跑一次”改革撬动企业投资审批制度、中介服务市场化和要素市场化配置等改革，通过创新政府服务优化营商环境，以动力变革促进经济高质量发展；在社会体制改革领域，“最多跑一次”改革撬动公共服务体制改革和社会治理创新，不仅在教育、医疗、社保、住房、交通等重点民生领域推进网上公共服务应用开发，还通过向基层放权、政务资源下倾、夯实基层治理机构，让基层社会治理运转起来；在权力运行机制改革领域，“最多跑一次”改革撬动“治权”革命，重塑政府内部治理结构，把权力关进制度的笼子。

一、“最多跑一次”改革的效应溢出逻辑

“最多跑一次”改革以民众获得感和满意度为导向，倒逼政府部门从各自为政转变为协同作战，变“部门化政府”为“整体性政府”，不断推进更大的放、更好的管、更优的服，对于理顺政府与市场的关系、降低交易成本、补齐制度短板具有重要作用，是深化供给侧结构性改革的重要举措。与以往历次政府改革相比，“最多跑一次”改革发端于简政放权，发展于技术治理，但在目标追求上不限于效率，它试图撬动各个领域的改革并致力于实现经济社会全面发展；它不只遵循政府自身的逻辑，更加注重政府公共服务与民众需求的契合，从而倒逼政府简政放权、放管结合、优化服务；它也不只是政府一家的事，需要基层组织、社会组织等多元力量予以协同。那么，这场改革为什么能够发挥出明显的撬动效应？在考察具体的溢出效应之前，我们先来揭示其改革效应溢出的内在逻辑。

（一）价值逻辑

“最多跑一次”改革所体现的问题导向、需求导向、回应导向、权利导向、效率导向，在理念层面与经济体制改革、公共服务体制改革及社会治理变革完全一致，改革的共同体意识为“最多跑一次”改革成效溢出到经济社会等领域打开了价值通道。

“最多跑一次”改革是深化行政改革和推进政府治理现代化的重大创新，它实现了政府管理理念、职能结构重心和施政方式等方面的重大转变。这种转变不是局部的，而是一种整体的转变；不仅是政府结构形式上的转变，而且是政府管理价值取向的深层转变，它要求政府从“以政府为中心”向“以人民为中心”转变，从“权力主体”向“责任主体”转变，从无限政府向有限政府转变，从自上而下单方面的行政管理向以政府为主导的协商、对话、合作、多元主体共同治理的方向转变，从依靠“长官”意志行政向依法行政转变，从以行政手段为主向以法律手段、经济手段为主和行政手段为辅的

方向转变，从注重经济增长向注重社会公平转变，从封闭式管理向公开透明管理转变，等等。[1] 这是政府应对工业化、城市化发展进程对自身职能及其履行方式的积极转变，是提高政府职能履行效率和效益的必然要求。民众被置于政府治理的中心位置，政府不能是凌驾于社会之上的封闭官僚机构，而必须以民众的需求为中心，为其提供高质量、高效率的服务。可以说，“最多跑一次”改革的最终指向是建设让人民满意的服务型政府，这样的政府形态一定是职能有限、行为有效、法治约束、富有责任、民主参与的政府，这一转变的过程必然打破传统政府运作的封闭环路，不仅会向政府组织外部输出强烈的公共性价值，以满足市场、社会主体的公共利益诉求，而且在政府职能重塑、机构调整以及行政资源配置上具有明显的开放性特点，即政府绩效的评价权已经逐步向其服务主体转移。

从这个意义上说，“最多跑一次”改革是一场深刻的政府管理革命，它与经济体制、社会体制改革的基本逻辑是一致的。经济体制改革只有把改善人民生活作为发展经济的出发点和落脚点，大力营造支持和鼓励人民创新创业创造的社会氛围，健全和完善分配机制，着力解决涉及群众切身利益的突出问题，才能得到大多数人的支持；社会体制改革只有不断增加城乡居民收入，提高城乡居民消费水平和生活质量，让广大人民群众共享改革和发展成果，才能持续推进。改革开放初期，政府体制改革、经济体制改革和社会体制改革共同表现出渐进的、问题导向的价值取向，具有经济社会条件的“适应性”特征；而在推进治理体系和治理能力现代化的背景下，各领域改革的系统性、整体性、协同性要求不断提升，改革的方式从适应性改革向预见性改革转变，具有日渐鲜明的“自主性”特征。

（二）制度逻辑

各项改革内容的关联性、整体性和相通性，为“最多跑一次”改革成

[1] 参见周光辉：《构建人民满意的政府：40 年中国行政改革的方向》，《社会科学战线》2018 年第 6 期。

效溢出到经济社会等领域打开了制度通道。政府自身改革是政府与市场、政府与社会、中央与地方及各层级政府间关系中一项基础性制度安排。在浙江，“最多跑一次”改革正是上级调控下级、政府干预市场、政府管理社会的重要制度设计，在整个地方治理体系中起着牵一发而动全身的作用。同时，转变政府职能、深化行政体制改革涉及政府工作的方方面面，孤立的“最多跑一次”改革难以发挥实效，需要与各项具体的改革工作紧密结合，推动落地生根，才能充分发挥其制度优势。

一方面，以“最多跑一次”改革为代表的政府自身改革体现出地方治理体系中三种最重要的关系。第一是政府与市场的关系。好的政府改革能够有效激发市场主体活力，让市场机制在资源配置中发挥决定性作用；同时，通过政府对市场主体不合理行为的有效规制，最大限度地消除市场经济的负面效应。第二是政府与社会的关系。好的政府改革能够有效保障公民基本权利，公民、社会团体和其他各类组织在法律框架内享有充分的自主治理空间，能够有效地激发全社会的活力。第三是中央与地方及各层级政府间的关系。政府间权力配置问题是政府改革中经常被忽视的环节，也是长期以来政府自身改革未能真正到位的一个重要原因。好的政府改革能够有效地调动中央与地方的积极性，形成责权利相统一的政府间权力配置体系，最大限度地激发地方政府的创新活力和公共服务能力。

另一方面，在地方改革实践中，“最多跑一次”改革起到了中枢作用，因为即便是在以“去产能、去库存、去杠杆、降成本、补短板”为重点的供给侧结构性改革中，表面上的经济问题中蕴含的也是理顺政府与市场、社会之间的关系问题，其解决思路仍需要回到转变政府职能、深化行政体制改革等关键环节上来。基于此，“最多跑一次”改革得以发挥其制度的基础性作用，它明确了推进政府改革的简政放权、强化监管和优化服务这三条主线，确立了各项具体改革工作，也提供了实施改革的路径和方法，居于承前启后的重要地位，发挥着杠杆和支点作用，进而撬动了其他一系列重大改革，更好地为供给侧结构性改革提供体制机制保障。

（三）合法性逻辑

“最多跑一次”改革既体现了上级政府的意志，又回应了区域经济社会发展的需要，还体现了地方决策者的偏好，这为其改革成效溢出到经济社会等领域打开了合法性通道。中国地方政府的职能配置从来都不是一个自主性变迁过程，而是一种适应性调整过程。正如有学者指出，对于各级地方政府来说，政府职能定位在很大程度上并不是一个理论认知问题，而是政府行为偏好与约束条件相互作用的产物。[1] 政府职能的理论定位与实际履行之间总是存在极大的差异，这在西方国家也不例外。保罗·萨缪尔森在谈到政府行为选择时曾经指出：“依照许多人的看法，政府应该建立一个公正而有效率的法律机制；政府应该运用最优的宏观经济政策来稳定产量、失业以及通货膨胀；政府应该调节工业以克服市场失灵；政府应该把收入再分配到最应得的人手中。”“但是政府会这样做吗？政府会遵循那些力图创造一个有效率的和公正的社会的经济学家们的学说吗？”[2] 地方政府的职能履行，首要的决定因素不是认知的科学性与否，而是既定约束条件下的行为激励结构。[3]

无疑，在现行体制下，政治体制、法律法规、上级政府的政策规定和授权或默许等构成了浙江省“最多跑一次”改革的制度合法性。中央政治权威的支持，是地方政府有选择地推进某些职能调整的巨大动力。中央层面对浙江省“最多跑一次”改革的充分肯定，不仅激发了地方探索政府数字化转型的热情，更为地方出台有利于“最多跑一次”改革的地方性法规和政策、落实各种突破性政策和容错免责条款、全面清理和修订与转型不相适应的规范性文件等工作提供了良好的政治制度环境。

同时，在区域经济竞争日趋激烈的今天，地方政府具有积极回应辖区

[1] 参见何显明：《地方政府研究：从职能界定到行为过程分析》，《江苏行政学院学报》2006 年第 5 期。

[2] 保罗·萨缪尔森、威廉·诺德豪斯：《经济学》，北京：中国发展出版社，1992 年，第 1 174 ～ 1 175 页。

[3] 参见马斌、徐越倩：《地方政府职能转变的内在逻辑：权力配置的分析框架》，《中共杭州市委党校学报》2010 年第 6 期。

内微观主体需求，为其提供公共服务的内在动力[1]，特别是当这种动力不仅来自力图把投资环境和公共服务质量的提高转化为辖区经济的高速发展，进而转化为政绩显示的经济指标，而且来自民众直接监督和评价时，改革的推动力就更有持续性。浙江省“最多跑一次”改革从与民众生产生活关系最紧密的领域做起，在民众反映最强烈、最渴望解决、最难办的事情上突破，为其改革效应溢出提供了绩效合法性支撑。

此外，地方领导人的权限、动员能力和个人魅力等为“最多跑一次”改革效应的溢出提供了自我强化机制。浙江省党政领导人多次在大会上动员，要求地方官员提升改革意识和能力，“要站到战略和全局的高度来思考和推进这项改革，坚决摒弃‘最多跑一次’纯粹是方便群众和企业办事的简单认识，坚决摒弃接近大功告成、可以喘口气歇歇脚的懈怠意识，坚决摒弃这项改革无法再深化拓展的消极态度，切实增强推进‘最多跑一次’改革的思想自觉和行动自觉，做到不获全胜决不收兵”[2]。浙江省委高度重视，省政府成立推进“最多跑一次”深化“四单一网”改革协调小组，增设“最多跑一次”改革专题组，由省长担任组长，办公室设在省编办，负责改革的总体设计、统筹协调、调度各方，成员单位包括省政府办公厅、发改委、人社厅、公安厅、法制办、工商局、国土资源厅、住建厅等。通过健全完善工作推进、考评考核、监管保障机制，在全省形成“全民参与、勇于担当、奋勇争先、比学赶超”的改革舆论氛围，构建“纵向到底、横向到边、集成联动、全面覆盖”的政务服务体系。可以看到，浙江省“最多跑一次”改革的深度推进以及撬动效应的显现，与主要领导的决策、坚定意志以及个人魅力等是密不可分的。

（四）技术逻辑

互联网与大数据的普遍应用为“最多跑一次”改革成效溢出到经济社

[1] 参见李军杰、钟君：《中国地方政府经济行为分析——基于公共选择视角》，《中国工业经济》2004年4期。

[2] 《高举改革大旗，扛起改革担当，当好新时代全面深化改革的排头兵》，中共浙江省委书记车俊在全省全面深化改革大会上的讲话，2018年1月2日。

会等领域打开了技术通道。2015 年 7 月颁布的《国务院关于积极推进“互联网 +”行动的指导意见》强调要“充分发挥互联网的高效、便捷优势，提高资源利用效率，降低服务消费成本。大力发展以互联网为载体、线上线下互动的新兴消费，加快发展基于互联网的医疗、健康、养老、教育、旅游、社会保障等新兴服务，创新政府服务模式，提升政府科学决策能力和管理水平”。紧接着，国务院又颁布了《促进大数据发展行动纲要》，指出大数据正日益对全球生产、流通、分配、消费活动以及经济运行机制、社会生活方式和国家治理能力产生重要影响。数字技术在全社会的普及应用，以及以大数据、云计算、移动互联网等为代表的新一代信息技术的迅速发展，为政府治理创新提供了新技术、新手段、新方法。

在中央政府的倡导下，浙江省迅速启动信息系统互联互通和数据共享工程，出台《浙江省深化“互联网 + 政务服务”工作方案》《浙江省公共数据和电子政务管理办法》等，鼓励政府运用互联网、大数据、云计算等现代信息技术进一步实现“流程优化、业务协同”，着力解决公共数据和电子政务领域存在的基础设施条块割裂、网络互联互通不畅、业务系统缺乏协同等问题。2018 年浙江省更是提出把数字经济作为“一号工程”来抓，深化数字浙江建设，以数字化、网络化、智能化等为特质的新一代信息通信技术（ICT）驱动政府转型驶入快车道，各地各部门牢固树立起“大数据思维”，这成为浙江省推动“最多跑一次”改革不断深入的“数字引擎”。

与此同时，政府公共服务平台具有的部分商业属性与企业商业平台的公共属性具有相互延伸的特点，可以创新运营模式，形成共建共享的生态体系。在实践中，浙江已经涌现出基于技术、数据共享性所产生的治理创新，如互联网法院、大数据资源管理局等的成立重构了互联网时代的社会管理机构；互联网医院、“城市数据大脑”等的出现重新调配城市公共资源，推动解决城市治理的棘手问题；eWTP 平台重塑了国际贸易环境；浙江省发布工业互联网战略，将在全国率先推进建立“1+N”工业互联网平台体系和行业联盟，打造具备国际竞争力的产业联盟体系。技术应用的普遍性以及数据资源的共享性，为政府内部的数字治理革命延伸到经济社会等领域提供了可能性。

二、“最多跑一次”改革推动经济高质量发展

中国经济能否保持稳中向好态势，关键在于市场主体活力与积极性能否被进一步调动，民间投资能否企稳回升。2018 年 7 月国家统计局发布的 2018 年上半年主要经济数据显示，全国民间投资占全部投资的比重为 58.9%，比去年同期提高 1.3 个百分点，但仍低于以往 60% 左右的水平。当前，制约市场发展的“玻璃门”“弹簧门”“旋转门”仍随处可见，有的甚至无门可入，严重影响各类市场主体的投资积极性，也制约了消费潜力的发挥。2016 年，李克强总理在全国推进简政放权放管结合优化服务改革电视电话会议中指出，要把经济稳中向好的势头稳固住，必须创新用好宏观调控工具箱里的各类工具，不仅要运用好财政和货币政策，更要运用好“放管服”改革这个关键工具。近年来，浙江省也面临经济下行压力，省内自然资源禀赋瓶颈凸显，原有的先发优势正在弱化，迫切需要深化政府自身改革，再创体制机制新优势，激发市场和社会活力。“最多跑一次”改革通过创新政府服务方式打造最佳营商环境，通过更好地发挥政府作用全面激发市场活力，具体体现在企业投资审批制度改革、审批中介市场化改革和要素市场化配置改革中，以动力变革推动质量、效率提升，实现高质量发展。

（一）撬动企业投资审批制度改革

行政审批是刻画地方政府体制成本的重要指标。体制成本是指“经济运行所必须支付的一种成本。体制由一系列制度构成，运行于由社会强制执行的产权与合约的基础之上。举凡体制确立、运行和改变所耗费的资源，就是体制成本……体制成本的性质与变化，对经济增长的影响至关重要”[1]。政府如何推进制度变革以降低体制成本？浙江省以“最多跑一次”改革深

[1] 周其仁：《体制成本与中国经济》，《经济学（季刊）》2017 年第 3 期。

化企业投资审批制度改革，降低企业制度性交易成本，营造稳定、公平、透明、可预期的营商环境。2018年6月28日，李克强总理在全国深化“放管服”改革转变政府职能电视电话会议上指出，要进一步推进简政放权，放出活力和动力，五年内要实现这些目标：企业开办时间从目前平均20个工作日压缩到5个工作日以内；商标注册审查时间从目前8个月压缩到4个月以内，发明专利审查周期压减三分之一，其中高价值专利审查周期压减一半；工程建设项目从立项到竣工验收全流程审批时间压减一半；进出口通关时间再压减一半；不动产登记时间和电力用户办电时间均压缩三分之二以上。在浙江省，这些目标中的大部分已经通过“最多跑一次”改革得以实现。在慈溪、文成、诸暨等地，企业开办全流程“一次受理、三日办结”，跑出了企业开办时间新速度，进一步优化了营商环境，激发了市场活力。其主要实施路径为：

第一，在受理上实现“一窗跑”。一是一窗收集，统一受理。申请人只需向一个窗口，提交一次材料，即可完成信息统一采集。如诸暨市的综合受理窗口根据申请人选择，生成银税联办申请表，再统一将开办企业涉及的申请材料采集整合，上传至商事登记综合管理平台，推送至刻章单位、银行、税务等部门，最大限度减少申请人往返次数和办理时间。二是加强指引，提高知晓率。如慈溪市推出企业常态化开办三日制办事流程图和企业常态化开办三日制服务指南，详细介绍企业开办实现3个工作日办结的具体流程、提交材料清单和服务单位名单，并通过行政服务中心、各基层市场监管所（分局）办证大厅、各税务大厅、网络平台等媒介公布，方便申请人随时取阅。

第二，在办理上实现“线上跑”。一是打破信息壁垒，促进部门信息联通。如诸暨市自主开发了“商事登记综合管理平台”，应用于24个行业“证照联办”及“银税联办”业务办理，并建立银行、刻章单位和中介机构数据库，实现信息资料的实时推送与共享互用，供申请人自主选择。申请材料及企业基本信息全部通过管理平台推送流转，中间新生成证照可补传，受理及办结时间自动记录，由综合窗口全程监管。同时，将“银税联办”模块整合至政务协同APP，通过VPN接入政务外网，刻章单位、开户银行等单位可随时随地提取材料、接收信息，实现掌上办公。二是流程再造，由“串联独行”到“串并结合”。如慈溪市经市场监管、公安、人民银行、税务部门协商，对办理流程再优化，将企业开办环节压缩为执照办理、公章刻制备案、印章刻制、银行开户、发票申领5个环节，执照办理和银行尽职调查并联办理，公章刻制备案、印章刻制、银行开户、发票申领串联进行，最大限度省去各环节的等待时间。

第三，在服务上实现“加速跑”。为实现企业开办“一次受理、三日办结”，浙江各地不断优化服务方式。如诸暨市实现送章上门，在印章刻制单位接收到新设企业信息一个半小时内将印章刻制完成并送至综合窗口；开户提速，从原银行1个工作日内上报人民银行改为即时上报，人民银行审核从3个工作日内提速为1个工作日内；机构进驻，让金税盘（税务业务的相关软件）安装服务等相关办事机构进驻公共服务中心，为市场主体提供更便捷的服务。慈溪市通过窗口延伸，将常态化企业开办3个工作日办结从原来市行政服务中心延伸至全市9个受理企业登记的市场监管所（分局），让全市所有企业申请者共享此项改革带来的红利。温州市文成县开展“营商环境提升年”主题活动，积极探索“既要跑得快，又要跑得好”审批工作新路径，进一步压缩企业开办时间，对外承诺时限2个工作日，实际均做到材料齐全当场办结，最快可做到10分钟出证。

为了有效破解投资项目决策审批不协同、信息互通不畅等问题，一些地方更是探索设立了投资项目“一站式”服务中心[1]，提升政府审批效率，给企业办事带来了极大的便利。可以看到，“最多跑一次”改革大大简化了办事流程、提高了办事效率，“快跑”“少跑”甚至“不跑”直接降低了企业的时间成本，也有利于吸引人才到浙江落地生根、就业创业。

（二）撬动行政审批中介服务市场化改革

随着政府不断加快审批速度、优化审批流程，行政组织的审批周期再

[1] 浙江省桐庐县在浙江省首创投资项目“一站式”服务中心，通过“一站式”创新服务管理方式，创设“三全四制”运作模式，旨在破解投资项目“审批不协同、部门成藩篱，审批环节多、中介不可控，审批负载重、事后难监管”等难题。

压缩的空间已有限，以工业性投资项目为例，政府部门审核的时间占比不到 40%，而环评中介、施工图等中介时间则占到了 60% 以上。企业普遍反映投资审批中的中介市场存在操作不规范、收费高、服务参差不齐等情况，严重制约了审批效率。基于此，浙江率先推进行政审批中介服务市场化改革，基于“最多跑一次”改革的精神重点开展中介服务事项清理、中介机构脱钩改制、中介服务市场建设、中介监管措施构建四大改革工作，进一步为企业松绑减负。

1. 积极兴建中介超市，培育引进中介机构，强化中介诚信监管

早在 2013 年，《浙江省人民政府办公厅关于进一步加强行政审批中介服务管理的意见》（浙政办〔2013〕136 号）就提出以“市场导向、加强管理、规范运作、提速提效”为目标，放宽市场准入，培育中介服务市场，推进审批中介服务市场化改革。“最多跑一次”改革启动后，浙江各地加大引进和培育行政审批中介服务机构，依托行政服务中心或政务服务网，建立实体或网上中介超市。目前中介超市已覆盖浙江所有市、县，凡符合条件的审批中介机构均可入驻、入网中介超市，实行市县联动、属地管理，建立业主和中介机构双向自由选择机制，促进市场有序竞争。平均每个中介超市入驻中介机构 200 家以上，同时对入驻中介机构建立信用评价和诚信监管机制。如丽水市通过建立网上中介超市，入驻中介机构从 51 家增长到 1 131 家，已经基本满足当地需求。2017 年底，浙江省审改办、发改委出台《关于印发“浙江网上中介超市”平台建设方案的通知》（浙审改办〔2017〕19 号）。2018 年 6 月，浙江省审改办组织制定并印发《“浙江网上中介超市”省平台与市县平台数据交换标准》和《“浙江网上中介超市”信用评价方案》，推进“浙江网上中介超市”建设。目前浙江省级平台与市县平台已经贯通，市县平台部分数据已经实现自动导入省平台，加快建设“统分结合、竞争充分、评价有效”的“浙江网上中介超市”。浙江网上中介超市省级平台通过归集共享市县网上中介超市平台中介机构、信用评价等信息，实现中介机构“一地备案、全省公开”“一地失信、处处受限”，促进中介服务市场

竞争更加公平、信用评价更加合理，为各地引进中介机构，加强诚信监管，提高中介服务质量和服务效率。丽水等地依托网上中介超市还开展了网上竞价服务，促进了中介服务市场的公开、公正、公平，运行情况良好。

2. 清理规范投资项目行政审批中介服务事项

2016 年，浙江省对照国务院常务会议“五个一律”的要求、省政府公布的权力清单及法律法规变动情况，对行政审批中介服务事项的名称、设置依据、收费标准、办理时限等内容进行了清理审核，减少中介服务事项 41 项，调整中介服务事项 5 项，共有 19 个部门 85 项审批事项设置了 97 项中介服务事项，同时印发《关于公布和规范行政审批中介服务事项的通知》（浙发改社体〔2016〕373 号）公布事项目录。2018 年以来，浙江省根据法律法规调整和国务院清理规范行政审批中介服务事项的要求，对照《浙江省人民政府办公厅关于公布浙江省投资项目行政审批等事项目录的通知》（浙政办发〔2018〕1 号）文件确定的投资项目行政审批等事项，以“最多跑一次”的精神对投资项目行政审批中介服务事项进行全面清理。通过逐项对照法律法规规章依据，核对事项信息，广泛征求省级部门和市县意见，加强与相关部门和市县的沟通协调，力争尽早印发投资项目行政审批中介服务事项目录，促进投资项目行政审批中介服务事项规范化。

3. 统一标准、整合机构、互认结果，促进中介联合服务

为精简行政审批中介服务程序、优化服务流程，浙江省以“联”为着力点，积极归并同类行政审批中介服务事项，变串联为并联，变多项独立服务为区域联合服务。2017 年浙江省人民政府办公厅印发《关于全面推行“区域环评 + 环境标准”改革的指导意见》（浙政办发〔2017〕57 号）和《关于全面推行“区域能评 + 区块能耗标准”改革的指导意见》（浙政办发〔2017〕61 号），省审改办、省测绘局等 6 个部门联合印发《关于贯彻落实“最多跑一次”改革决策部署全面推进施工图联合审查的实施意见》（浙建〔2017〕6 号），省住建厅、省发展改革委等 11 个部门联合印发《关于贯彻落实“最多跑一次”改革决策部署全面推进建筑工程“竣工测验合一”改革的实施

意见》(浙建〔2017〕10号)，省住建厅、省审改办等3个部门联合印发《关于贯彻落实“最多跑一次”改革决策部署推进企业投资项目行政审批现场踏勘方式改革的指导意见》(浙建〔2017〕18号)等文件，全力推进联合评估、联合测绘、联合图审、联合验收等联合中介服务模式，力促审批提质增效，切实减轻企业和群众负担。在这些文件基础上，浙江省住建厅、测绘局、国土资源厅、公安消防总队和人防办5个部门经过1年多时间的研究，于2018年5月联合发布了《建筑工程建筑面积计算和竣工综合测量技术规程》(DB33/T 1152—2018)。这些“联合”不是传统意义上的部门协商联合，而是“标准统一、中介整合、结果互认”，是深层次的行政审批制度改革。浙江各地认真贯彻落实这些文件精神，以产业集聚区、经济开发区等产业比较集中的平台为单位，积极推进项目统一办理水保、交评、文保、矿产压覆、地质灾害等前置审批制度改革，切实减轻企业负担、提升审批效率。柯桥、桐庐等地通过中介联合服务平台或中介联合体形式，进一步优化中介办理流程，提升中介服务效率。

4. 推进事业单位脱钩改制，营造公平竞争环境

2013年以来，浙江省出台了《关于进一步加强行政审批中介服务管理的意见》(浙政办发〔2013〕136号)、《关于扎实推进从事行政审批中介服务省属事业单位机构改革工作的实施意见》(浙政办函〔2014〕33号)等文件，推进行政审批中介服务单位脱钩改制，如全省环保系统已全面实施脱钩改革，16家环评机构通过依法撤回股份、转让股份、划转国有资产监督管理部门或者退出建设项目环评业务等形式，已经完成彻底脱钩。2017年底，为落实“最多跑一次”的战略部署，浙江省编办、审改办、财政厅联合印发《关于做好从事行政审批中介服务省属事业单位机构改革有关工作的通知》(浙编办发〔2017〕56号)，明确改革任务和要求，关于中介服务机构市场化改革的文件密集出台(见表3-1)。2018年以来，浙江省编办牵头进一步推进省住建厅、省环保厅、省水利厅等省级部门直属中介事项单位脱钩改制。杭州、温州等地积极开展涉及审批中介机构脱钩改制，温州市将规模较大的

中介机构资产划入国资委，成立从事中介服务的国资公司，完成25家中介机构与政府主管部门彻底脱钩。中介机构脱钩改制将进一步规范经营主体、规范执业行为、规范中介服务，营造公平的竞争环境，有力地推进行政审批中介服务市场化改革。[1]

表3-1　浙江行政审批制度改革相关文件

序号	文　件	文　号
1	关于进一步加强行政审批中介服务管理的意见	浙政办发〔2013〕136号
2	关于扎实推进从事行政审批中介服务省属事业单位机构改革工作实施意见的通知	浙政办函〔2014〕33号
3	关于公布和规范行政审批中介服务事项的通知	浙发改社体〔2016〕373号
4	关于做好从事行政审批中介服务省属事业单位机构改革有关工作的通知	浙编办发〔2017〕56号
5	关于印发“浙江网上中介超市”平台建设方案的通知	浙审改办〔2017〕19号
6	关于全面推行“区域环评＋环境标准”改革的指导意见	浙政办发〔2017〕57号
7	关于全面推行“区域能评＋区块能耗标准”改革的指导意见	浙政办发〔2017〕61号
8	关于贯彻落实“最多跑一次”改革决策部署全面推进施工图联合审查的实施意见	浙建〔2017〕6号
9	关于贯彻落实“最多跑一次”改革决策部署全面推进建筑工程“竣工测验合一”改革的实施意见	浙建〔2017〕10号
10	关于贯彻落实“最多跑一次”改革决策部署推进企业投资项目行政审批现场踏勘方式改革的指导意见	浙建〔2017〕18号
11	建筑工程建筑面积计算和竣工综合测量技术规程	DB33/T 1152—2018
12	关于全面推进建设项目“联合测绘”改革的实施意见	浙测〔2018〕4号
13	关于印发《“浙江网上中介超市”省平台与市县平台数据交换标准》和《“浙江网上中介超市”信用评价方案》的通知	浙审改办〔2018〕5号

通过“最多跑一次”改革向中介领域延伸，浙江共梳理出11个省级部门、23个直属中介机构、37项涉政审批中介事项，能够实现民众办事“最多跑一次”，其中“零上门”事项25项，“最多跑一次”事项12项。同时，对涉政审批中介事项承诺办事时限，简化流程，公开办事指南，有力推进了涉政审批规范化，解决了红顶中介服务不规范的问题。通过建设浙江政

[1] 参见浙江省发展和改革委员会（审改办）社会体改处：《浙江省行政审批中介服务市场化改革研究》，《浙江经济》2018年第15期。

务服务网、公共信用信息服务平台、“信用浙江”网，向全社会无偿提供信用查询服务，促进企业、个人和社会诚信意识不断增强，降低社会交易成本。据统计，2017 年中介费用下降 25% 以上，时间缩短 30% 左右，取得明显成效。[1]

（三）撬动要素资源配置改革

除了通过企业投资审批制度改革和中介服务机构市场化改革等降低企业制度性交易成本之外，“最多跑一次”改革还改变了政府对要素资源配置的直接干预，通过撬动要素资源配置改革加速生产要素自由流动，降低企业成本。作为先发地区，浙江在经济发展中率先遇到“成长的烦恼”和“转型的阵痛”，资源、环境等要素制约不断加剧。浙江以“最多跑一次”改革突破发展瓶颈，深化“亩均论英雄”改革，推进“标准地”供给，通过企业“亩产效益”综合评价和资源要素的差别化配置，推动资源要素向优质高效领域集中。

第一，建立健全资源要素优化配置机制。

首先，以“标准地”改革为载体，推动土地资源要素的市场化配置。“标准地”改革是浙江省在企业投资项目审批领域深化“最多跑一次”改革，推进要素资源市场化配置的重要载体。在“标准地”改革中，浙江省抓住了国有建设用地这一关键环节，抓住了土地出让这一关键环节，以“最多跑一次”为导向的流程再造撬动了企业投资项目的全流程综合性改革。在改革中，浙江省要求各级地方政府在土地出让前统一组织开展能评、环评等区域评估，并明确土地出让的固定资产投资强度、容积率、单位能耗标准、单位排放量和亩产税收等标准，确保企业家在拿地投资前就充分了解不同区域土地的政策性要求。这一方面能够以政府有为促企业有利，即缩短企业投资项目的审批时限，降低企业财务成本、协助企业更好抓住市场机遇。另一方面，也能以有为政府促有效市场，即通过将“土地出让后对企业提政策性要求”转变为“土地出让前对市场提政策性要求”，以“标准透

[1] 参见浙江省发展和改革委员会（审改办）社会体改处：《浙江省行政审批中介服务市场化改革研究》，《浙江经济》2018 年第 15 期。

明”促进土地出让中的“对标竞拍”或“对价竞标”[1]，从而更好地发挥市场机制在土地要素资源配置中的基础性作用。“标准地”改革在 2017 年 8 月开始在湖州市德清县试点，很快于 2018 年 7 月在全省全面推开。截至 2018 年 11 月 30 日，浙江省省级以上平台共出让工业项目“标准地”671 宗，总面积 40 163 亩，占省级以上平台新批工业用地总宗数的 73.49%、总面积的 75.83%。课题组调查显示，“标准地”改革不仅大大提高了企业投资项目审批的行政效率，企业在备案后 100 天内获得施工许可证的概率从不到 10% 提高到了 90%，而且撬动了有助于绿色可持续发展、土地集约利用的高质量产业变革。更为重要的是，“标准透明”和“对标竞拍”等较为有效地提升了市场机制在工业用地配置中的作用，较好地推动企业家对于“找市场不找市长”即政府公平公正办事、恪守契约精神的预期。这一变化不仅是重构亲清政商关系的关键，也是市场化改革进程中政府治理现代化的重要表征。

其次，浙江推动各地在切实推进降本减负基础上，依据“亩产效益”综合评价结果，依法依规实施用地、用电、用水、用气、排污等资源要素差别化价格政策，加大综合评价第一档企业减免力度，倒逼末档企业提升资源要素利用效率。如实施差别化用地政策，授权各地在规定权限范围内调整城镇土地使用税、土地等级划分级数、范围和适用税额标准，对综合评价第一档企业给予大比例返还，对末档企业不予返还。2017 年以来，浙江省合计减免企业城镇土地使用税 16.3 亿元，征收企业差别化电费、水费、排污费合计 2.1 亿元，全部用于支持企业技术改造和创新发展。

再次，为加大政府掌握的资源要素差别化配置和叠加运用，浙江按照“利用效率高、要素供给多”的原则，构建年度用地、用能、排污等资源要素分配与市、县（市、区）“亩产效益”绩效挂钩的激励约束机制。政府进

[1] 对价竞标是浙江省在“标准地”制度改革中的新做法。对标竞价是指企业家参照工业用地出让中的政策性要求，以提高价格的方式来竞拍土地。对价竞标则是指工业用地出让价格在达到一定水平后，就不再以“价高者得”的方式竞拍，而是由“标准高者得”，即优先出让给那些更加符合当地产业升级规划、高质量可持续发展、土地集约利用程度高的企业投资项目。

一步完善新增建设用地计划分配与存量建设用地盘活挂钩制度，对通过盘活存量建设用地提高亩均增加值、亩均税收的市县，按规定下达年度新增建设用地挂钩计划。对单位能耗增加值高的市县，在能源消耗总量削减上给予倾斜，对单位排放增加值高的市县，在主要污染物总量减排上给予倾斜。[1]2017 年，浙江省共下达挂钩计划指标 30 948 亩，占 2017 年全省土地利用计划下达总量的 50.8%。

最后，依托浙江政务服务网和浙江省公共资源交易平台，浙江推动以市、县（市、区）政府为主体，开展土地、用能、排污等资源要素更大范围的市场化交易。如嘉兴经济技术开发区购买嘉善县天凝镇 100 亩城乡建设用地增减挂钩节余指标，成交价为 100 万元 / 亩，嘉兴经济技术开发区获得了稀缺的土地指标资源，嘉善县天凝镇破解了农村土地整治资金“瓶颈”，达到互利共赢。同时，按照“有保有压、扶优劣汰”原则，进一步降低企业关停退地、要素交易、并购重组等交易环节费用，加快推动土地资源要素向综合评价优质企业集聚。如嘉兴平湖市关停淘汰浙江潜力能源发展有限公司，腾退 80 亩低效用地，引进“亩产效益”优质企业——浙江传化天松新材料有限公司，将亩均销售收入由原来的 400 万元增加到 1 558.2 万元，亩均税收从原来的 23.6 万元增加到 62.5 万元。

第二，建立健全“亩产效益”导向评价机制。

首先，浙江在打造数字政府的背景下，建设综合评价大数据平台，初步建成省、市、县、平台、企业五级“亩产效益”综合评价大数据平台，汇聚全省综合评价数据，按主题、部门、地区进行分类分级公开共享。利用大数据平台开展分企业、分产业、分平台、分区域多层次综合评价分析，自动生成“一企一单体检报告”和各个维度的预警信息，最终形成产业地图，为客观反映转型升级成果、研判经济走势、推进企业精准服务、合理制定产业政策等提供重要参考。

其次，浙江以县（市、区）为主体，完善形成导向清晰、指标规范、权重合理、分类分档、结果公示的企业综合评价体系，全面开展企业综合

[1]　参见《浙江省人民政府关于深化“亩均论英雄”改革的指导意见》（浙政发〔2018〕5 号）。

评价。其中，规模以上工业企业综合评价以亩均税收、亩均增加值、全员劳动生产率、单位能耗增加值、单位排放增加值、R&D 经费支出与主营业务收入之比 6 项指标为主；规模以上服务业企业以亩均税收、亩均营业收入等指标为主；规模以下工业企业以亩均税收等指标为主。2017 年，浙江省完成 36 800 家规模以上工业企业"亩产效益"综合评价，结果公开公示的第一档企业合计 6 585 家，末档企业合计 1 058 家；完成 50 617 家用地 5 亩（含）以上规模以下工业企业综合评价，结果公开公示的第一档企业合计 3 430 家，末档企业合计 5 907 家。[1]

最后，浙江联动开展 11 个设区市、89 个县（市、区）、31 个制造业以及各级产业集聚区、经济技术开发区（经济开发区）、高新区、小微园区等产业园区和制造类特色小镇"亩产效益"综合评价，推进产业和区域综合评价。如嘉善县归谷智造小镇集聚了 140 家科技型企业，培育了 20 家国家级高新技术企业、50 家省科技型中小企业，截至 2018 年 8 月，小镇规模以上工业亩均税收达到 25.37 万元，较 5 年前提高了 30%[2]；绍兴市柯桥区针对"亩产效益"县域排名靠后的情况，启动印染产业集聚升级工程，企业数量从数百家整合重组为 100 家左右，减少用地 2 000 多亩，减少用能 58 万吨标煤 / 年，减少二氧化硫排放约 2 300 吨 / 年，污水排放减少三分之一，单位印染布附加值年均提高 15% 以上。仅 2017 年，柯桥区就有 5 家印染企业成功申报国家级高新技术企业，纺织印染类高新技术企业总数已达 20 家，经济发展质量显著提升。

第三，建立健全促进产业创新升级机制。

一方面，按照深化"最多跑一次"改革要求，浙江加快推广"标准地"制度，将投资强度、亩均税收、亩均增加值、全员劳动生产率、单位能耗增加值、单位排放增加值、R&D 经费支出与主营业务收入之比等指标，纳入土地"招拍挂"出让条件，设立投资强度和产出效益行业规范。同时，建

[1] 参见于晓飞：《全面开展企业综合评价精准推进工业领域"亩均论英雄"》，《浙江经济》2018 年第 9 期。

[2] 嘉善县域科学发展示范点门户网站，http：//www.sdezjiashan.gov.cn/art/2018/9/14/art_11692_436271.html。

立健全“建设期 + 投产期 + 剩余年限使用期”的土地分阶段权证管理制度，强化土地出让合同管理，严格项目竣工综合复核验收，对未达到协议规定的，严格落实相应措施。浙江省政府定期编制发布全省 31 个制造业行业新增项目投资强度和产出效益规范指南，除烟草行业执行国家有关规定外，其他 30 个制造业行业新增项目产出效益初步确定在上年度全省“亩产效益”平均水平的 1.2 倍以上，从源头上提升产业能级。

另一方面，浙江将强化创新作为引领发展和提升“亩产效益”的根本动力，实施创新引领“亩产效益”行动，重点围绕传统制造业，实施分行业“亩产效益”领跑者行动计划，发布重点指标领跑者企业名单，通过召开现场会等形式，引导企业对标先进、补齐短板，加强技术、管理、制造方式、商业模式等创新，加快“亩产效益”提档升级。同时，结合“一企一单体检报告”，发挥工业信息工程公司等第三方专业机构的作用，帮助企业改造提升。如浙江陀曼智造公司为临安三方磁业进行智能化改造，完善制造工艺，提升管理效益，总投入 1 300 万元，改造成功后每年收益 670 万元，年产值提高了 30%，设备利用率提高了 30%，品质提升了 10%，年人均产值从原来的 48 万元提高到 100 万元，成品库存从原来的 700 万元降至 200 万元，中高端产品订单占全部订单比重上升到 78%。

在“最多跑一次”改革红利推动下，当前，浙江经济呈现出良好的发展势头。一是“亩产效益”稳步提升。统计数据显示，全省深化“亩均论英雄”改革取得了积极成效，规模以上工业企业亩均税收从 2013 年的 12.6 万元增加到 2017 年的 21.6 万元，增长率为 71.4%，亩均增加值由 85.8 万元提高到 103.7 万元，全员劳动生产率由每人 16.9 万元提高到 21.6 万元，单位能耗增加值由 1.2 万元提高到 1.3 万元，R&D 经费支出与主营业务收入之比由 1.1% 提高到 1.53%。2018 年 1—6 月，单位建设用地 GDP 产出 27.4 万元 / 亩，分别高于江苏的 25.2 万元 / 亩和山东的 23.3 万元 / 亩，同比增长 7.6%，增速分别高出广东、江苏和山东 0.6、0.5 和 0.9 个百分点；规模以上工业企业亩均税收 23.1 万元，同比增长 10.4%；规模以上工业企业亩均增加值 97.4 万元，同比增长 8.2%。二是国内生产总值稳中有升。2017 年浙江实现国内生产总值 51 768 亿元，稳居全国第四，比 2012 年增长 49%，年均增长 7.8%，高于全国年均增幅 0.6 个百分点；2018 年上半年全省国内生产总值增长 7.6%，高于预期（7% 左右）、好于全国（6.8%）、领跑东部（上海 6.9%、江苏 7%、广东 7.1%、山东 6.6%）。三是有效减轻市场主体的税赋负担。2018 年 1—6 月，浙江落实各项减免税优惠 1 718 亿元（不含宁波），比上年同期增加 228 亿元，同比增长 15.3%。增值税降低税率政策实施首月（5 月）为 68.03 万户纳税人减税 24.02 亿元。四是企业家信心指数保持高位。浙江省发改委万家重点企业监测数据显示，2018 年第二季度全省重点企业运行指数为 57.8，同比、环比分别提升 0.8、0.4，继续保持稳中有升的运行态势。2018 年 1—6 月，浙江省民间投资完成 6 617 亿元，同比增长 17.2%，占全社会固定资产投资比重为 64.2%。截至 2018 年 6 月末，浙江省民营企业 193.42 万户，同比增长 16.5%，占内资企业总数的 91.4%；上半年新设民营企业 21.06 万户，占新设内资企业总数的 93.1%。

三、“最多跑一次”改革推动社会有效治理

社会有效治理与高质量经济发展一起，业已成为各级党委、政府的中心工作。浙江首先聚焦民众关注度高的民生领域，以“最多跑一次”改革撬动社会体制改革，实现社会有效治理。具体表现在：完善浙江政务服务网，“最多跑一次”跑进水、电、煤、气、通信、电视、公共交通等领域；推进“互联网 + 教育”“互联网 + 医疗”“互联网 + 文化”等，促使各领域公共服务全面上线，打造“掌上办事之省”，使“最多跑一次”改革加速向公共服务领域延伸，特别是聚焦医疗卫生领域改革，大力推进智慧医疗建设，深化就医预约挂号服务，推动诊前、诊中、诊后有机结合，推进化验检查数据跨层级共享，探索实行第三方药物配送机构送药等制度；积极开展“政银合作”，利用银行网点布设广的优势，有序推进社保、交管等业务进驻银行网点；统一线上和线下公共服务标准，推动网络平台与实体大厅无缝对接，建立线上线下紧密衔接的公共服务体系，促进民生网、服务网、平安网“三

网”全覆盖。不仅如此，“最多跑一次”改革还向社会治理领域延伸，既保障改善民生，又创新基层社会治理。

（一）撬动公共服务体制改革

今天，民众的需求不仅体现出多样化特征，对公共服务质量的要求也日益提高，期盼有更好的教育、更稳定的工作、更满意的收入、更可靠的社会保障、更高水平的医疗卫生服务、更舒适的居住条件、更优美的环境、更丰富的精神文化生活。“最多跑一次”改革的出发点和落脚点是不断满足民众对美好生活的需要，让改革成果更多更公平地惠及民众。浙江省把这种理念和机制运用到公共服务体制改革中去，不仅全面推动政务服务网上办理，打造“互联网 + 政务服务”生态体系，还在教育、医疗、社保、住房、交通等重点民生领域推进网上公共服务应用开发，不断增强民众在改革中的获得感。

一方面，“最多跑一次”改革撬动了浙江全省一体化网上政府的顶层设计建设。为配合实施“最多跑一次”改革，浙江省积极打造建设集约、服务集聚的网上“政务超市”，建成了涵盖全省 100 个市县政府、31 个开发区和 43 个省级部门的全省统一的网上政务服务平台。该平台以用户需求为导向，建立了标准化的服务体系，设置了行政审批、便民服务、政务公开、数据开放四个板块，一站式汇聚了全省政府部门的网上服务资源。在此基础上，浙江大力推进平台向基层延伸，目前，全省 1 300 余个乡镇（街道）和大部分村（社区）开通了网上服务站点，基本实现了基层便民服务平台“一张网”。在后台，浙江打造数据集中、管理集成的“智慧政府”，建设省、市、县一体化的信息资源共享平台，打造统一的人口 / 法人基础数据库、电子证照库和社会信用信息公示平台；在海量数据汇聚融通的基础上，开展公共数据挖掘，为实现办事对象精准画像，推动网上政务服务精细化、个性化奠定基础；建设涵盖社会综治、市场监管、综合执法、便民服务等功能的业务协同信息平台，构建“无缝隙”的政府监管和协同治理体系。

另一方面，“最多跑一次”改革拓展了浙江以应用为导向的网上便民服务功能。在推进“最多跑一次”改革的进程中，浙江通过“一张网”全口径汇聚各地各部门的网上便民服务资源，建设一体化的移动端政务服务平台。2017年浙江省政府将个人社保信息、公积金账户信息查询、房屋权属证明办理、纳税证明办理等10项“互联网+政务服务”便民业务列为省政府十方面民生实事之一，到2018年上半年累计服务人次已超过2 000万。同时，浙江还通过建设全省统一的公共支付平台，推进政府非税收入收缴电子化改革，打通财政部门、执收单位、代收机构、收款银行四大系统，逐步实现全省一站式网上公共事业性缴款。浙江在全国率先通过推进支付宝等第三方支付机构直接在线缴纳政府非税收入。目前，政务服务网已陆续推出交通违章罚款、执业考试报名缴费、缴纳学费和社保费等功能，支付平台累计为1 500万人次提供网上服务，收缴金额超过45亿元。

特别值得指出的是，浙江将深化便民服务领域“最多跑一次”改革作为2018年的八项年度重点突破任务之一，并迈出了将“最多跑一次”改革延伸到医疗卫生服务领域的坚实一步。2018年4月，浙江省政府办公厅印发《浙江省医疗卫生服务领域深化“最多跑一次”改革行动方案》，旨在以健康为中心，站在患者角度界定医疗健康服务的痛点、堵点，建立全方位、全周期的医疗健康服务供给体系，通过提升技术质量内涵，以“互联网+医疗健康”撬动医疗、医保、医药改革，建设“健康浙江”。

首先，浙江在提升民众就医体验上下功夫。老百姓看病难不难、烦不烦，首先是从跑医院、找科室、等大夫的次数和时间来感受的，尤其在挂号、检查、住院、出院、缴费等方面，因此改革首先从就医流程开始，减少群众来回跑、反复跑的情况。浙江的医院开始突破多年传统固化的医疗服务模式，切实打通院内院外、院前院中全过程服务环节，以完善网上预约诊疗服务平台为重点，大力优化医院窗口服务流程；以全面推广预约检查服务为重点，大力优化辅助诊断服务流程；以设置入院准备平台为重点，大力优化住院服务流程；通过提供预约诊疗、移动支付、床边结算、就诊提醒、结果查询、信息推送等全程化、个性化、高效化的服务，让老百姓切实感受到就医体验的提升，增加更多的获得感。

具体而言，为了让群众看得上病、看得好病、看得起病、方便看病，浙江开始重点推进看病少排队、付费更便捷、检查少跑腿、住院更省心、便民服务更贴心、急救更快速、配药更方便、母子健康服务、转诊更顺畅、“互联网＋医疗”等“最多跑一次”医疗健康十大服务项目。其中，“看病少排队”指多途径预约挂号使患者更方便，患者可通过浙江省预约诊疗服务平台进行挂号、诊询，电话、自助机、网站和手机都能预约挂号，基层医疗卫生机构可帮助患者预约上级医院门诊号。2018 年 9 月以来，浙江省 17 家省级医院还建立了统一号源池，提前下放 40% 号源到基层医疗卫生机构，所有省级医院早高峰挂号排队时间被控制在 8.5 分钟以内。“付费更便捷”指患者可利用自助服务设施、诊间结算和第三方支付平台（微信、支付宝等）完成缴费，再也不用到窗口去排队缴费。“检查少跑腿”指实现各科室检验分时段预约，检验检查结果电子化，患者通过手机 APP 就可以查询检验结果；检验结果互认共享，不同医院无需重复相同的检查。“住院更省心”指设立入院准备中心，一站式完成床位预约、入院缴费、入院检查等，患者在病床边即可完成出院费用结算、出院小结、自助发票打印等出院手续，医院设立日间病房，开展日间手术。“便民服务更贴心”指提供志愿者专业服务，通过设立综合服务中心，提供咨询、轮椅租借、小件物品寄存、资料打印、相关证明审检盖章等服务，通过设立投诉沟通中心，提供医疗投诉纠纷咨询，协调医患关系等服务。“急救更快速”指设立胸痛、卒中、创伤、危重孕产妇、危重儿童和新生儿救治中心，120 快速计算最优路线，途中抢救，即时与定点医院联络，开通绿色通道，并送到最合适的医院进行救治。“配药更方便”指在社区卫生服务中心就能配到县级医院的药，慢性病（高血压、糖尿病等）最多可一次配三个月的药，提供快递送药服务，减少患者跑医院配药的次数，开展中药代煎代送配送到家服务。“母子健康服务”指开发母子健康手册 APP，线上提供政策宣传、服务提醒、业务指导和健康咨询，及时推送和提醒产妇检查的时间和新生儿接种疫苗的时间。“转诊更顺畅”指患者由基层医疗机构、家庭医生转诊到上级医院的，可帮助患者预约上级医院就诊和住院，病人在康复时由大医院联系转到基层医院，实现双向转诊。“互联网 + 医疗”指通过网上诊疗，提供常见病和慢性病复诊、检查检验报告解读、药物配送、健康咨询和康复指导服务，同时推行远程专家会诊，建立健全覆盖城乡、功能完善的远程医疗平台，满足基层尤其是交通不便地区群众的就医需要。

针对患有慢性病的病人，浙江全面推行慢性病长期处方，实现患者“不跑路”。浙江省人力资源和社会保障厅等 4 部门于 2017 年发布了《关于进一步完善慢性病门诊医保政策有关事项的通知》，在此基础上，杭州市进行了创新，结合杭州实际推行 16 种慢性病签约病人长期处方，在下城区试点推行智慧云药房，提供药品配送上门服务，同时享受基层医疗机构 95% 的报销比例。2018 年 1—6 月，杭州市累计为签约病人开具慢性病长期处方 92 万张，让签约居民少跑医院 18 万次；下城区提供药品配送到家服务 5 000 余人次，相当于让群众少跑医院或药店配药 15 000 多次。2018 年 8 月，杭州市将试点扩大到 9 个城区，让更多慢性病患者享受到长期处方和智慧云药房带来的便利。

*其次，浙江在创新诊疗救治模式上下功夫。*为有效推进医疗卫生服务领域的“最多跑一次”改革，浙江各级医疗服务机构，坚持以病人为中心，不断改进诊疗救治流程，积极推广日间手术、日间化疗等服务模式，建立急慢分治、急诊急救、多学科诊疗等一体化、综合性服务制度。我们在杭州市的调研中看到，公立医院相继推行分时段预约挂号、24 小时自助挂号、诊间结算、床边结算、诊间预约检查、先诊疗后付费等智慧医疗服务，实施从诊前到诊中再到诊后、从门诊到住院的全流程创新，实现“全院通”结算、“全自助”应用、“全人群”覆盖、“全城通”应用，将“病人绕着医院各个环节转”的传统流程，变革为“流程围着病人转”，实现患者院内“最多跑一次”。截至 2018 年 5 月，杭州市级医院 93% 以上的就诊病人在志愿者引导下选择自助服务，市民卡诊间结算率达 88%，医技检查诊间预约率达 77%，出院病人病区结算率达 96%，全市智慧医疗活跃用户超过 834 万。

除了线下就医实现“最多跑一次”，浙江大学医学院附属第一医院还把医院搬到了“云”上，成立“互联网医院”，成为国内首个公立三甲医院的线上院区，形成了“挂号靠预约、就诊准点到、缴费全自助、复诊在线看、药品送到家、手续一站式”的全新就医格局（见图 3-1），在全省乃至全国都具有开创性意义。

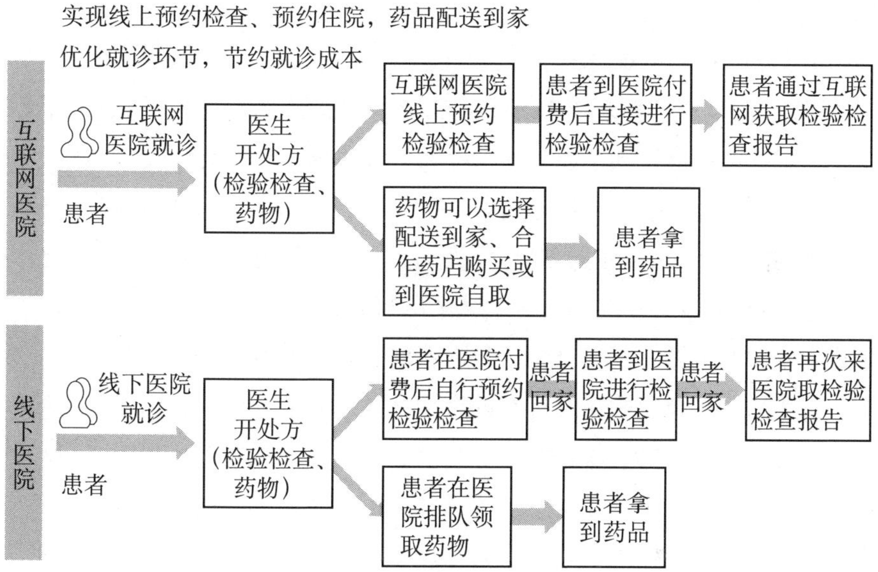

图 3-1　浙江大学医学院附属第一医院的“互联网医院”与“线下医院”就医流程比较

“互联网医院”可以实现线上预约检查、预约住院，药品配送到家，与传统的线下医院相比较，通过重构服务理念、服务方式，优化就诊环节，节约了就诊成本，提升了服务效率和满意度。以浙江大学医学院附属第一医院 2017 年 2 月升级的“互联网医院”为例，通过新增线上护理学院、国际影像中心、国际病理中心、慢性病管理中心、老年健康管理中心、处方审核和药物治疗管理中心、分级诊疗平台七大线上医疗服务平台，线上门诊量规模效应明显，真正做到了合理利用医疗资源，便民惠民，解决患者看病难的问题。截至 2018 年 6 月，在浙江大学医学院附属第一医院的“互联网医院”里，处方审核和药物治疗管理中心在线审方 1 221 例，药物咨询门诊提供用药指导 619 次；护理学院精细化人工分诊 10 209 人次，开展孕妇课堂，为 473 名患者提供伤口造口居家护理指导；慢性病管理中心建立房颤中心，完成线上课程 26 次，创办患者自我学习园地；老年健康管理中心与浙大一院老年医学科专科联盟单位合作，开展远程会诊及双向转诊共 41 次；国际病理中心及国际影像中心通过平台为患者提供病理及影像会诊 1 821 例；分级诊疗平台在北仑、浦江、嵊州以及贵州湄潭分院等地设立分中心，提供精准诊疗，实现双向转诊近 200 例。

再次，浙江通过提升服务供给能力，把打通医疗卫生服务“最后一公里”作为“最多跑一次”改革向医疗卫生服务领域延伸的突破口。2013 年，浙江省委、省政府启动“双下沉、两提升”工程，即实现医疗人才下沉、医疗资源下沉，提升基层医疗服务能力、提升民众就医满意度，取得了显著成效，在 2016 年全国卫生和健康大会上做了典型介绍。“最多跑一次”改革进一步巩固了“双下沉、两提升”成果。浙江开启构建城市医院与县乡医疗机构之间紧密、规范、共享、持续的合作办医关系的新进程，重点推进城市三级医院与县级医院、城市社区卫生服务机构建立纵向医疗集团或高水平医联体。同时，着眼基层，重点推进县域医共体建设，加快提升基层医疗服务能力，让老百姓放心在基层就诊。同时，在智慧医疗的背景下，浙江省级医院开发了智能辅助临床诊疗决策系统和影像诊断系统，通过便携式终端安装到基层医疗机构诊室，或者安装到基层医生的手机上，有效提高了基层的诊疗能力和健康管理水平。如浙江大学医学院附属邵逸夫医院应用云平台，通过便携式终端和智能手机，为基层医务人员提供全天候的帮助，这些智能终端已经在浙江省 684 个乡镇卫生院和村卫生室使用。此外，宁波云医院、舟山互联网医院等也都在基层开设了“云诊室”。

不仅如此，浙江一些地区开始推行一站式集约型医患服务，如杭州市在所有市属公立医院设立了“一站式医患沟通服务中心”，制定标准化的服务流程并公布服务电话，提供集门诊服务、临床服务和综合服务等职能于一体的医前、医中、医后的人性化服务，市属医院“一站式医患沟通服务中心”日均处理患者咨询求助、院内协调等各项事务 500 人次以上。同时，杭州市还在医院推行一站式诊间检查预约，患者涉及多个检查项目的，由医生在诊间将各项检查尽量预约在一天完成，减少患者往返次数，预约项目已涵盖心电、B 超、普通放射、CT、MRI、胃镜和肠镜等。

最后，着力提升医疗卫生服务领域数字化水平。一方面，让医疗服务数据“通”起来。浙江根据国务院办公厅《关于促进“互联网 + 医疗健康”发展的意见》要求，坚持共商、共建、共享原则，快速推动互联网与医疗健康的深度融合发展，打破相关政府部门之间，以及各级医疗卫生机构之间的数据壁垒、信息孤岛，实现电子健康档案和电子病历互通共享。在杭州，一些医院创新健康管理载体，建设医养护一体化健康服务平台，打造“杭州健康通”APP，通过健康信息互通共享，实现网上充值、预约挂号、全科医生、费用清单查询、医生电子名片、满意度评价、亲情养老、健康档案等一系列互联网功能，支持基层医疗卫生机构和市级医疗卫生机构在同一平台上开展互联网服务，方便居民及时了解自己的健康指标情况。同时，“杭州健康通”APP 上还建有全市统一的母子健康手册，实现医生保健检查与孕产妇自我健康管理双向互动。通过互联网把医疗和健康数据还给患者，为市民实现自我管理健康提供平台，也延长了基层医疗机构健康管理团队的“手臂”，提高了健康管理效能。

另一方面，让医疗服务数据“用”起来。浙江省医疗卫生领域的“最多跑一次”改革充分利用互联网、物联网、大数据、云计算等新技术，推进网上网下融合，延长医疗卫生服务“手臂”，提供更精准的医疗卫生公共服务，推动了“互联网 + 医疗健康”向产业化、规模化、品牌化发展，进而提高了医疗卫生行业的整体服务效率，使更多民众能分享优质医疗资源。如杭州探索共享优质资源的路径，实现患者“就近跑”。杭州市在主城区建立影像、心电、消毒、慢性病联合诊疗四大中心，在县域建立临床检验、影像、病理、心电、消毒供应五大中心，依托杭州市第一人民医院集团，建立辐射县级医院的市域医学影像、病理、产前筛查诊断中心和危重孕产妇抢救远程会诊中心，实现“小病不出社区、大病不出县、疑难杂症不出市”。同时，加强对临床一线医务人员的培训引导，推动市属医院用足用好超声、放射影像、电子健康档案等调阅共享系统和重复检查提醒功能，发挥院际资源共享在辅助诊断、提高诊疗效率、减少重复检查上的作用。据统计，在杭州，65.22% 的签约患者选择在家门口的基层医疗机构就诊，不仅节约了时间和费用，还少跑了冤枉路。

（二）撬动社会治理体制改革

浙江省“最多跑一次”改革不仅延伸到公共服务供给领域，还跑向镇街社区，通过向基层放权、政务资源下倾、夯实基层治理机构，让基层社会治理运转起来。

多年来，浙江不断加强基层治理，鼓励基层创新，形成了许多好做法、好经验，如诸暨“枫桥经验”、武义“后陈经验”、安吉余村民主法治村建设、全省乡镇科技特派员和农村工作指导员制度、瑞安“三位一体”农村新型合作体系、桐乡自治法治德治“三治合一”建设、杭州上城区社区 / 社工 / 社会组织“三社联动”、宁海村级小微权力清单制度、温岭“民主恳谈会”“参与式预算”和象山“村民说事”等基层协商民主方式、舟山“网格化管理、组团式服务”模式等，这些做法和经验打响了基层治理的浙江品牌，也为全国基层治理现代化提供了地方经验。“最多跑一次”改革为浙江进一步推进基层治理创新发展提供了条件，各地不仅普遍推行了网格化管理，广泛使用数字信息技术手段，还通过鼓励基层政府向社会组织让渡社会性、公益性、服务性的公共职能，广泛动员社会各方面力量参与，加强资源整合和社工、专职网格员等专业人才队伍建设，提升了基层治理能力和水平，同时基于依法依规治理，积极将基层治理经验转化为治理标准。

具体而言，在向基层放权方面，在“最多跑一次”改革的牵引下，浙江按照“能放则放、依法放权、高效便民”的原则，重点围绕与企业生产、群众生活密切相关的高频事项，通过授权、委托等放权方式，逐步打通审批层级，消除地域限制，构建审批服务“市镇同权、全城通办”新格局；依托办事网络延伸，加强县、乡镇、村三级联动，最大限度地向村（社区）下放受理权、初审权。

在完善基层治理结构方面，浙江夯实“党建统领 + 四个平台 + 全科网格”的做法[1]，持续推动政务资源下倾、服务机制下延，为了让群众“少跑”，家门口服务成为基层治理新常态。一是“群众办事不出村”，让服务更贴心。召开“群众办事不出村”现场推进会，围绕政务、生活、商务、金融、警务、农务、党群等各领域服务类别，全方位推动资源向村（社区）配置，分为直接办、代理办、指导办三种类型。如在嘉兴海宁市 221 个村（社区）新增下放事项 163 项，增幅达 76.5%，其中 85 项全流程办结，代办量同比翻了一番。二是村（社区）干部“全岗通”，让服务更高效。在试点村（社区）推行村（社区）“全岗通”，推动村（社区）干部向“一岗多能、全岗都通”转型，千余名干部从分条线“一站式”服务变为“综合岗”轮值服务，非轮值期间化身为网格员，间接优化了网格力量配置。2018 年 8 月，浙江公布了《村（社区）全岗通地方标准》（共 52 条），改革实践得以固化和深入推进。三是“网格 + 窗口”机制，让服务更靠前。每名网格员就是一个移动的代办服务点，重点面向孤寡老人、病人、残疾人、未成年人、穷人等弱势群体，打造“人在网中走、事在网中办”的新模式。同样在嘉兴海宁市，截至 2018 年 8 月，已累计为村民代办民政、残联、计生、卫生、合作医疗、社会保险、新居民事务等事项 1.2 万余件，拉近了干群关系，架起了满意的“连心桥”。

在以“最多跑一次”改革推动基层治理的过程中，浙江涌现出许多具有推广意义的典型做法，如衢州龙游县在村（社区）推广应用“村情通”信息化平台，创新“村情通 + 全民网格”模式，探索出新时代基层社会治理的有效路径。

“村情通”是龙游县 2017 年创建推广的农村基层治理 APP，它像一个“服务超市”，将农民关心的住房、土地、务工、社保、村务等 40 余项信息电子化、掌上化，同时接入政务服务、户籍办理、计生办理、信用贷款等网络服务办事平台，帮助农民“在线办事、指尖办事”。[2] 此后，龙游县又将微信“村情通”公众号升级发展成为集党建、平安、管理、服务、信用五大体系于一体的“村

[1] 基层治理体系的“四个平台”是指社会综治、市场监管、综合执法、便民服务四个功能性平台。

[2] 参见张少华：《龙游县：“村情通 + 网格治理”助推“最多跑一次”改革》，《政策瞭望》2017 年第 7 期。

情通 + 全民网络”2.0 模式，打通基层乡镇治理落地的“最后一公里”。目前，“村情通 + 全民网络”已覆盖全县 262 个行政村，农村群众关注超 19.3 万人，占全县常住人口的 50% 以上，农村每户至少有 1 人被覆盖，实现了村村通、户户联、人人用。其具体做法是：

第一，创新“村情通 + 农村党建”，有效激活农村基层党组织的战斗堡垒作用。龙游县坚持将支部建在“村情通”平台上、党小组建在网格上，在“村情通”上设置党员干部“积分榜”、村级事项“公开榜”，交由群众点评和监督，线上线下同步管好村两委、党员、村民代表三支队伍，有效破解了党员村干部监督弱、流动党员教育管理难、无职党员参与村级治理难等问题。目前，龙游县已有 1.3 万名党员纳入“村情通”管理，农村主题党日参与率从 60% 提升至 90%，党员参与“一会三课”32.2 万人次，主动开展党员学习、志愿服务、平安宣传等工作 1.6 万余次，村级党组织核心作用得到有力加强。

第二，强化“村情通 + 民情联络”，有效引导村民参与基层社会治理。开发应用“应急应用”“村民信箱”“民主协商”等模块，专职网格员每天组织巡查，对有无违建、污水排放、公共设施、消防安全、食品安全等情况进行反馈，群众通过“随手拍”“村民信箱”等渠道全方位汇报民情民意，实时反映“五水共治”、矛盾隐患、平安建设等问题，进行正面点评和督促整改，形成互动互促的“朋友圈”效应，有力地提高了村民参与村务治理的积极性。2017 年度，龙游县 9.4 万名群众通过“村情通”参与治水等领域满意度测评，有效率达 100%；在浙江省“平安建设”调查中，龙游县安全感满意度 98.43%、参与率 63.44%，均居衢州市第一。

第三，用活“村情通 + 掌上服务”，有效推进农村基本公共服务均等化。农村群众特别是山区群众办事跑路远、办事环节多、证明材料多等问题突出。“村情通”整合接入党政、群团、企业等服务资源，设置接入残疾证申请、合作医疗办理、不动产办理、婚姻登记等便民服务办事指南，让每个村民实现“最多跑一次、跑也不出村”。目前，龙游县群众诉求办结率达 98.65%，及时回复和处置率达 100%；326 项行政审批服务事项绑定了快递业务，实现办事快递送达“村村覆盖”；探索实施“村情通 + 移动办”，户籍办证、生育登记等农村群众常办的“10 件事”实现“指尖办事”，一次办成率由原来的 60% 提高到 95% 以上。

第四，建好“村情通 + 民情档案”，有效提高基层社会治理的效率和效能。“上面千条线，下面一根针。”有基层干部反映，一个乡镇实际使用的工作系统多达 30 个，这些系统又往往各自为政、不接地气，基层干部无所适从，导致工作费时耗力效率低下。“村情通”将户籍、土地、住房、务工等 40 余项信息电子化、掌上化，县乡村分级管理，网格员动态更新，实现乡镇干部、村干部对基础信息、问题隐患、从业就业等情况“六掌握”，打造干部群众“用得来、用得着、喜欢用”的民情数据库，极大地提升了工作效率，为群众提供了更多便利。比如，2017 年该县村社换届中，通过使用“村情通”，选民清单确定时间从以往的 3 天缩减至 3 个小时，准确率达到 100%。

总的来说，龙游县围绕社会化、法治化、智能化、专业化“四化”标准，迭代创新“村情通”3.0 版本，不断扩展完善“党群 + 群建”“企业 + 社区”等功能模块，从供给端、需求端、管理端三方面着手，推动制度融合、力量融合和技术融合，进一步凝聚和充分调动社会各界的智慧和力量，探索基层社会治理模式。龙游县“村情通”取得成功，不仅在于其充分运用了“互联网 +”理念和大数据技术，更重要的是立足农村实际，满足了基层老百姓需求。这为“最多跑一次”改革纵向延伸到基层提供了启示。推进政府数字化转型，一方面需要充分利用数字化关联分析、数学建模、虚拟仿真及人工智能等前沿技术，推动人脑与机器相结合，加快精简优化政府办事流程，推动政府更加精准决策；另一方面需要紧紧围绕群众和企业的实际需求，将“高大上”的治理工具与基层实际相结合，问需于民众，问计于基层。如此，推动政府数字化转型方能真正成为一项民生工程、民心工程。

四、“最多跑一次”改革推动政府“治权”革命

“最多跑一次”改革的本质是以方便民众办事来倒逼政府减权、放权、

限权。这就要求政府在减权、放权、限权的同时，加强权力运行后台化管理，规范权力、制约权力、监督权力，推进问责机制和廉政建设，让优质政务服务具有更全面的体制保障。基于此，浙江以“最多跑一次”改革推动党政部门职责关系的进一步厘清，以及行政、立法、司法权力边界的进一步理顺，不断优化权力和行政资源的配置。浙江实施“最多跑一次”改革近两年来，对权力运行机制的撬动效应已经显现，主要体现在以政府服务标准化推进权力运行规范化和以阳光政务推进权力监督公开化两方面。

（一）权力运行规范化

“最多跑一次”改革通过政务服务标准化压缩了权力的自由裁量空间，在明确政府责任的同时增强责任可追溯性、可考核性，提升民众办事的可预期性。推进公共服务标准化是服务行为重复性特性的内在要求，是保持卓越管理水平和服务品质的有效工具，是规范权力的有力手段。公共服务标准化的核心是规范自由裁量权，即对服务条件里有模糊空间的要素进行细化、明确化，以此杜绝权力腐败和权钱交易。

“最多跑一次”改革实施以后，对于民众来说，最为关心的问题是：哪些办事事项适用于“最多跑一次”？什么样的情况才算是“跑一次”？老百姓怎样进行咨询投诉和监督？回答这些问题，必须让政务服务标准化和规范化有据可依。2017 年 5 月，浙江正式发布《政务办事“最多跑一次”工作规范》，这是全国首个“最多跑一次”省级地方标准。此后，浙江相继发布《法人库数据规范》《浙江政务服务网电子文件归档数据规范》《一窗受理、集成服务》《行政服务大厅现场管理工作规范》等文件与标准，初步形成了具有浙江特色的标准体系，这为实现政府对经济、社会各项事务治理的制度化、规范化、程序化，把制度优势转化为治理效能提供了条件。

通过规范服务行为的举措可以限制服务过程中的自由裁量权，消除公共服务过程中服务行为的随意性、差异性，提高公共服务的规范性和稳定性。为此，浙江政府对内制定公共服务业务手册，建立标准化服务流程，规范公共服务事项的办理条件、流程、时限，限制自由裁量权，引导办事人员按照公开的标准办事，实现阳光服务；对外通过发布办事指南向申请人一次性告知办事依据，将申请材料、基本流程、收费标准、办理时限等一次性告知申请人，保障社会公众的知情权，实现谁来申请、谁来审批结果都一样，推进公平、可及的无差别化公共服务。

值得指出的是，针对行政审批和公共服务事项办理指南中存在的多头发布、内容不规范、要求不明确等造成群众“跑冤枉路”问题，浙江设计推出统一的办事导引系统，依托政务服务网和微信公众号为群众提供办事导引服务。具体做法为：一是统一标准，按照“八统一”规范[1]，持续对办事指南进行修订优化，取消模糊表述，力求做到让办事对象一看就懂。二是统一指引，汇集所有“最多跑一次”服务指南，以场景导航及示范文本、易错提醒等形式，引导办事对象熟悉办理程序和申报要求。三是统一入口，取消各部门网站的办事指南公开和网上咨询栏目，统一链接到“一门导引”系统，避免因多处入口、内容不一致给群众造成困扰。四是统一咨询，推出网上即时问答功能，落实专人负责解答，原则上工作时间内做到即问即答，最长答复时间一般不超过 2 个小时。

浙江一些地方还根据实际情况，进一步细化政务服务标准化工作。如温州市将公开内容标准化，把政府信息梳理规范成 10 个基本信息类别（所

[1]　政务服务“八统一”体系建设：一、服务项目统一。实行窗口受理，按规定时限办结，在窗口反馈，实现“一个窗口受理，一个窗口反馈”的一站式服务。二、办事指南统一。编制包括事项名称、法律政策依据、申请条件、申报材料、办理流程、办理时限、收费依据、收费标准、投诉渠道等内容办事指南，确保办事统一、规范、高效。统一制作各级为民服务联系卡，注明工作人员单位、姓名、办理事项和联系方式。三、办事平台统一。全面推广网上办理、网上审批和电子监察，所有为民服务、行政审批事项全部在系统平台上办理、在网站上公布，实现网上申请、受理、办理、查询、统计、考核、公开和监督，切实方便群众办事，强化为民服务体系的管理监督。四、办事程序统一。所有行政审批和服务事项分为即办件、承诺件、联办件、上报件、特办件和驳回件。五、管理制度统一。建立首问责任制、一次性告知制、限时办结制、并联审批制、统一收费制、投诉举报制和责任追究制等制度。六、单位印章统一。统一制作行政审批专用电子印章，电子印章由窗口工作人员管理，在办理行政审批和服务事项工作中，该公章的法律效力等同于部门的行政公章，需上报上级主管部门审批的事项，按要求盖章上报。七、服务细节统一。各级为民服务机构的窗口工作人员必须挂牌上岗，亮明身份，推广使用普通话和文明礼仪服务，切实优化服务环境，自觉接受群众监督。八、工作时间统一。周一至周五为上班时间。

有网站必须设置）和18个重点领域信息类别（各部门根据职能设置），规范公开要求，实现信息自动汇聚，同时按照国家基层政务公开标准化、规范化试点要求，编制县、乡两级政务公开目录体系，形成符合基层特点的标准规范。此外，温州市还公开界面模板化，统一规划各级政府网站的共性栏目、页面布局、栏目设置、字体色调、搜索引擎等设计样式，方便群众快速获取所需信息，提升用户体验。

再如海盐县，围绕“峰谷人流不均”“等待时间久”等群众反映强烈的突出问题，推行预约服务标准化改革，建立健全完善的预约办理体系，审批服务事项办理不断提速。其主要做法包括：第一，编制服务指南。海盐县按照《国家标准化工作导则》和浙江省《政务办事“最多跑一次”工作规范》中的服务指南编制要求，对照公布的群众和企业到政府办事事项，逐项编制统一的办事指南，包括办理事项方式、申请材料目录、办理事项流程等要素。同时，另行增加样式表格、常见错误和问题解答等群众需求比较强烈的相关要素，进一步方便群众和企业办事，为实施预约服务标准化夯实基础。如在办理建设用地规划许可事项中，明确指出常见错误示例为：随申请书提交的附件材料不规范、不齐全；国土出让、划拨面积与规划面积不一致等。第二，明确预约流程。海盐县紧扣群众办事习惯，将预约流程分割为受理预约、确认预约、预约完成三个阶段，并分阶段提供个性化服务。如在确认预约后，审批部门（单位）将自动推送办理该事项需要提交的材料清单，并在办事前几日主动通过短信或微信方式提醒预约对象事项办理的预约时间，引导群众和企业错峰上门办事。第三，加强部门协同。海盐县根据各部门“最多跑一次”事项的不同特点，分类制定预约服务的运作模式、方案流程、宣传告知、培训考核、方案实施和效果反馈等环节的标准化规范。同时，对分散在不同部门（单位）的审批服务事项的预约服务进行整合归并，实行统一管理。群众和企业仅需进行一次预约，就能办理所有事项。海盐县实施预约服务标准化改革以后，通过预约方式办理的审批服务事项已达11万件，群众相较以前平均减少等待时间15分钟，提速近50%。更重要的是，预约服务标准化改革强化了对审批权力运用的跟踪考核。海盐县通过采集群众预约时提供的相关信息，建立无缝隙一体化动态跟踪机制，对在承诺时间内可能无法办理完毕的事项及时预警，确保事项办理效能。同时，通过周例会、月考核等方式，对各部门（单位）服务下沉度、办事便利度等动态指标开展督查考核，实现对“最多跑一次”事项的协同监管。

（二）权力监管公开化

浙江省“最多跑一次”改革以政务公开和及时回应，撬动全领域、多渠道政府信息公开,实现了行政权力“一站式”网上运行。这不仅让民众了解、知道政府活动，使行政行为在社会监督下进行，更为民众参与权力行使过程提供了可能。

在全省范围内，浙江动态公告政府部门每一笔行政许可业务的办理流程和结果，建设全省统一的行政处罚信息公开平台，累计公开处罚结果信息 60 万余条;开设“政务公报”栏目,全面及时公布地方性法规、政府规章、行政规范性文件和部门文件，做好政策解读工作；积极开展网上政民互动，依托统一的网上咨询、投诉渠道，各级政府部门办理网民来信 3.8 万件；围绕省政府为民办实事项目、简政放权、交通治堵、污水治理等话题，广泛征求网民对政府工作的意见建议；建设全省统一的电子监察系统，对行政审批办件进行全过程监督，通过短信提请办事对象开展满意度评价，并在网上公开评价结果。2018 年 1—6 月，浙江已在政府网站主动公开各类文件 18 027 件，日均更新量超过 107 件，网上解读省政府规范性文件 33 件；受理政府信息公开申请 258 件，均在法定期限内予以答复。

在市、县层面，浙江涌现出权力公开运行的探索实践。如杭州市富阳区行政服务中心，每个审批环节都要在网上“留痕”，窗口工作人员可通过统计监察，对整个项目进行全程跟踪督办。据统计，群众对富阳区行政服务中心的满意度达到 99.98%，行政服务中心已成为政务服务第三方监管机构，这是改革撬动的一项全新职能。

又如温州市瓯海区，作为全国 100 个基层政务公开标准化规范化试点县（市、区）之一，它的许多做法具有启发意义。

第一，民众关注到哪里就公开到哪里，确保公开出成效。瓯海区坚持从民众关注的热点和改革的难点入手，推进“试点成果”向“工作成效”转化，进一步提升群众满意度。一是让民生焦点更透明。义务教育领域融合推进政务、校务“双公开”，方便民众及时获取教师招聘、学区划分、招生录取等 31 类信息，使得“阳光教育”深入人心。市政管理领域强化燃气安全管理，通过二维码实现 125 万个燃气钢瓶信息从存储、运输到使用全过程监管。发布全国首份民生实事项目政务公开标准，公开征集、筛选、票决、实施、测评等全过程 15 类信息，彻底解决了以往征集范围不广、实施过程不透明、落实成效无法准确评判等问题。二是让惠民举措更贴心。在线公开 193 个避灾点详细信息，民众通过微信小程序即可实现“一键导航避难”。三是让民生项目更顺畅。在征地补偿和拆迁安置领域，改原来的“两公告”为贯穿全过程的“七公告”，全程公开拆迁代理、评估、安置等 9 个环节信息，以公开透明扩大民意支持，2018 年上半年完成征地 980 亩，全部实现零上访、零复议，城中村改造签约时间从 1 年左右压缩至 3 ～ 4 个月。[1]

第二，政务服务到哪里就公开到哪里，确保以公开促改革。瓯海区按照“公开是手段、服务是目的”的要求，通过试点实现材料最简、服务最优、环节最少，避免政务公开与政务服务“两张皮”。一是“清单化”精简办事材料。依托大数据查询、第三方平台查询、部门互助查询等方式，率先发布办事材料负面清单，凡列入清单的办事材料一律不再需要办事对象提供。经过两轮梳理，瓯海区精简了 1 151 项办事材料，以 2017 年度办件量推算，全年可让民众少带办事材料 79 万多份。二是“网购式”公开办事进程。瓯海区建成政务服务全流程查询系统，民众除在办事前可查询所有部门所有事项的办事指南，还可“扫一扫”实时查询 1 187 个事项办理进度及结果，享受“网购式”服务。

第三，权力运行到哪里就公开到哪里，确保公开之外无权力。在“最多跑一次”改革的牵引下，瓯海区建立政务公开覆盖权力运行全流程、政

[1] 参见黄冰娥：《政务公开优服务阳光政府惠民生》，《浙江日报》2018 年 8 月 10 日。

务服务全过程的常态化机制，实现应公开尽公开。具体来说，一是“全景式”界定公开内容，以权责清单、公共服务事项清单为依据，按照子领域、工作职责、工作环节逐级细化公开事项 334 项，调整权责清单 37 项，进一步厘清各领域公开边界。经过多轮修改打磨，发布政务公开标准规范 22 份，编制流程图 81 个，为基层政务公开提供指引。二是“标准化”规范公开流程，实现主动公开信息从发布、解读到回应闭环运行，完善依申请公开办理法制审查、专家会商机制，做到“有信息就发布、有政策就解读、有呼声就回应”。试点领域累计主动公开政府信息 1 万多条，依申请公开答复率 100%，开展多种形式政策宣传、解读 97 次，回应重大舆情 17 次。三是“多样化”完善公开方式，建立多维度的政府门户网站公开目录，可对信息主题、发布机构、文体类型等要素进行多重筛选，方便群众快速找到所需信息。瓯海区成为试点以来，区门户网站和微信公众号信息发布量呈爆发式增长，累计查询量达 260 多万次。同时，在镇街便民中心等场所布设 20 台自助查询机，打造统一规范的政府信息公开查阅点，并逐步向村居延伸，进一步打通政务公开“最后一公里”。瓯海区发布浙江省内首份县级政府公报，成立首个县级市民参政智囊团，推出政府开放日、第三方公众列席政府会议等举措，鼓励群众参与政府决策、管理，进一步消除群众对政府的距离感。

政务信息的全面公开也对政府大数据的全面性、准确性、及时性、安全性提出了更高要求。基于此，浙江在推进数据开放共享方面，按照“公开是惯例、不公开是特例”的原则，探索建立数据开放负面清单和对应该公开而未公开数据提供部门的投诉机制，持续更新公共数据开放目录，优先推动民生领域的公共数据向社会开放，尤其针对群众办事所需的社保、公安、国土、不动产、民政等数据，明确实时更新要求。政务信息的公开也会带来网络安全保障等问题，浙江在强化数据安全方面，健全对云平台建设等第三方机构的日常监管，确保政府对数据资源和核心业务的掌控，加强大数据网络安全系统建设，推动建立省级网络信息保护态势感知、监测预警和测评认证平台，提升信息安全技术保障能力。

总的来说，“最多跑一次”改革通过精简权力空间和权力流程，推动政府不断健全结构合理、配置科学、程序严密、制约有效的权力运行机制，让改革的撬动效应延伸到民主法治、监察体制等领域，给人留下了深刻印象。通过“最多跑一次”改革，浙江省各地各部门建立了更为规范、清晰的事项办理程序和标准，并通过政府在线政务系统给予固化。与以往基于办事人员的行政审批和政务服务相比，依托互联网而建立的政务系统标准化程度更高，它最大限度地提高了权力行使的规范化程度，减少了办事人员的随意性，降低了个人将公共的行政权力服务于私人利益的可能性。[1] 同时，改革强化了群众参与、群众评价、群众监督，推动了政务公开，使权力运行更加公开透明，而这正如第二章所述，成为影响“最多跑一次”改革满意度的显著因素。

五、本章小结

“最多跑一次”是现代管理服务的先进理念、科学方法和优良作风，不仅对政府自身改革管用，而且普遍适用于各领域改革。浙江省自“最多跑一次”改革提出之日起，就不只是围绕行政效率做文章，而是明确把撬动重点领域和关键环节的改革作为题中之义，致力于通过政府自身改革推进全面深化改革，撬动经济体制、社会体制和权力运行机制改革，不断提高改革的系统性、整体性、协同性，使改革贯穿到政府运行各环节，渗透到经济体制改革各领域，延伸到社会治理各方面，增创浙江经济社会等领域的体制机制新优势。

“最多跑一次”改革之所以能够撬动其他领域的改革，其内在逻辑在于：问题导向、需求导向、回应导向、权利导向、效率导向的政府改革思路在理念层面与经济社会体制改革完全一致，改革的共同体意识为“最多跑一次”改革成效的溢出打开了价值通道；“最多跑一次”改革与其他领域的改革在内容上具有内在关联性、整体性和相通性，为改革成效的溢出打开了制度

[1] 参见郁建兴、高翔：《浙江省“最多跑一次”改革的基本经验与未来》，《浙江社会科学》2018 年第 4 期。

通道；“最多跑一次”改革既体现了上级政府的意志，又回应了区域经济社会发展的需要，还体现了地方决策者的偏好，这为改革成效的溢出打开了合法性通道；技术应用的普遍性以及数据资源的共享性，为政府内部的数字治理革命延伸到经济社会等其他领域提供了可能性,从而为“最多跑一次”改革成效的溢出打开了技术通道。

浙江省“最多跑一次”改革在不同领域呈现出不同程度的撬动效应。首先，在经济体制改革领域，它的撬动作用最为明显，在“最多跑一次”改革牵引下，企业投资审批制度改革和中介服务机构市场化改革不断深化和加快，进一步降低了企业成本，打造最佳营商环境；在工业领域推出“亩均论英雄”改革，促进了传统产业改造提升和新动能的培育发展；在企业投资项目领域推出“标准地”改革，优化土地等要素配置，形成浙江经济发展的巨大能量。其次，在社会体制改革领域，“最多跑一次”改革的撬动效应已初步显现，浙江从老百姓最期盼的“关键小事”开始，提升医疗、教育、文化等公共服务质量，增进社会福祉，让人民共享改革成果，并不断探索基层社会治理更有效的方式方法，高度重视靠利益协调来凝聚改革共识和造就改革的群众基础。最后，“最多跑一次”改革所撬动的权力运行体制改革最为艰难但进展却超出预期，通过快速推进权力运行的规范化和权力监督的公开化，最大限度地挤压了权力寻租空间，把权力关进制度的笼子。

当然，“最多跑一次”改革开展时间不长，其撬动效应还在动态发展中，但它以改革促发展、始终让绝大多数人受益、以激发全社会活力为动力源泉、强调统筹协调推进的基本原则，必将不断深入、系统化地带动经济社会体制的全面变革，从而将浙江切实建设成为“审批事项最少、办事效率最高、政务环境最优、群众和企业获得感最强”的省份，也为改革的区域扩散提供宝贵经验。

第四章

“最多跑一次”改革的政策创新扩散

“最多跑一次”改革始于浙江，又不限于浙江。经过近两年的实践探索，这场改革已从“地方探索”跃升为“顶层设计”，从“区域创新”扩散为“全域改革”，展现了“由点及面、平行扩散、中央采纳、辐射全国”的中国政策创新扩散轨迹，也为“最多跑一次”改革从“浙江经验”上升为“中国方案”提供了现实可能性。这场改革从浙江省首创到全国 29 个省、直辖市、自治区采纳实施，在扩散过程中政策理念、领导体制、运行流程、技术基础、工作机制等方面存在许多相似之处，形成了基于政策学习产生的政策趋同现象。与此同时，一些政策扩散跟随方在政治、经济、社会、文化等因素作用下，形成了结合不同地方情境的多种政策形式，从而在一定程度上实现了政策再生产。

“最多跑一次”改革，始于浙江、燎原于中国。这一改革创新从“地方探索”跃升为“顶层设计”，从“区域创新”扩散为“全域改革”，展现了“由点及面、平行扩散、中央采纳、辐射全国”的当代中国政策创新扩散轨迹，也为“最多跑一次”改革从“浙江经验”上升为“中国方案”提供了现实可能性。这一政策创新扩散不仅是“最多跑一次”改革的重要组成部分，而且为研究中国情境下的政策扩散提供了丰富的案例样本。本章基于政策创新扩散理论，运用文本量化、内容分析、信息可视化等研究方法，考察“最多跑一次”改革从2017年初浙江省正式启动至2018年6月的创新扩散情况，探究“最多跑一次”政策创新扩散的趋势、路径、特征，以及其中的政策趋同和政策趋异现象。

一、“最多跑一次”政策创新扩散实践

2017年初，浙江省正式启动“最多跑一次”改革；5月，即得到中央关注，中办信息专刊印发了浙江“最多跑一次”改革经验；9月，国办通报表扬浙江“最多跑一次”改革。2018年初，中央深改组专门听取了《浙江省“最多跑一次”改革调研报告》，建议向全国推广。之后，“最多跑一次”被写入2018年政府工作报告。可以看到，“最多跑一次”改革这一“地方探索”，经过短短一年时间，即跃升为具有较高显示度的“顶层设计”。在中央和各部委文件中，“最多跑一次”的出现频率显著攀升。在平行横向扩散层面，自2017年2月浙江省政府出台《加快推进“最多跑一次”改革实施方案》，

至2018年6月，从中央政府及其部委到全国各省、直辖市、自治区，一共颁布了400余份“最多跑一次”相关政策文件，“最多跑一次”改革从“一枝独秀”演变成为“全面开花”。

（一）政策创新扩散

美国政策学者沃克指出，政策扩散是外来的政策知识、信息、经验被纳入本土，进而对本土的政策发展产生影响的过程。[1] 卢卡斯认为，现在被广泛采纳的政策扩散概念，是指一种政策从空间上发生转移，被某个系统内的其他成员或主体所采纳的过程。[2] 在政策扩散的路径与模式方面，沃克较早提出了“扩散模型”，假设州与州之间存在学习、竞争以及面对州内来自选民的公共压力，因此州与州之间的政策扩散源于相互之间的效仿。随后，布朗与考克斯归纳总结了政策扩散过程的三条规律，即时间维度上呈现为S形曲线，空间维度上表现为“邻近效应”，以及一定区域内出现的“领导者－追随者”层级效应。[3] 在此基础上，卢卡斯融合阶段论的观点，将政策扩散过程划分为政策再发明、政策发展、政策试点、政策调整、政策融合五个阶段。

学术界围绕地方政策创新走向扩散的机理进行了研究，主要包括以下路径：学习（learning）、竞争（competition）、模仿（imitation）和强制（coercion）。政策扩散大多伴随着政策学习机制；政策竞争往往发生在邻近的区域之间，如贝里和贝别克通过GIS技术研究，提出政策扩散会发生在所有的州之间，

[1] See Jack L. Walker, “The Diffusion of Innovations Among the American States,” *American Political Science Review*, vol. 63, no. 3, 1969, pp. 880-899.

[2] See Anelissa Lucas, “Public Policy Diffusion Research : Integrating Analytic Paradigms,” *Science Communication*, vol. 4, no. 3, 1983, pp. 379-408.

[3] See Lawrence A. Brown and Kevin R. Cox, “Empirical Regularities in the Diffusion of Innovation,” *Annals of the Association of American Geographers*, vol. 61, no. 3, 1971, pp. 551-559.

其中政策竞争往往发生在邻近的州之间[1]；政策模仿在早期政策采纳研究中经常被提到，如美国一些小城市往往学习周围大城市的政策经验，实质上实现了政策扩散[2]；政策强制往往发生在纵向垂直水平层面的政策扩散中，即高层级政府通过政府组织结构的权力属性，使得政策扩散到低层级政府[3]。不对称的权力是政策扩散过程中强制机制发生的主要根源。[4]朱旭峰、赵慧探索了纵向和横向政府间关系对社会政策扩散的复杂影响机制，认为地方政府政策创新采纳受到上下级财政关系和行政命令的影响，同时受到同级城市的竞争压力。[5]也有学者从中央政府的纵向强制干预和政府之间的横向政治竞争两个维度，建立了中国政策创新区域间扩散的新类型：启示模型，锦标赛模型，指派模型，识别模型。[6]

（二）“最多跑一次”的政策创新扩散

1.“最多跑一次”政策空间时序分布

“最多跑一次”政策创新实践的扩散由点及面不到两年，从浙江省迅速扩散到全国 29 个省、直辖市、自治区。截至 2018 年 6 月，从中央政府及其部委到全国各省、直辖市、自治区各级政府共颁布了 400 余份“最多跑一次”

[1] See William D. Berry and Brady Baybeck, “Using Geographic Information Systems to Study Interstate Competition,” *American Political Science Review*, vol. 99, no. 4, 2005, pp. 505-519.

[2] See Charles R. Shipan and Craig Volden, “The Mechanisms of Policy Diffusion,” *American Journal of Political Science*, vol. 52, no. 4, 2008, pp. 840-857.

[3] See David Marsh, J.C.Sharman, “Policy Diffusion and Policy Transfer,” *Policy Studies*, vol. 30, no. 3, 2009, pp. 269-288.

[4] See Daniel W. Drezner, “Globalization, Harmonization, and Competition: The Different Pathways to Policy Convergence,” *Journal of European Public Policy*, vol. 12, no. 5, 2005, pp. 841-859.

[5] 参见朱旭峰、赵慧：《政府间关系视角下的社会政策扩散——以城市低保制度为例（1993—1999）》,《中国社会科学》2016 年第 8 期。

[6] See Xufeng Zhu, “Inter-Regional Diffusion of Policy Innovation in China: A Comparative Case Study,” *Asian Journal of Political Science*, vol. 25, no. 3, 2017, pp. 266-286.

相关政策文件（见图 4-1）。[1]

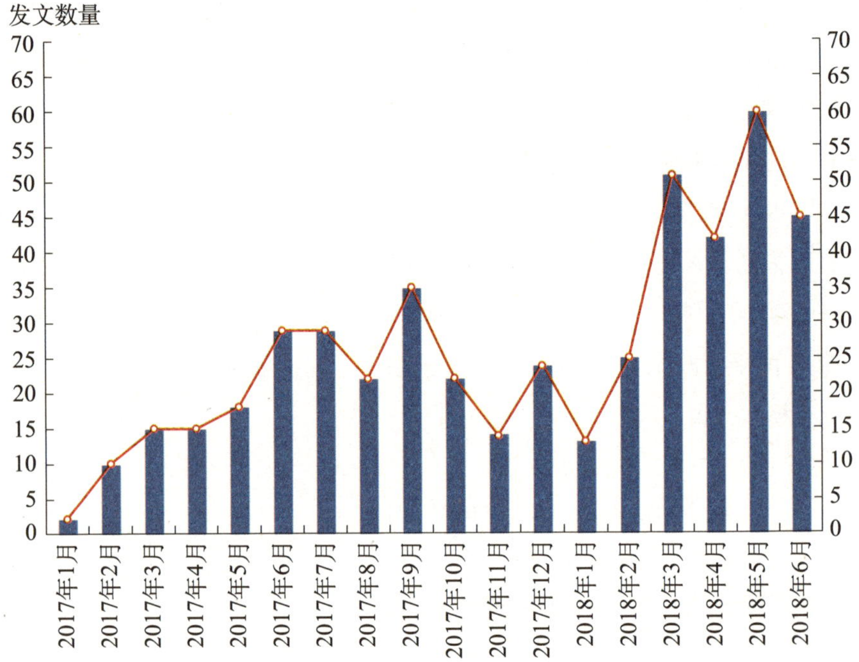

图 4-1 “最多跑一次”政策发布频次图（按时间）

2017 年 2 月浙江省正式启动“最多跑一次”改革，颁布了《加快推进“最多跑一次”改革实施方案》。“最多跑一次”政策创新实践扩散随即开始。2017 年 3 月，陕西省西安市政府工作报告中开始提及实施“最多跑一次”改革。2017 年 4 月，“最多跑一次”政策创新实践扩散到安徽、吉林、福建。2017 年 5 月，“最多跑一次”开始出现在湖北武汉、江苏徐州颁布的政策文本之中。2017 年 6—8 月，“最多跑一次”政策创新实践进一步扩散到河北、四川、山西、辽宁、内蒙古、黑龙江、甘肃、宁夏等地。2017 年 9—12 月，“最多跑一次”扩散到山东、河南、广东、青海、云南等地。2018 年以来，“最多跑一次”政策更大范围地辐射全国，覆盖了全国绝大多数地区。

[1] 参见政府文献数据系统（GDIS）。

2.“最多跑一次”政策纵向扩散（中央部门采纳）

2017 年 2 月浙江省正式启动“最多跑一次”改革，不久即得到中央关注，2017 年 5 月中办信息专刊印发了浙江省“最多跑一次”改革经验。“最多跑一次”政策逐步被中央采纳，2017 年 5 月最早被国家工商总局学习与采纳，《国家工商总局关于深入推进“放管服”多措并举助力小型微型企业发展的意见》中提出了“最多跑一次”改革实践。随后，国家税务总局、司法部、国务院办公厅也分别发布了“最多跑一次”相关政策。

2018 年初，中央深改组专门听取了《浙江省“最多跑一次”改革调研报告》，并建议向全国推广。之后，“最多跑一次”被写入 2018 年政府工作报告。同时，《国务院关于落实〈政府工作报告〉重点工作部门分工的意见（2018）》中再次强调在全国范围内推广“最多跑一次”。2018 年 5 月，《中共中央办公厅、国务院办公厅关于深入推进审批服务便民化的指导意见》中，附件一就是《浙江省“最多跑一次”经验做法》。

“最多跑一次”政策在中央层面的标志性政策扩散历程如图 4-2 所示。

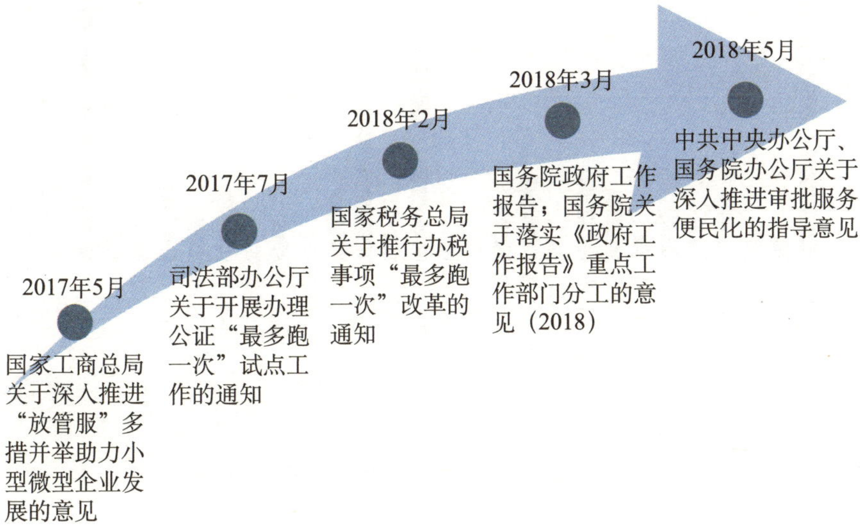

图 4-2 “最多跑一次”被中央采纳历程时间轴

3. "最多跑一次"政策横向扩散（省级政府之间）

浙江省 2017 年率先开展"最多跑一次"改革以后，其他省、直辖市、自治区和部门陆续实施"最多跑一次"相关政策（见图 4-3）。自 2017 年 2 月《浙江省人民政府关于印发加快推进"最多跑一次"改革实施方案的通知》正式出台后，陕西、江苏、安徽、湖北、山东等地政府纷纷采纳了此项政策创新实践。从实施"最多跑一次"政策的地方政府发文数量分布中可以看出，浙江、江苏、安徽三个相邻的省份发文数量最多，几乎占所有省份发文数量的二分之一，显示出政策扩散的地区邻近效应。此外，辽宁、黑龙江、陕西、四川、河北等省份发布政策数量也较多。

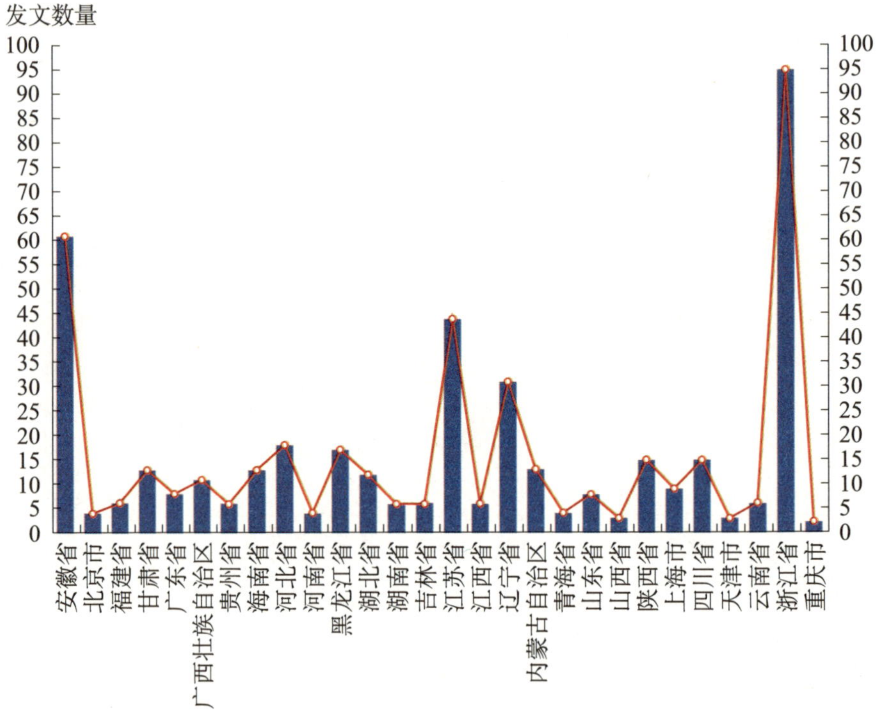

图 4-3 "最多跑一次"政策发布频次图（按省份）

2018 年 3 月国务院政府工作报告中提出深入推进"互联网＋政务服务"，

使更多事项在网上办理，必须到现场办的也要力争做到“只进一扇门”“最多跑一次”。随后“最多跑一次”相关政策创新在其他省、直辖市、自治区政府得到了更为广泛的实施。截至 2018 年 6 月，全国除港澳台外的 31 个省、直辖市、自治区中有 29 个实行了“最多跑一次”相关或类似政策。

（三）“最多跑一次”政策创新扩散的阶段演进

通过系统梳理“最多跑一次”政策提出后的发展脉络，以标志性政策和某一时期内政策采纳主体及政策特征变化为依据，可将“最多跑一次”政策扩散划分为五个阶段：萌芽起步阶段，2017 年 1—2 月；探索阶段，2017 年 3—4 月；跨越发展阶段，2017 年 5—8 月；稳步发展阶段，2017 年 9—12 月；快速扩散阶段，2018 年 1—6 月。

2017 年 1—2 月是“最多跑一次”改革的萌芽起步阶段，此阶段主要为政策颁布及浙江省内初步实施阶段；2017 年 3—4 月是“最多跑一次”政策扩散的探索阶段，这一阶段“最多跑一次”政策创新实践开始由浙江省内向省外区域扩散；2017 年 5—8 月是“最多跑一次”政策扩散的跨越发展阶段，由地方政府层面扩散到中央政府层面，实现了由地方创新实践到国家层面政策的转变；2017 年 9—12 月是“最多跑一次”政策的稳步发展阶段，“最多跑一次”政策被更多的地方政府所采纳；2018 年 1—6 月是“最多跑一次”政策的快速扩散阶段，中央政府采纳与推广浙江省“最多跑一次”改革创新实践，“最多跑一次”政策由此进一步向全国各省、直辖市、自治区快速扩散。

1. 萌芽起步阶段（2017 年 1—2 月）

2016 年 12 月，“最多跑一次”理念在浙江省委经济工作会议上被正式提出，时任省委副书记、代省长车俊明确要求通过改革实现群众和企业到政府办事“最多跑一次”。2017 年初，温州、宁波等地提出了开展企业投资项目 50 天高效审批工作改革。2 月，车俊主持召开推进“最多跑一次”改革专题会议，对“最多跑一次”改革做出全面部署，分两批开展“最多跑一次”事项梳理公布工作，并发布了一系列相关政策。2017 年 2 月，《浙江省人民政府关于印发加快推进“最多跑一次”改革实施方案的通知》颁布，成为浙江省开展“最多跑一次”政策实践的标志。在此期间，“最多跑一次”政策开始在浙江省内初步扩散，金华、嘉兴、宁波等地陆续发布了相关政策（见图 4-4、表 4-1）。

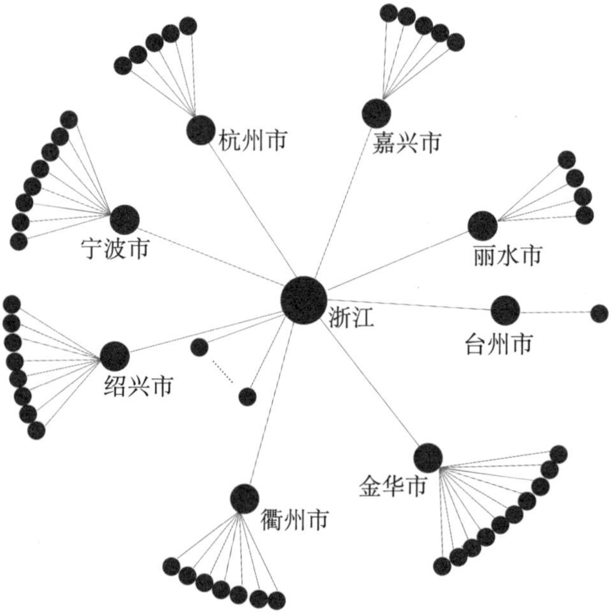

图 4-4 “最多跑一次”政策扩散（2017.01—02）

表 4-1 “最多跑一次”政策萌芽起步阶段标志性政策及内容表述

标志性政策	政策目标	政策工具
《浙江省人民政府关于印发加快推进“最多跑一次”改革实施方案的通知》（2017.02）	简政放权、放管结合、优化服务、体制机制创新；创新政府监管	综合窗口、分类审批、代办、监督、电子印章、试点、标准化、信用等
《金华市人民政府关于印发全面推进政务服务“最多跑一次”改革工作实施方案的通知》（2017.02）	深化简政放权、放管结合、优化服务改革	标准化、事项清单、中介服务、电子印章、共享、信息共享等

续前表

标志性政策	政策目标	政策工具
《丽水市人民政府办公室关于印发丽水市“最多跑一次”专项行动工作方案的通知》(2017.02)	转变职能、减权、放权、治权、便民服务、获得感、满意度	事项清单、监管、代办、上门、公开、中介服务、信息共享、标准化等
《绍兴市人民政府办公室关于全面梳理公开公共服务事项的实施意见》(2017.02)	转变政府职能、服务型政府、群众、优化服务	中介服务、标准化、办事指南、监督等
《衢州市关于推进“最多跑一次”改革助力我市经济转型升级的若干举措》(2017.02)	简政放权、放管结合、优化服务	事项清单、电子印章、申报承诺制、信用、试点、监管
嘉兴市《嘉善积极推进商事登记“简约办”群众办事“最多跑一次”》(2017.02)	简政放权、转变职能、群众、便民	代办、电子化、电子签章、简易化、公示等

通过对“最多跑一次”政策第一阶段发布的政策目标和政策工具进行主题词共现[1]分析后，形成政策目标共现图(见图 4-5)和政策工具共现图(见图 4-6)。

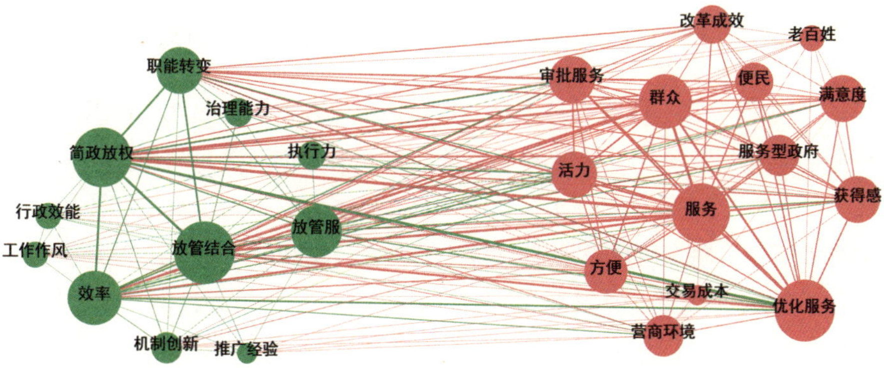

图 4-5 基于主题词的“最多跑一次”政策目标共现图(2017.01—02)

通过对“最多跑一次”政策第一阶段发布的政策目标进行共现分析后发现，此阶段政策目标的关注点主要从政府自身改革的供给视角和满足群众需求视角出发，集中在优化服务、放管结合、服务型政府、群众等方面。

[1] 主题词共现是文献计量最常用的分析方法之一，两个关键词同时出现在一个文献中记为 1 次主题词共现。主题词共现可用于表征主题词间相关关系，进行聚类分析，识别领域核心主题。

具体来说，从政府自身改革视角出发的政策目标聚焦在职能转变、行政效能、工作作风、简政放权等方面；从民众视角出发的政策目标聚焦在便民、获得感、满意度、活力等方面。

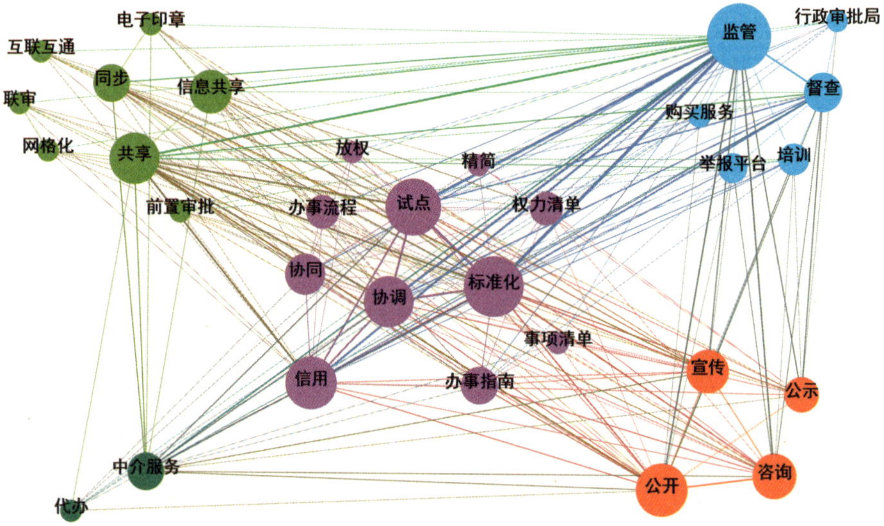

图 4-6　基于主题词的“最多跑一次”政策工具共现图（2017.01—02）

“最多跑一次”政策工具主要体现在信息公开公示、业务流程重组、技术平台提升与整合、组织保障与监管、服务模式创新等。从图 4-6 可以发现，在此阶段，“最多跑一次”政策工具在选择与组合上呈现以下特征：采用技术倒逼机制，通过技术平台提升与整合，实现政府业务流程再造；采用中介服务、代办机制等政策工具，创新服务模式，为群众提供人性化服务；信息公开公示、发布办事指南与权力清单等政策工具采用得非常广泛，旨在精简行政审批手续，提升群众满意度。

2. 探索阶段（2017 年 3—4 月）

在这一阶段，“最多跑一次”政策创新实践开始向浙江省外扩散。2017 年 3 月，政策扩散到陕西省西安市，西安市政府工作报告中提出实施“最多跑一次”。2017 年 4 月，“最多跑一次”政策创新实践扩散到福建省、安徽省、吉林省（见图 4-7、表 4-2）。

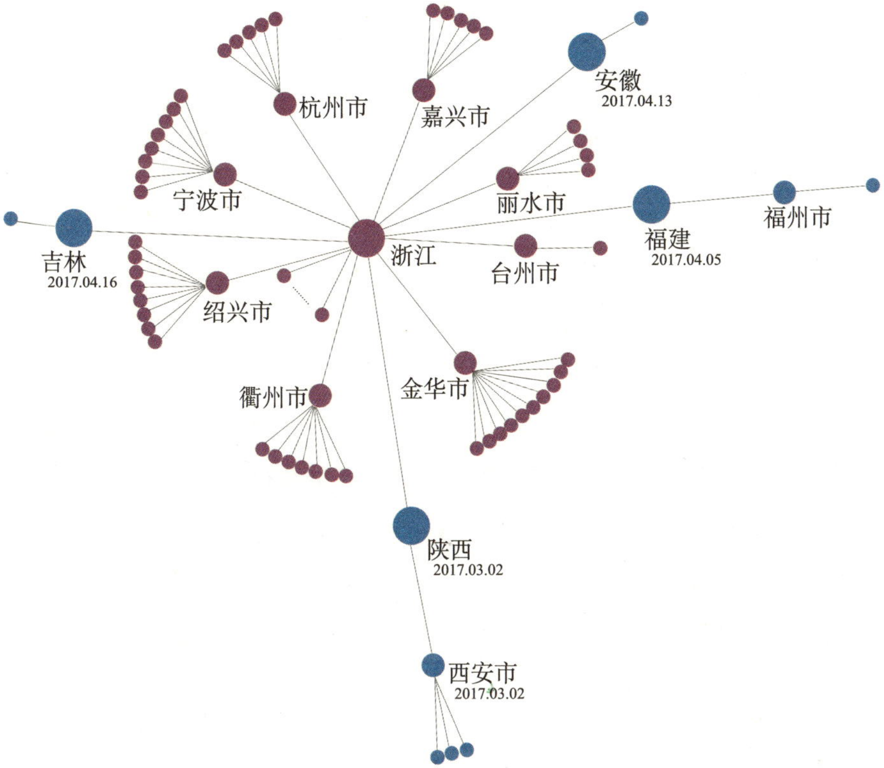

图 4-7 “最多跑一次”政策扩散（2017.03—04）

表 4-2 “最多跑一次”政策探索阶段标志性政策及内容表述

标志性政策	政策目标	政策工具
《西安市人民政府办公厅关于印发西安市推进“最多跑一次”改革实施方案的通知》(2017.03)	行政效能、政府职能转变、群众、优化服务	事项清单、行政审批办公室、试点、联办审批、购买服务、数据库、中介服务等
《嘉兴市人民政府关于印发全面推进“最多跑一次”改革实施方案的通知》(2017.03)	创新体制机制、服务型政府、人民、简政放权、优化服务	信息共享、并联办理、综合受理、中介服务、监管、标准化、试点、电子印章等
《杭州市人民政府关于印发进一步深化“简政放权、放管结合、优化服务”推进办事“最多跑一次”改革实施方案的通知》(2017.03)	简政放权、放管结合、优化服务、获得感、服务型政府	信息共享、办事指南、电子证照、举报平台、咨询、权责清单、中介服务等

续前表

标志性政策	政策目标	政策工具
《浙江省工商局关于印发注册登记“最多跑一次”窗口标准化建设实施方案的通知》(2017.04)	便利化、服务、群众、获得感	咨询、预约、公开、标准化、综合受理、宣传、培训、督查等
《安徽省人民政府关于促进经济平稳健康发展的意见》(2017.04)	简政放权、获得感	权责清单、电子化、中介服务、多证合一等
《福建省人民政府关于印发 2017 年福建省推进简政放权放管结合优化服务工作要点的通知》(2017.04)	简政放权、优化服务、优化营商环境、获得感	权责清单、联审、监管、多证合一、标准化、公开、社会参与等

通过对“最多跑一次”政策第二阶段发布的政策目标和政策工具进行主题词共现分析后，形成政策目标共现图（见图 4-8）和政策工具共现图（见图 4-9）。

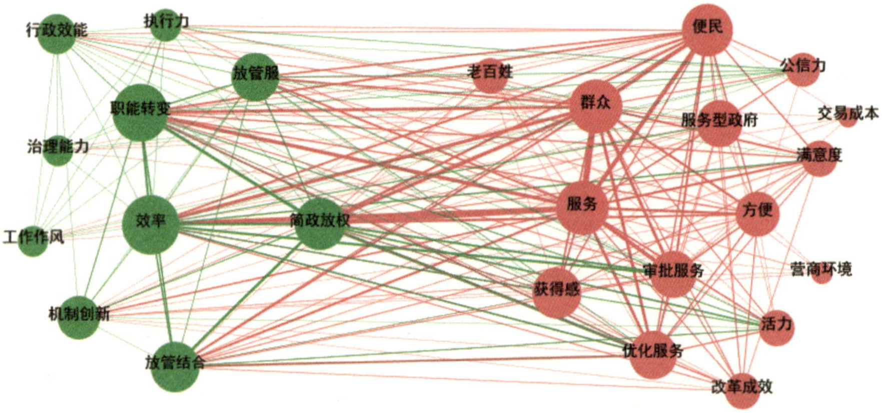

图 4-8　基于主题词的“最多跑一次”政策目标共现图（2017.03—04）

通过对此阶段“最多跑一次”政策目标进行共现分析可以发现，政策目标兼具政府自身改革视角与民众需求视角，从政府自身改革视角出发的政策目标聚焦在职能转变、治理能力、效率、简政放权、执行力等方面，从民众需求视角出发的政策目标聚焦在便民、满意度、活力、获得感等方面。

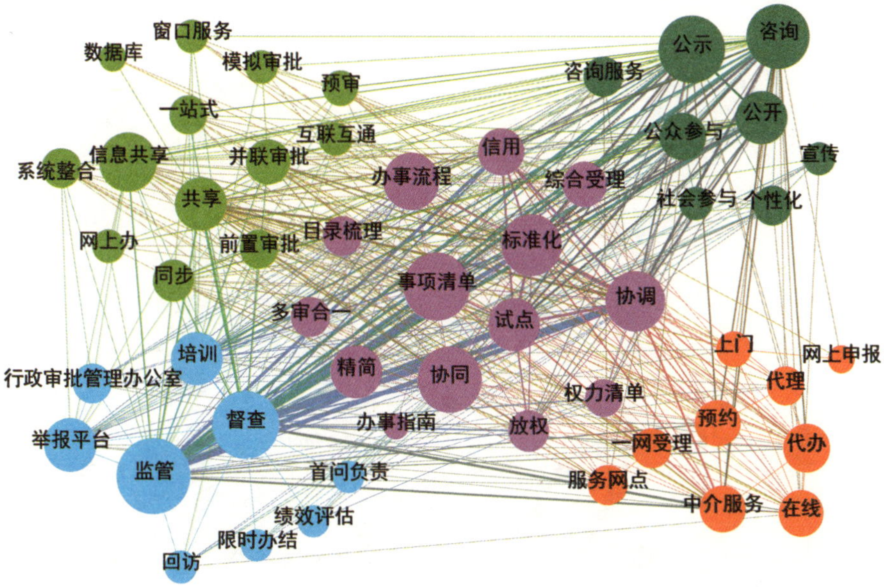

图 4-9 基于主题词的“最多跑一次”政策工具共现图（2017.03—04）

在此阶段，通过政策工具共现分析可以发现，在政策工具选择与组合上，呈现出一些新的特征：在数字治理方面，突出了信息与数据平台建设的作用；政府服务模式更加多元化，采取了上门服务、中介服务、代办等多种便民措施；在信息公开方面，建立了政策的开放性，强调社会参与和公众参与，拓宽了群众的参与渠道。

3. 跨越发展阶段（2017 年 5—8 月）

2017 年 5 月开始，“最多跑一次”改革创新开始出现在中央部委的政策文件中。2017 年 5 月，《国家工商总局关于深入推进“放管服”多措并举助力小型微型企业发展的意见》中提出“最多跑一次”改革实践；2017 年 7 月，《司法部办公厅关于开展办理公证“最多跑一次”试点工作的通知》颁布。与此同时，“最多跑一次”改革创新扩散到江苏、湖北、河北、辽宁、内蒙古、山西等更多地区（见图 4-10、表 4-3）。

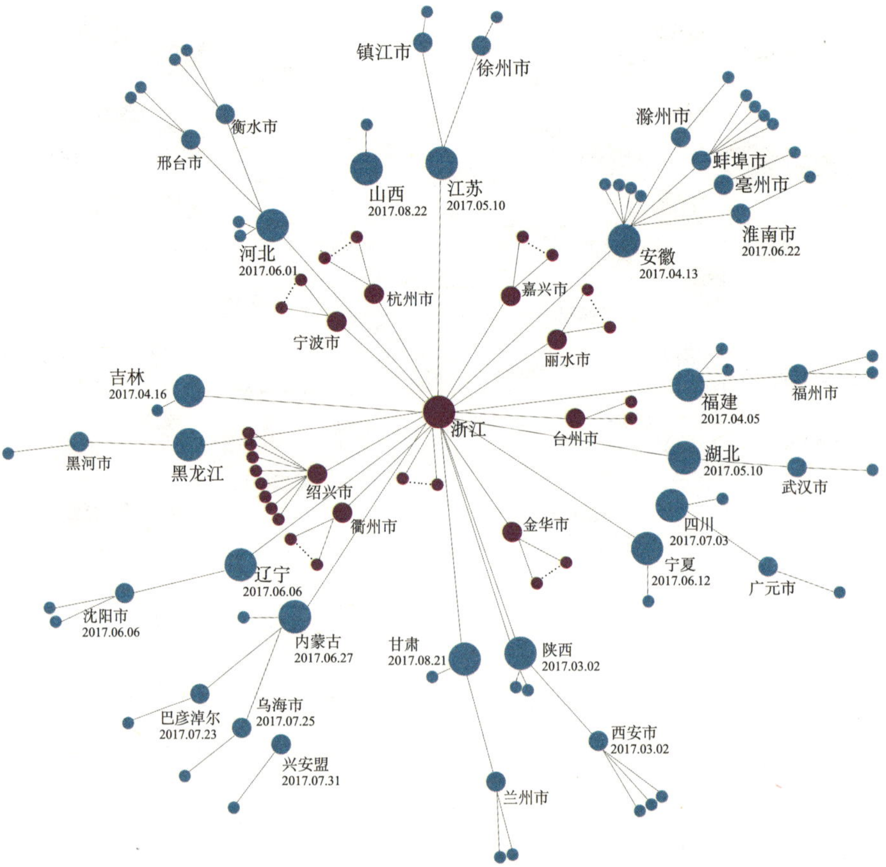

图 4-10 “最多跑一次”政策扩散（2017.05—08）

表 4-3 “最多跑一次”政策跨越发展阶段标志性政策及内容表述

标志性政策	政策目标	政策工具
《国家工商总局关于深入推进“放管服”多措并举助力小型微型企业发展的意见》（2017.05）	获得感、放管服、职能转变、优化服务、活力	督查、多证合一、标准化、电子化、宣传、监管、培训等
《内蒙古自治区人民政府关于印发自治区 2017 年推进简政放权放管结合优化服务工作方案的通知》（2017.06）	简政放权、放管结合、优化服务	权责清单、协同、在线审批、标准化、试点、电子化、负面清单、中介服务、多证合一、信用、公开、监管等

续前表

标志性政策	政策目标	政策工具
《司法部办公厅关于开展办理公证“最多跑一次”试点工作的通知》(2017.07)	人民群众、优化服务、效率	试点、标准化、咨询、公开、优化流程、电子化等
《山西省人民政府办公厅关于印发山西省深化“放管服效”改革重点任务分工方案的通知》(2017.08)	放管服、效率、服务、活力	多证合一、试点、权责清单、负面清单、监管、协同、电子化、督查等

通过对“最多跑一次”政策第三阶段发布的政策目标和政策工具进行主题词共现分析后,形成政策目标共现图(见图4-11)和政策工具共现图(见图4-12)。

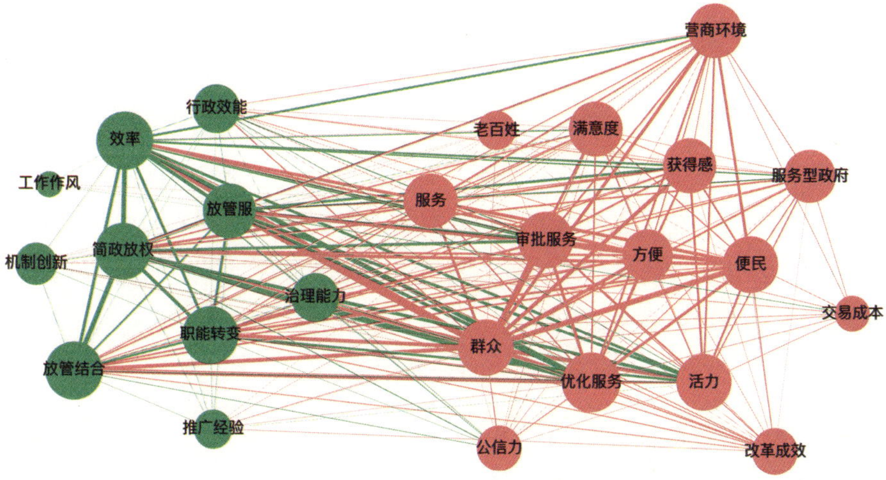

图4-11 基于主题词的“最多跑一次”政策目标共现图(2017.05—08)

通过对“最多跑一次”政策跨越发展阶段发布的政策目标进行主题词共现分析后，可发现此阶段政策目标的聚焦点兼具政府自身改革和满足民众需求的特点，主要关注点在职能转变、效率、服务、群众等方面。具体来说，从政府改革视角出发的政策目标聚焦在放管服、简政放权、职能转变、行政效能方面，从满足民众需求视角出发的政策目标聚焦在满意度、服务、获得感等方面，其中企业营商环境改善是此阶段的重要政策目标。

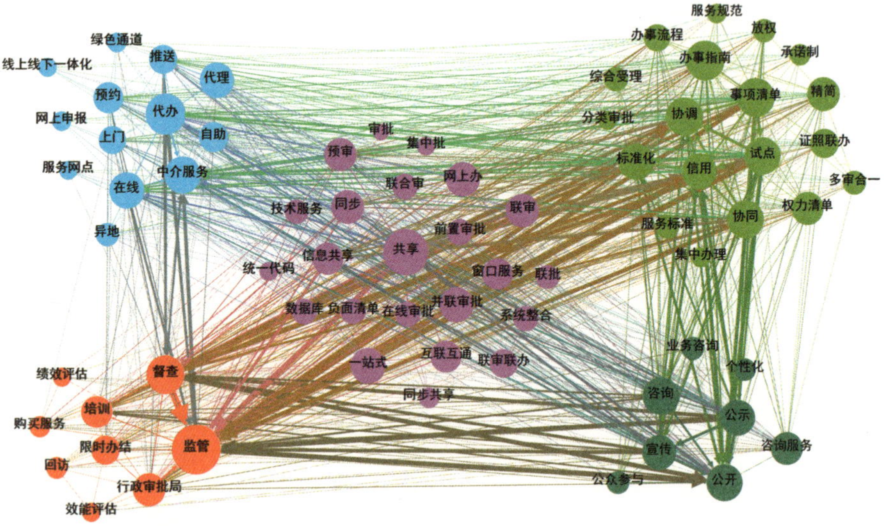

图 4-12　基于主题词的“最多跑一次”政策工具共现图（2017.05—08）

在“最多跑一次”政策扩散的探索阶段，在政策工具选择与组合上，新的特征表现在：在服务模式创新方面，提出了绿色通道、自助、推送等新的政策工具；在政府督查方面，除监管、督查等传统政策工具外，开始采用绩效评估、效能评估等政策工具，对政策实施效果进行评估；在政府技术平台提升与整合方面，突出了电子化审批和互联互通、信息协同政策工具的应用，体现了政府系统平台整合的作用。

4. 稳步发展阶段（2017 年 9—12 月）

2017 年 9 月，《国家税务总局关于进一步深化税务系统“放管服”改革优化税收环境的若干意见》中开始推行“最多跑一次”创新实践。2017 年 9 月底，《国务院办公厅关于对国务院第四次大督查发现的典型经验做法给予表扬的通报》积极肯定了“最多跑一次”改革。2017 年 10 月，《国务院办公厅关于全国互联网政务服务平台检查情况的通报》积极肯定了“最多跑一次”政策创新实践。由此，“最多跑一次”开始被更多的省、直辖市、自治区采纳。2017 年 9—12 月，“最多跑一次”改革进一步扩散到广东省、山东省、河南省、青海省等，并在之前已扩散省份得到更多的实践应用（见

图 4-13、表 4-4）。

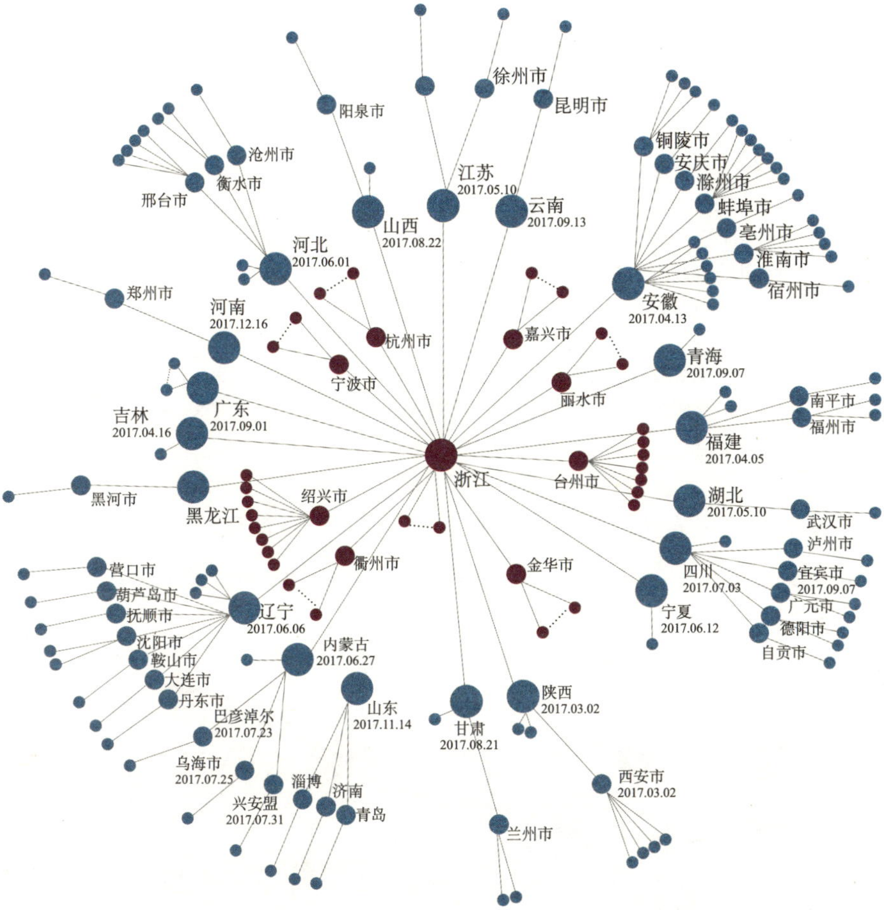

图 4-13 “最多跑一次”政策扩散（2017.09—12）

表 4-4 “最多跑一次”政策稳步发展阶段标志性政策及内容表述

标志性政策	政策目标	政策工具
《国家税务总局关于进一步深化税务系统“放管服”改革优化税收环境的若干意见》（2017.09）	放管服、优化环境、活力	监管、权责清单、信用、协作、协同、网上办、试点、数据平台等
《广东省人民政府办公厅关于印发广东省贯彻落实全国深化简政放权放管结合优化服务改革电视电话会议重点任务有关措施及分工方案的通知》（2017.09）	放管服、简政放权、优化服务	权责清单、负面清单、多证合一、监管、强市放权、减证便民、政务服务大数据库、政务信息资源共享、互联互通

续前表

标志性政策	政策目标	政策工具
《辽宁省人民政府办公厅关于在中国（辽宁）自由贸易试验区和沈抚新区先行先试深化简政放权放管结合优化服务改革的指导意见》(2017.10)	简政放权、放管结合、优化服务、活力	咨询、协同、联审、中介服务、事项清单、信息共享、监管、绩效评价等
山西省《运城市人民政府办公厅关于印发运城市深化“放管服效”改革重点任务分工方案的通知》(2017.10)	转变政府职能、政府效能、活力	权责清单、负面清单、网上办、证照分离、多证合一、试点、监管、中介服务等
四川省《泸州市人民政府关于印发泸州市加快推进“互联网＋政务服务”工作实施方案的通知》(2017.11)	简政放权、放管结合、优化服务、效率	公开、事项清单、电子证照、协同、线上线下一体化、代办、标准化、监督、效能评估等
河北省《邢台市人民政府办公室关于印发邢台市“多证合一、一照一码”登记改革工作实施方案的通知》(2017.12)	服务型政府、优化营商环境、活力	多证合一、信息共享、协同、平台建设、宣传、公开等

通过对“最多跑一次”政策第四阶段发布的政策目标和政策工具进行主题词共现分析后，形成政策目标共现图（见图 4-14）和政策工具共现图（见图 4-15）。

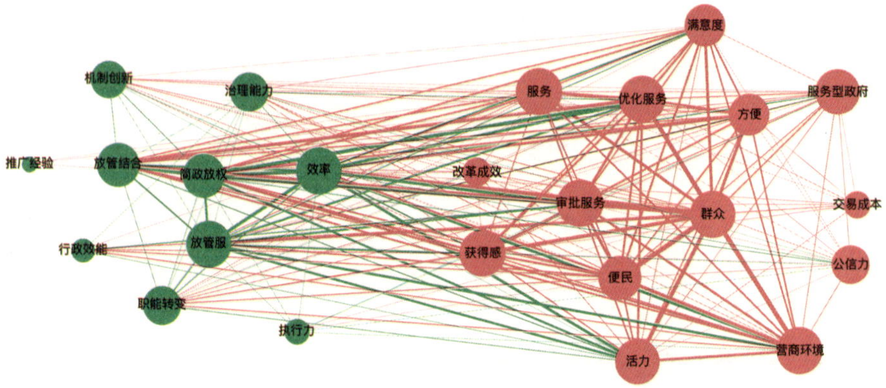

图 4-14　基于主题词的“最多跑一次”政策目标共现图（2017.09—12）

通过对此阶段政策目标进行共现分析可以发现，政策目标越来越侧重于满足民众的需求，同时兼顾政府自身改革的需求。具体来看，从政府自身改革视角出发的有简政放权、效率、放管服、放管结合、治理能力等；从民众需求视角出发的有交易成本、方便、获得感、便民、满意度、活力等。

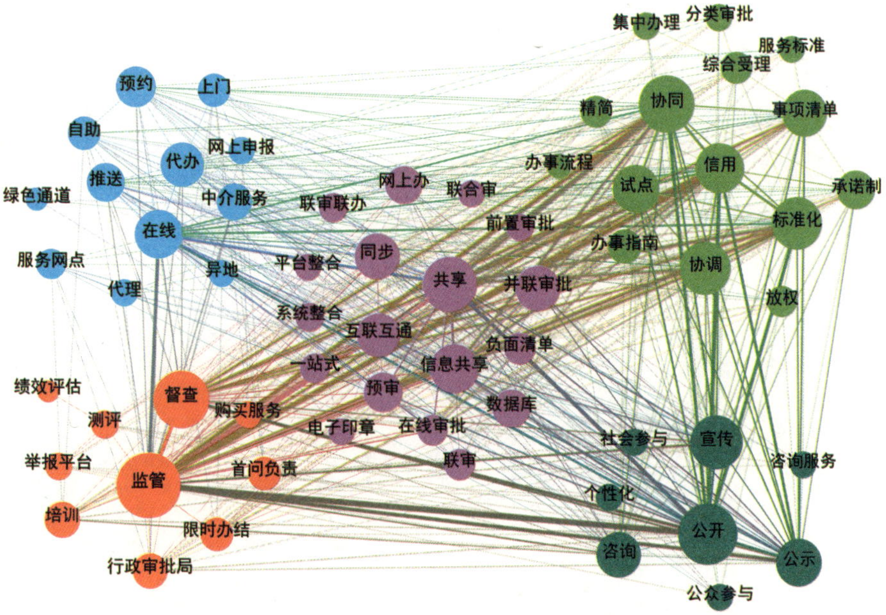

图 4-15 基于主题词的“最多跑一次”政策工具共现图（2017.09—12）

在此阶段，政策工具与以前各阶段工具类型一致，还是分布在信息公开、业务流程再造、技术平台提升与整合、组织保障与监管、服务模式创新五个层面，但每个层面的政策工具种类越来越丰富，重视通过技术创新与数字治理来进一步优化政府业务流程，在服务模式上有了更多的创新举措来提升群众满意度，如自助、异地等。

5. 快速扩散阶段（2018 年 1—6 月）

2018 年 1 月 23 日，中央全面深化改革领导小组第二次会议审议《浙江省“最多跑一次”改革调研报告》并建议向全国推广浙江经验。2018 年 3 月，国务院政府工作报告中提出深入推进“互联网 + 政务服务”，使更多事项在网上办理，必须到现场办的也要力争做到“只进一扇门”“最多跑一次”。

4 月 1 日，《国务院关于落实〈政府工作报告〉重点工作部门分工的意见（2018）》中再次强调在全国范围内推广“最多跑一次”。5 月 16 日，国务院常务会议部署推进政务服务一网通办和企业群众办事“只进一扇门”“最多跑一次”。5 月 23 日，《中共中央办公厅、国务院办公厅关于深入推进审批服务便民化的指导意见》颁布，该文件的附件一即为《浙江省“最多跑一次”经验做法》。由此，“最多跑一次”政策创新由地方政府实践上升为中央政策，更大范围地扩散到全国（见图 4-16、表 4-5）。

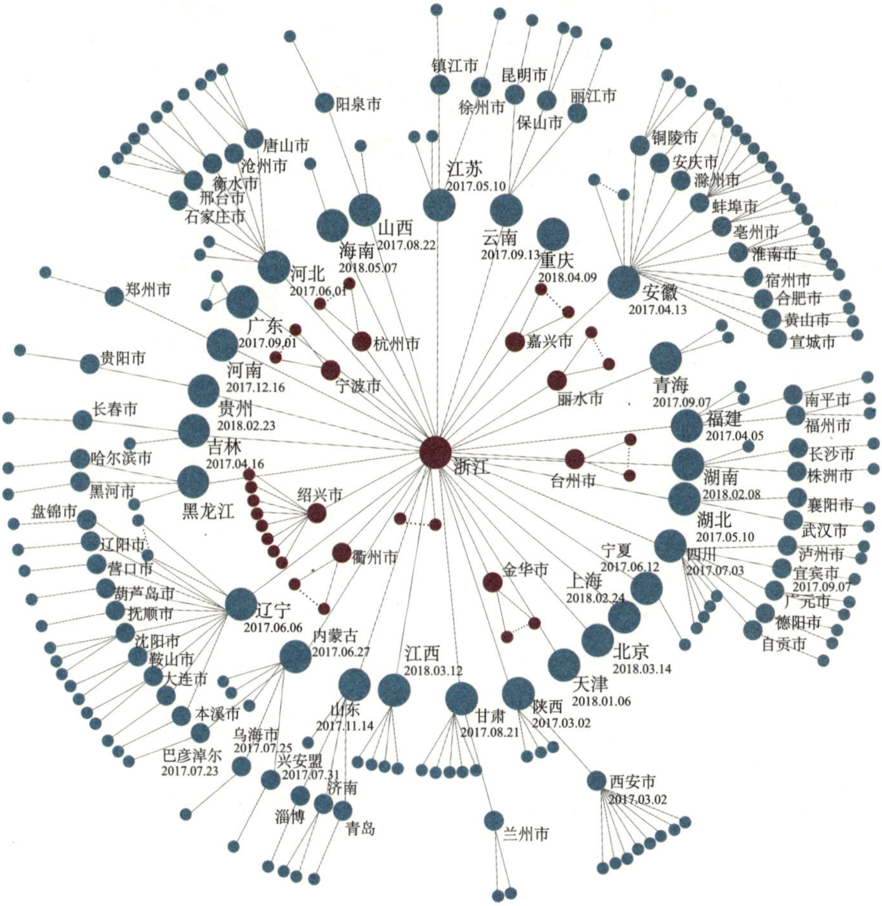

图 4-16 “最多跑一次”政策扩散（2018.01—06）

表 4-5 “最多跑一次”政策快速扩散阶段标志性政策及内容表述

标志性政策	政策目标	政策工具
《甘肃省人民政府办公厅关于印发〈甘肃省 2018 年推行“一窗办一网办简化办马上办”改革实施方案〉的通知（2018.02）	放管服、优化服务、工作作风、提升效率、获得感	事项清单、共享、精简流程、公开、督查、办事指南、集成服务、网上办、咨询、举报平台、信用、培训等
《哈尔滨市人民政府关于印发哈尔滨市“最多跑一次”改革实施方案的通知》（2018.03）	群众满意度、服务型政府、优化服务	标准化、咨询、事项清单、办事指南、异地办理、咨询、共享、咨询、举报、监督、评估等
《中共中央办公厅、国务院办公厅关于深入推进审批服务便民化的指导意见》（2018.05）	简政放权、营商环境、服务型政府、优化服务、便民	标准化、信息共享、网上办、公开、协同、综合受理、预约、个性化服务等
《广西壮族自治区人民政府关于印发广西推进“一事通办”改革若干措施的通知》（2018.05）	群众、服务型政府、营商环境	事项清单、标准化、监管、信息共享、中介服务、公开、咨询、培训、限时办结等
《天津市人民政府关于印发天津市政务一网通改革方案的通知》（2018.05）	转变政府职能、优化服务、营商环境、获得感	公开、咨询、监管、投诉、标准化、事项清单、电子化、宣传等

通过对“最多跑一次”政策第五阶段发布的政策目标和政策工具进行主题词共现分析后，形成政策目标共现图（见图 4-17）和政策工具共现图（见图 4-18）。

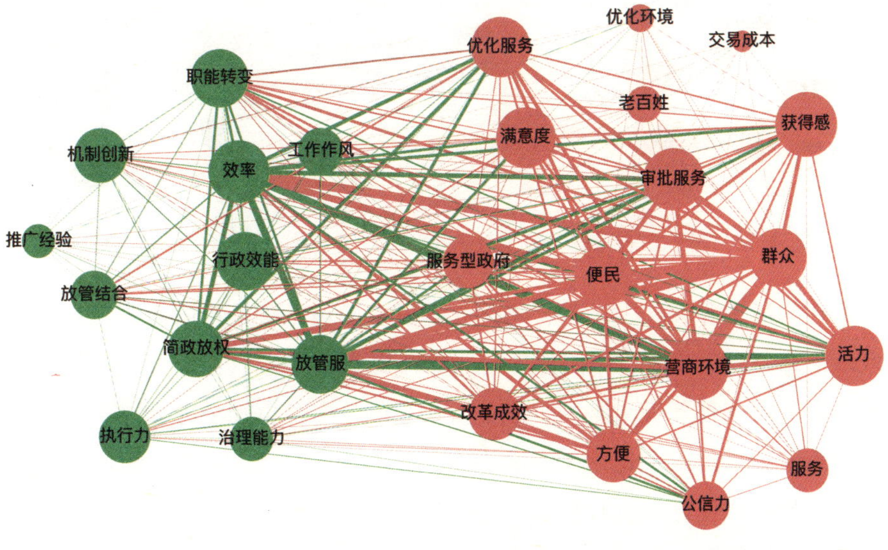

图 4-17 基于主题词的“最多跑一次”政策目标共现图（2018.01—06）

通过对“最多跑一次”快速扩散阶段发布的政策文本进行政策目标主题词共现分析可以发现，从政府自身改革视角来看，政策目标体现出高度一致性，主要集中在机制创新、效率、行政效能、简政放权、放管服、服务型政府等方面；从民众需求视角来看，同样体现出与之前各阶段政策目标价值理念上的一致性，集中在便民、满意度、公信力、方便等方面。而从政策目标的侧重点来看，政策目标越来越侧重于民众需求视角，逐步体现出以民众为中心的改革方向。

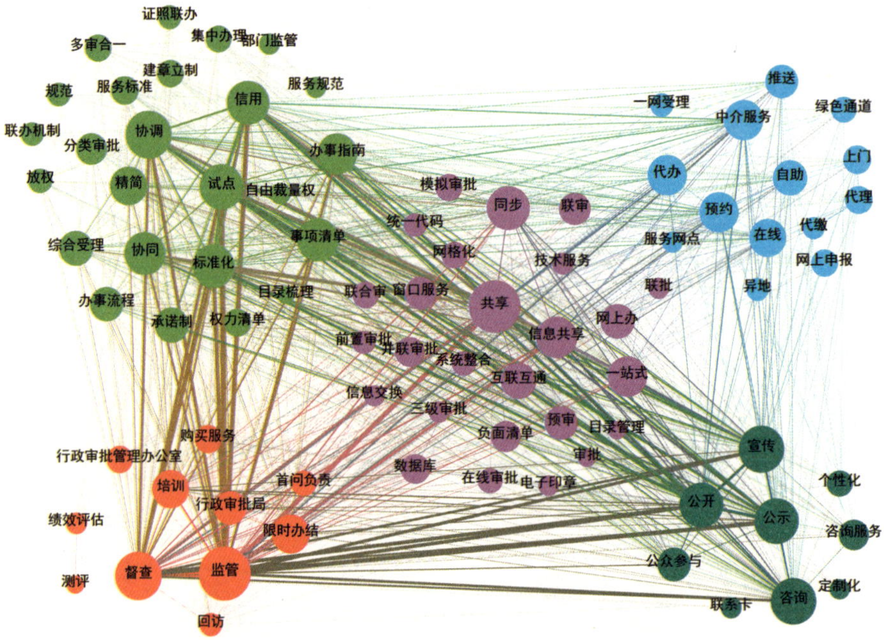

图 4-18　基于主题词的“最多跑一次”政策工具共现图（2018.01—06）

在“最多跑一次”政策扩散的快速扩散阶段，所采用的政策工具包括政府信息公开、政府业务流程再造、政府技术平台提升与整合、政府督查、政府服务模式创新五大类型。在此阶段，政策工具更加全面和完善，更加注重政策工具的组合运用；在政府业务流程再造方面，限制了行政部门的自由裁量权，使办事流程更加规范和标准化；在服务模式创新方面，为民众采取定制化服务，更好地回应了民众的期待。

（四）“最多跑一次”政策创新扩散的特征

1. 政策目标：将民众视为政策创新扩散的出发点

“最多跑一次”改革将政府视为公共管理变革的动议方和推促者，将民众视为公共管理实践的出发点和落脚点，使公共治理与公共服务的价值在政府与市场、社会、民众的有效互动中得以实现和彰显，其提倡的政策目标在政策扩散诸阶段都体现出一致的价值理念。在政策扩散的萌芽起步阶段和探索阶段，民众作为公共服务使用者的角色和作用在政策改革逻辑中得到了充分重视，“最多跑一次”政策改革实践始终以提高民众满意度和获得感为主要目标。在政策扩散的跨越发展阶段，“以人民为中心”的政策理念得到了中央政府的认可，成为政府“放管服”改革的出发点，在各地政府中扩散开来。在政策扩散的稳步发展阶段和快速扩散阶段，群众和企业到政府办事“最多跑一次”成为政策改革的主要目标，各项与群众和企业生产生活关系最紧密的领域成为主要改革对象，具有典型的“需求导向”特征（见表 4-6）。

表 4-6 “最多跑一次”政策扩散不同阶段政策目标

时间段	政府视角	人民视角
萌芽起步阶段（2017 年 1—2 月）	职能转变、行政效能、工作作风、简政放权	便民、获得感、满意度、方便、活力
探索阶段（2017 年 3—4 月）	职能转变、效率、简政放权、放管服	服务、群众、便民、满意度
跨越发展阶段（2017 年 5—8 月）	放管服、简政放权、职能转变、行政效能	满意度、服务、营商环境、获得感
稳步发展阶段（2017 年 9—12 月）	简政放权、效率、放管服、行政效能	优化服务、获得感、营商环境、群众满意度
快速扩散阶段（2018 年 1—6 月）	效率、行政效能、简政放权、放管服	满意度、营商环境、审批服务、服务型政府

“最多跑一次”改革创新动力，既是政府自身的强力推动，又是来自政府承诺所形成的外部社会力量的正面激励与倒逼压力。“最多跑一次”政

策的正向激励效应进一步调动了政府部门、企业和公众参与改革的积极性。由于社会公众参与积极性的提高，民众对“最多跑一次”改革的意见与诉求剧增。民众以其直观的衡量标准（获得感和满意度），以监督服务的形式参与到“最多跑一次”政策实践中，评价改革成效，从而倒逼政府部门不断深化改革，取得更显著成效。

2. 政策工具：数字治理、业务重组与服务模式创新

政策工具是政府所掌握的、可以运用的达成政策目标的手段和措施。浙江省与其他省、直辖市、自治区的“最多跑一次”改革，以政府自身行政效能改革和提升群众满意度和获得感为目标，其实现政策目标的政策工具选择和运用包括：信息公开、组织保障与监察、技术平台提升与整合、业务流程再造、服务模式创新等（见表 4-7）。

表 4-7 “最多跑一次”政策扩散不同阶段主要政策工具类型

阶段划分	政策工具				
	信息公开	组织保障与监察	技术平台提升与整合	业务流程再造	服务模式创新
萌芽起步阶段（2017 年 1—2 月）	宣传、公开、公示、咨询等	监管、行政审批局、督查、举报平台、培训等	互联互通、网格化、电子印章、信息共享、同步等	协同、办事流程、权力清单、精简、试点、标准化、前置审批等	代办、中介服务、购买服务等
探索阶段（2017 年 3—4 月）	公示、咨询、社会参与、宣传等	培训、督查、监管、培训、举报平台等	数据库、系统整合、互联互通、模拟审批等	办事流程、事项清单、目录梳理、信用等	服务网点、预约、中介服务、上门等
跨越发展阶段（2017 年 5—8 月）	公示、公开、咨询、公众参与等	培训、绩效评估、行政审批局、督查等	技术服务、数据库、互联互通、并联审批、同步共享等	事项清单、办事指南、综合受理、信用、试点等	绿色通道、线上线下一体化、上门、推送等
稳步发展阶段（2017 年 9—12 月）	公开、公示、咨询、社会参与等	督查、监管、首问负责、培训等	电子印章、数据库、联审、平台整合等	办事流程、服务标准、标准化、分类审批等	中介服务、代办、绿色通道、服务网点等
快速扩散阶段（2018 年 1—6 月）	公开、公示、咨询、社会参与等	行政审批管理办公室、首问负责、监管、培训等	网格化、同步、电子印章、数据库、互联互通等	事项清单、协同、试点、信用、标准化、服务规范等	上门、中介服务、绿色通道、代缴、自助等

“最多跑一次”改革创新的总体目标是“以人民为中心”，通过政府自身建设，为民众提供优质的公共服务。除了信息公开、组织保障等常规政策工具之外，“最多跑一次”改革在政策工具运用方面具有三个特点：第一，采用数字治理机制。“最多跑一次”政策工具运用方面的一大亮点在于互联网技术的运用。行政审批部门依托政务服务网和数据共享，实行一套标准、一网通办、一站服务，极大地提高了政府行政效能和群众满意度。第二，开展业务重组。主要体现在行政服务中心再造和工作流程再造。以“一窗受理、集成服务”为代表，采用技术倒逼机制，在窗口整合的基础上改造升级行政服务中心，按功能设置窗口，建立部门间常态化、高效化的系统机制，目的是使民众摆脱来回跑的困境。第三，创新服务模式。目前许多地方政府已建立了政府代办服务机制，开辟了“急事急办、特事特办”绿色通道和企业办事专用窗口等，让办事群众“最多跑一次”，为群众提供人性化、个性化的服务，不仅提升了群众满意度，还提升了群众获得感。

（五）“最多跑一次”政策创新扩散时空模式

1. 时间维度：S 形曲线扩散效应

1971 年，布朗和考克斯的研究发现，创新活动扩散过程的一个重要规律是累积创新采纳者数量或者比例随着时间变化呈现 S 形曲线[1]，采纳者采用时间的不同和采纳“门槛”的差异导致扩散过程呈现 S 形曲线。各地政府“最多跑一次”政策存在显著的扩散效应，时间上呈现 S 形曲线特征，即随着时间的推移，政策扩散活动经历了缓慢扩散期、快速扩散期、平稳扩散期三个基本阶段。其中，浙江省内自上而下的政策扩散活动在时间上呈现“倒 S 形曲线”（见图 4-19），浙江省之外全国省级政府间的平行扩散活动在时间上呈现“顺 S 形曲线”（见图 4-20）。可见，“最多跑一次”政策扩散在时间维度上的这一特点，与一般公共政策扩散并无明显差异，基本符合公共政

[1] See Lawrence A. Brown and Kevin R. Cox, “Empirical Regularities in the Diffusion of Innovation,” *Annals of the Association of American Geographers*, vol. 61, no. 3, 1971, pp. 551-559.

策扩散的S形曲线。

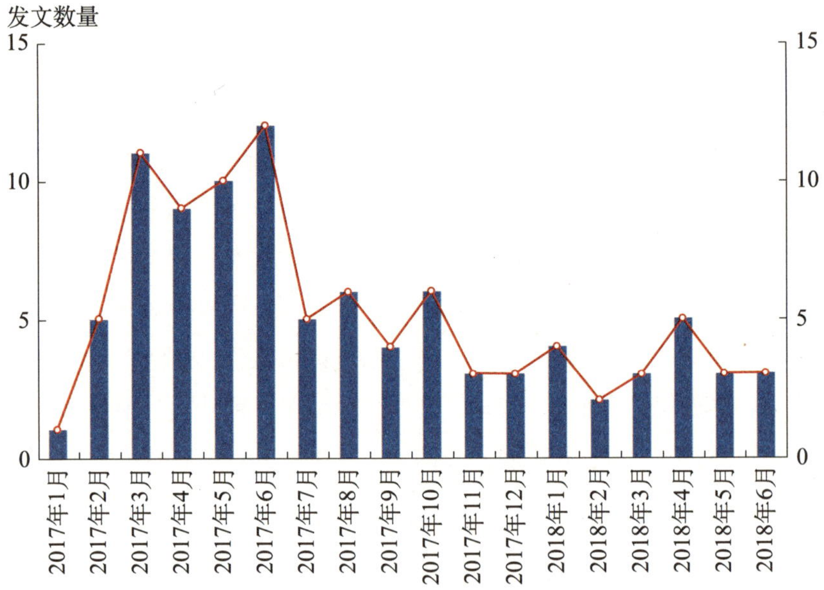

图 4-19　浙江省政策发文频次

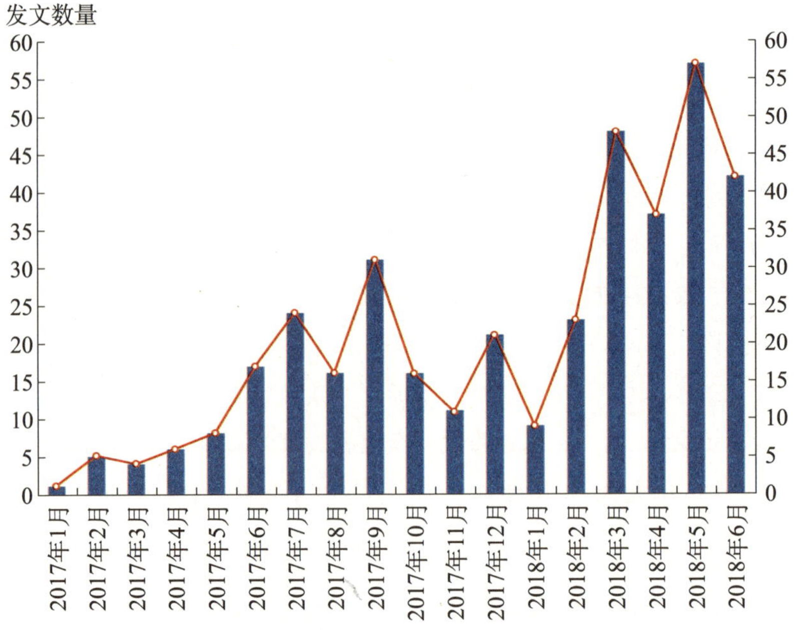

图 4-20　各省份政策发文频次（除浙江省之外）

已有研究表明，在政策扩散中，如果社会体系中地位较高者或者意见领袖采用政策创新，S形曲线就会出现快速上升趋势。“最多跑一次”政策的快速扩散与中央层面的政策调节有一定关系。中央政府部门不仅采纳了“最多跑一次”政策创新，而且多次发文要求各地开展“最多跑一次”政策实践，相关政策文件的力度和指向都显著影响了“最多跑一次”政策的扩散。随着中央政府对行政审批制度改革和提高群众办事满意度重视程度的不断增加，在未来一段时间里，地方政府实施“最多跑一次”政策还会保持快速增长的趋势。

2. 空间维度：自上而下、横向平行、自下而上的扩散模式

在政策学习、竞争、模仿、强制机制驱动下，作为主导社会经济发展和政策扩散主体的地方政府，会积极促进政策由创新地区向采纳地区扩散。

一是自上而下扩散模式。在萌芽起步阶段，随着《浙江省人民政府关于印发加快推进“最多跑一次”改革实施方案的通知》的下发，浙江省政府通过“红头文件”、工作会议、建立试点等形式向市、县政府传达政策信号，杭州、宁波、温州、金华、嘉兴、丽水等地纷纷响应，出台相应政策，如《金华市人民政府关于印发全面推进政务服务“最多跑一次”改革工作实施方案的通知》《温州市人民政府关于印发加快推进“最多跑一次”改革实施方案和以“最多跑一次”为目标深化行政审批制度改革实施细则的通知》等。在快速扩散阶段，随着中央政府采纳浙江省“最多跑一次”政策创新实践，将其写入政府工作报告，上升成为国家意志，各地政府积极响应中央政府号召，使得“最多跑一次”政策在更多省、直辖市、自治区得到推行实施。中央政府通过采纳认可“最多跑一次”政策创新以及行政命令，增强了政策的“合法性”，加快了“最多跑一次”在各省、直辖市、自治区政策的落地、执行与变迁，“最多跑一次”政策开始在全国范围内自上而下、由点及面地辐射推广开来。自上而下的垂直层级扩散模式，其背后的机理在于现行政治体制下政府行政行为具有明显的层级化和集权化特点，在“中央－省－市”三级政府结构中，具有刚性的“自上而下”的制度场域特征，上级政府掌

握了资源配置的决定权，对下级政府具有较强的制约力。地方政府政策创新能否实施依赖于上级政策话语的输入，因而上级政府释放出的政策信号会影响下级政府对政策创新的采纳，政策扩散的行动主体的上下级政府之间，具有典型的行政权力命令和服从的特征。上级政府制定或推广的政策，往往直接通过政策落实和政策执行等方式，迅速扩散到下级政府及相关部门。

二是横向平行扩散模式。陕西、安徽、辽宁、湖北、江苏等地相继较早地响应了浙江省“最多跑一次”政策实践创新。截至2018年6月，浙江省“最多跑一次”政策已经迅速扩散至江苏、安徽、福建、江西、山东、河南、湖北、河北、山西、辽宁、吉林、黑龙江、湖南、广东、海南、四川、贵州、云南、陕西、甘肃、青海、内蒙古、广西、宁夏、北京、天津、上海、重庆等28个省、直辖市、自治区。从平行扩散现象来看，地方领导的政治流动对“最多跑一次”政策在不同区域间的平行扩散具有重要影响。官员在职位流动制度安排下更容易学习和复制自身在以往工作中的相关经历和积累经验，这种基于官员异地交流呈现的“自我学习”效应，为浙江省“最多跑一次”改革在陕西、湖北、山东、辽宁、江西等地的平行扩散现象提供了一个新的解释机制。

三是自下而上扩散模式。在跨越发展阶段，2017年5月颁布的《国家工商总局关于深入推进“放管服”多措并举助力小型微型企业发展的意见》中提出了“最多跑一次”改革实践。之后在稳步发展阶段，2017年10月，《国务院办公厅关于全国互联网政务服务平台检查情况的通报》积极肯定了“最多跑一次”政策创新实践。2018年3月，国务院政府工作报告中提到了“最多跑一次”。2018年5月，《中共中央办公厅、国务院办公厅关于深入推进审批服务便民化的指导意见》颁布，其中首要任务就是全面推行审批服务“马上办、网上办、就近办、一次办”。中国政策实施过程中存在的“典型示范－逐步推广”的自下而上模式，通过把局部性政策方案进行逐步推广，使其扩散为更大乃至全国范围内的改革策略，使得经济社会转型在一个既保持可控性又富于创造性的过程中循序渐进。在这种模式中，下级政府政策创新的收益和政策启发，促使上级政府乃至中央政府采纳或推广新政策。“最多跑一次”政策从浙江到中央的吸纳型扩散过程，呈现出自下而上、层级扩散的典型特征。这种自下而上的扩散模式主要是由前期地方政策创新、上级采纳和后期推广阶段的行政指令推动机制驱动实现的。[1] 地方政府作为中国公共政策扩散的行动主体，在政策创新中具有较大政策空间，对政策制定和实施具有一定自主权的省级政府而言，这一空间尤为明显。浙江省“最多跑一次”改革作为地方创新成果，其政策创新的收益及便民服务的政治理念引起中央政府及国家工商总局、国家税务总局、司法部等相关职能部门的注意并得以吸纳，呈现出“平行－上升”的自下而上的扩散走向，最后在中央政府行政指令的推动下实现全国范围内的政策辐射推广。

二、“最多跑一次”政策创新扩散中的趋同与政策学习

“最多跑一次”政策从浙江省首创到全国 29 个省、直辖市、自治区采纳实施，在扩散过程中政策理念、领导体制、运行流程、技术基础、工作机制等方面存在许多相似之处，为在中国情境下研究政策趋同提供了丰富的案例样本。对地方政府基于政策学习产生的政策趋同现象进行系统分析，深入挖掘其现象产生背后的机理，有助于把握政策扩散的中国经验，实现政策扩散研究的本土化创新。

（一）政策学习与政策趋同

政策学习是指政策制定者使用其他政府的经验来评估某项政策的可能效果，并据此对这项政策做出采纳或不采纳的决定。[2] 公共政策领域对政策

[1] 参见周望：《政策扩散理论与中国“政策试验”研究：启示与调适》，《四川行政学院学报》2012 年第 4 期。

[2] See Covadonga Meseguer, “Policy Learning, Policy Diffusion, and the Making of a New Order,” *The ANNALS of the American Academy of Political and Social Science*, vol. 598, no. 1, 2005, pp. 67-82.

学习现象的关注最早可以追溯到20世纪70年代，赫柯罗认为“很多政治互动都可以体现为社会学习的过程”[1]。这一观点后来成为政策学习研究的经典论断。政策学习也被称为经验借鉴，是政策创新形成扩散的主要机制之一，政策扩散机制除政策学习外还有竞争、模仿和强制等情况。政策扩散强调外来的政策知识、信息、经验被纳入本土政策的过程，而政策学习强调影响政策背后的经验、观点、知识的教训吸取与社会学习行为。从起源上看，政策学习源于政策扩散；从因果角度看，政策学习可能会导致政策扩散，而政策扩散亦可能会导致政策学习，但这中间并不存在必然的关系。石潘和沃登在对美国自下而上的政策扩散研究中，指出地方政策创新可能会推动州政府的政策采纳，产生一种“滚雪球效应”，这一自下而上的“滚雪球效应”暗含了州政府对于地方政府进行政策学习的可能。[2]韩博天（塞巴斯蒂安·海尔曼）认为，在中国的政策学习过程中，中央政府的政策学习能力被认为是中国适应环境变化而成功改革的条件，而地方政府的政策实践往往是中央政府进行政策学习的源头。[3]豪利特和拉梅什从政策制定者与环境的关系视角归纳出“内生学习”和“外生学习”两种类型，其中内生学习源于正式的政策过程，影响政策制定者对政策方法和政策工具的选择，而外生学习则源于政策过程外部，影响政策制定者适应或改变社会的阻力或能力。[4]朱旭峰、赵慧以中国农民和农民工养老保险政策中三项中央政策的出台过程为例，提出中央政府的两种自下而上的政策学习机制，即

[1] Hugh Heclo, *Modern Social Poltics in Britain and Sweden : From Relief to Income Maintenance*, New Haven : Yale University Press, 1974, pp. 305-306.

[2] See Charles R. Shipan and Craig Volden, “Bottom-Up Federalism : The Diffusion of Antismoking Policies from U.S. Cities to States,” *American Journal of Political Science*, vol. 50, no. 4, 2006, pp. 825-843.

[3] See Sebastian Heilmann, “Policy Experimentation in China’s Economic Rise,” *Studies in Comparative International Development*, vol. 43, no. 1, 2008, pp. 1-26.

[4] See Michael Howlett and M. Ramesh, “Patterns of Policy Instrument Choice : Policy Styles, Policy Learning and the Privatization Experience,” *Review of Policy Research*, vol. 12, no. 1-2, 1993, pp. 3-24.

对成功经验的吸收和对失败教训的汲取。[1]

政策趋同是指不同政府之间的政策不断变得相似，主要包括政策目标、政策内容、政策工具、政策结果和政策网络等方面的趋同。[2] 西方学术界对政策趋同的研究始于 20 世纪 60 年代，主要关注政策的日渐相似性问题。政策的“趋同”与组织社会学中发展的“同构”这一概念非常类似。同构被定义为同化的过程。[3] 豪利特和拉梅什将政策趋同解释为“比较政策研究所阐释的中心问题之一”[4]。多洛威兹和马什认为政策趋同所强调的是在一个政治环境中关于政策、行政安排、制度和思想的知识被用于另一个政治环境中逐渐变得相似的过程。[5] 班尼特认为政策趋同是一个逐步形成的过程，政策趋同意味着不同地方实施的政策从不同的位置逐渐移向某一共同点。[6] 霍尔津格和科尼尔从经验研究层面对班尼特所提出的五项维度进行了补充，认为在评判政策趋同时应考虑多样化的因素，不仅包括政策趋同的程度，而且应该考虑其范围与方向。[7] 科尼尔提出政策趋同是不同政治辖区之间某一政策或多个特征（政策目标、政策工具、政策环境）之间相似性的增加。[8] 根据

---

[1] 参见朱旭峰、赵慧：《自下而上的政策学习——中国三项养老保险政策的比较案例研究》，《南京社会科学》2015 年第 6 期。

[2] See Colin J. Bennett, “What is Policy Convergence and What Causes It?” *British Journal of Political Science*, vol. 21, no. 2, 1991, pp. 215-233.

[3] See Paul J. Dimaggio and Walter W. Powell, “The Iron Cage Revisited : Institutional Isomorphism and Collective Rationality in Organizational Fields,” *American Sociological Review*, vol. 48, no. 2, 1983, pp. 147-160.

[4] Michael Howlett and M. Ramesh, “Patterns of Policy Instrument Choice : Policy Styles, Policy Learning and the Privatization Experience,” *Review of Policy Research*, vol. 12, no. 1-2, 1993, pp. 3-24.

[5] See David P. Dolowitz and David Marsh, “Learning from Abroad : The Role of Policy Transfer in Contemporary Policy-Making,” *Governance*, vol. 13, no. 1, 2002, pp. 5-23.

[6] See Colin J. Bennett and Michael Howlett, “The Lessons of Learning : Reconciling Theories of Policy Learning and Policy Change,” *Policy Sciences*, vol. 25, no. 3, 1992, pp. 275-294.

[7] See Katharina Holzinger and Christoph Knill, “Causes and Conditions of Cross-National Policy Convergence,” *Journal of European Public Policy*, vol. 12, no. 5, 2005, pp. 775-796.

[8] See Christoph Knill, “Introduction : Cross-National Policy Convergence : Concepts, Approaches and Explanatory Factors,” *Journal of European Public Policy*, vol. 12, no. 5, 2005, pp. 764-774.

不同地区政策变得越来越相似的维度，可将政策趋同划分为四种类型[1]：共同增长的σ趋同、赶超的β趋同、流动的γ趋同、与典范模式距离缩小的δ趋同。拉迪从新制度经济学视角，认为模仿的组织制度的相似性（即政策趋同）可由路径依赖和政治生活中想当然的方面如决策者遵守规则，分享见解、模式和意义等来解释。[2]

（二）各省“最多跑一次”政策文本的相似度计算

为了探究“最多跑一次”政策之间的相似性与差异性，本书对全国各地政府发布的“最多跑一次”相关政策进行梳理，运用专家识别法从400多份“最多跑一次”相关政策中选取了各省份具有代表性的政策文本（见表4-8），然后以《浙江省人民政府关于印发加快推进“最多跑一次”改革实施方案的通知》政策文本为参照，采用文本相似度计算方法，计算出其他28个省份发布的相关代表性政策文本内容与浙江省政策文本内容的相似度（见图4-21、表4-9）。

表4-8　各省份“最多跑一次”相关代表性政策

序号	省份	政策名称	发布时间
1	浙江	浙江省人民政府关于印发加快推进“最多跑一次”改革实施方案的通知	2017.02
2	陕西	西安市人民政府办公厅关于印发西安市推进“最多跑一次”改革实施方案的通知	2017.03
3	福建	福建省人民政府办公厅关于推行“一趟不用跑”和“最多跑一趟”办事清单的通知	2017.04
4	青海	青海省人民政府办公厅关于印发2017年省政府简政放权放管结合优化服务工作要点的通知	2017.04
5	湖北	武汉市卫生计生委关于印发行政审批马上办网上办一次办改革工作实施方案的通知	2017.05

[1] See Marcia K. Meyers, Janet C. Gornick and Laura R. Peck, “Packaging Support for Low-Income Families: Policy Variation across the United States,” *Journal of Policy Analysis and Management*, vol. 20, no. 3, 2001, pp. 457-483.

[2] See Stella Ladi, “Policy Change and Soft Europeanization: The Transfer of the Ombudsman Institution to Greece, Cyprus and Malta,” *Public Administration*, vol. 89, no. 4, 2011, pp. 1643-1663.

续前表

序号	省份	政策名称	发布时间
6	内蒙古	内蒙古自治区人民政府关于印发自治区 2017 年推进简政放权放管结合优化服务工作方案的通知	2017.06
7	河北	邢台市人民政府办公室关于印发《邢台市全面公开政务服务事项开展“最多跑一次”改革实施方案》的通知	2017.06
8	江苏	江苏省人民政府办公厅印发关于全省推行不见面审批（服务）改革实施方案等四个文件的通知	2017.06
9	辽宁	沈阳市人民政府办公厅关于推进办事“最多跑一次”改革的实施意见	2017.06
10	宁夏	宁夏回族自治区人民政府办公厅关于印发全区推行不见面审批服务改革工作方案的通知	2017.08
11	山西	山西省人民政府办公厅关于印发山西省深化“放管服效”改革重点任务分工方案的通知	2017.08
12	安徽	蚌埠市人民政府办公室关于印发蚌埠市推行“不见面审批”或窗口办事“最多跑一次”工作实施方案的通知	2017.09
		安徽省政务公开办公室关于印发 2018 年政务公开、政务服务重点工作任务分工和“群众办事百项堵点疏解行动”推广活动方案的通知	2018.05
13	广东	广东省人民政府办公厅关于印发广东省贯彻落实全国深化简政放权放管结合优化服务改革电视电话会议重点任务有关措施及分工方案的通知	2017.09
14	海南	海南省人民政府关于印发海南省推行全流程互联网“不见面审批”实施方案的通知	2017.10
15	河南	郑州市人民政府关于印发中国（河南）自由贸易试验区郑州片区“一次办妥”改革实施方案的通知	2017.12
16	甘肃	甘肃省人民政府办公厅关于印发《甘肃省 2018 年推行“一窗办一网办简化办马上办”改革实施方案》的通知	2018.02
		甘肃省人民政府办公厅关于全面推进政务服务中心开展“一窗受理、集成服务”工作的通知	2018.05
17	吉林	吉林省人民政府关于印发全面推进“只跑一次”改革实施方案的通知	2018.02
18	黑龙江	哈尔滨市人民政府关于印发哈尔滨市“最多跑一次”改革实施方案的通知	2018.03
19	江西	江西省人民政府办公厅关于印发 2018 年全省政务服务工作要点的通知	2108.03
		江西省税务局关于发布《办税事项“最多跑一次”和“一次不跑”清单》的公告	2108.03
20	湖南	长沙市人民政府关于印发长沙市推进“最多跑一次”改革试行方案的通知	2018.04

续前表

序号	省份	政策名称	发布时间
21	天津	天津市人民政府关于印发天津市政务一网通改革方案的通知	2018.04
22	重庆	重庆市人民政府办公厅关于印发 2018 年重庆市“互联网 + 政务服务”工作要点的通知	2018.04
23	广西	广西壮族自治区人民政府关于印发广西推进“一事通办”改革若干措施的通知	2018.05
24	贵州	贵州省人民政府办公厅关于印发贵州省 2018 年政务公开工作要点的通知	2018.05
25	四川	四川省人民政府办公厅关于印发加快推进“最多跑一次”改革工作方案的通知	2018.05
26	云南	云南省人民政府办公厅关于印发云南省深化“放管服”改革“六个一”行动实施方案的通知	2018.05
27	山东	中共山东省委办公厅、山东省人民政府办公厅印发《关于深化“一次办好”改革深入推进审批服务便民化实施方案》的通知	2018.06
28	北京	北京市人民政府办公厅关于印发《北京市推进政务服务“一网通办”工作实施方案》的通知	2018.07
29	上海	上海市公共数据和一网通办管理办法（草案）	2018.08

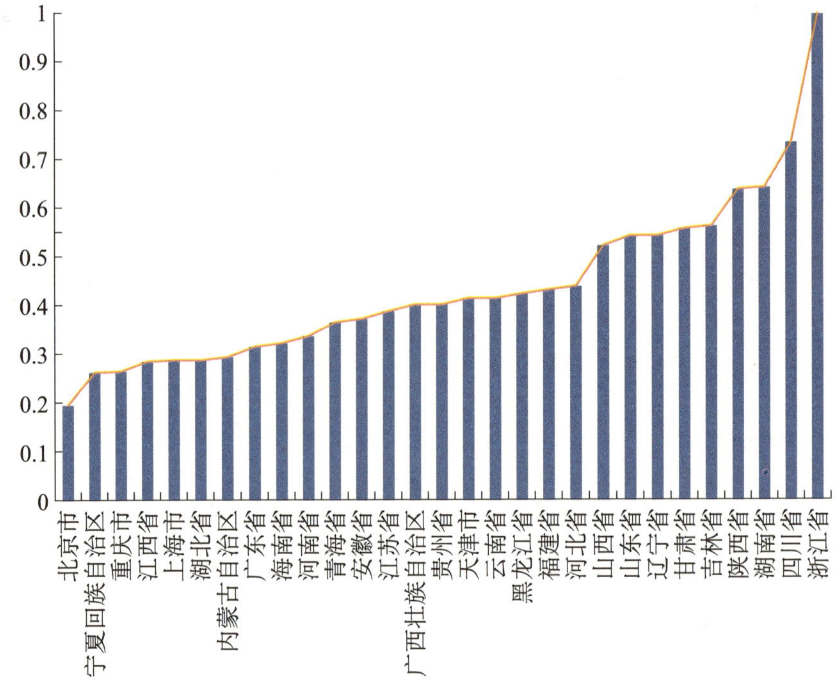

图 4-21　地方政府发布代表性政策文本内容相似度计算结果

表 4-9 以浙江省为参照的政策文本相似度计算结果

省份	计算结果
四川省与浙江省	0.735 803
湖南省与浙江省	0.644 375
陕西省与浙江省	0.640 564
吉林省与浙江省	0.562 995
甘肃省与浙江省	0.558 557
辽宁省与浙江省	0.544 227
山东省与浙江省	0.540 647
山西省与浙江省	0.523 392
河北省与浙江省	0.441 089
福建省与浙江省	0.432 601
黑龙江省与浙江省	0.426 890
云南省与浙江省	0.417 996
天津市与浙江省	0.417 221
贵州省与浙江省	0.404 458
广西壮族自治区与浙江省	0.403 816
江苏省与浙江省	0.389 759
安徽省与浙江省	0.372 401
青海省与浙江省	0.367 936
河南省与浙江省	0.338 883
海南省与浙江省	0.323 629
广东省与浙江省	0.317 325
内蒙古自治区与浙江省	0.295 597
湖北省与浙江省	0.289 276
上海市与浙江省	0.287 856
江西省与浙江省	0.286 738
重庆市与浙江省	0.268 136
宁夏回族自治区与浙江省	0.264 391
北京市与浙江省	0.197 165

从表 4-9 可以看出，四川、湖南、陕西、吉林、甘肃等地所颁布相关政策文本内容与浙江的相似度较高，与此同时，北京、宁夏、重庆、江西、上海等地所颁布相关政策文本内容与浙江的差异较大。基于上述文本相似度运算分析，深入对四川、湖南、陕西、吉林、甘肃等地相关政策文本进行内容分析，发现这些省份在“工作目标”“实施步骤”“保障措施”等政策内容上与浙江省政策文本内容高度相似。以四川为例，首先，该省实施“最多跑一次”改革的“工作目标”与浙江省整体一致、高度相似：“全面梳理公布群众和企业到政府办事‘最多跑一次’的事项，成熟一批、公布一批。

以切实增强群众和企业获得感为衡量标准，检验和评价改革的成效，年内基本实现群众和企业到政府办事‘最多跑一次是原则、跑多次是例外’的要求。”其次，在“实施步骤”上，四川省政策文本与浙江省政策文本高度一致，都是按照启动试点阶段、评估督促阶段、全面实施阶段三个阶段开展，每一阶段所开展的内容也基本相同。最后，在“保障措施”上，两个省份采取的保障措施整体一致，均是从统一思想认识、建立工作机制、加强监督评价等层面提出的。与此同时，对北京、宁夏、重庆、江西、上海等地发布的相关政策文本进行内容分析，上述省份相关政策内容，在政策目标部分体现了价值理念上的一致性，即“以民众为中心”“优化服务流程”“改善营商环境”“增强群众获得感”“提高群众满意度”“为人民群众增便利”等，而在其他内容上与浙江省政策文本的相似度并不明显。

已有学者在总结国际公共政策实践后指出，政策创新扩散具有显著的“邻近效应”。[1]“邻近效应”是指由于邻近区域的各政府之间信息交流更为频繁与易得，它们彼此更容易采纳实施相关的政策创新实践，客观上推动了创新性公共政策的扩散，因此政策扩散往往会形成空间上的政策创新集聚现象。但是，上述28个省、直辖市、自治区与浙江省“最多跑一次”相关政策文本之间的相似度运算分析，却呈现出中国情境下的“反向邻近效应”：与浙江毗邻的江西、上海、安徽、江苏等地的“最多跑一次”相关政策文本与浙江省政策文本的相似度整体较低；而距离相对较远的四川、湖南、陕西、吉林、甘肃等地所颁布的相关政策文本与浙江的政策文本的相似度较高。在中国情境下，邻近区域各省级政府之间存在公共物品和服务的相互竞争关系，它们会倾向于在政策扩散过程中积极地进行政策再生产与创新，从而在邻近区域各省级政府所颁布的“最多跑一次”政策文本之间呈现出显著的政策异质现象。

与此同时，我国各区域在经济社会发展水平等方面具有较大差异，这种区域异质性会对区域间的政策创新扩散产生重要影响。[2]区域间的发展不

[1] 参见王浦劬、赖先进：《中国公共政策扩散的模式与机制分析》，《北京大学学报（哲学社会科学版）》2013年第6期。

[2] 参见杨贵彬、李婉红：《知识溢出、地理邻近与区域异质性的空间关系》，《系统工程学报》2018年第2期。

平衡与差异性，实质上形成了政策扩散的动力源泉，发展落后区域在发展势能差的作用下，愿意积极地向发展先导区域进行政策学习。因此，离浙江较远的四川、湖南、陕西、吉林、甘肃等地在区域异质性所形成的动力机制作用下，积极进行政策学习与趋同，致使这些地方出台的相关政策文本与“最多跑一次”改革首创地浙江省的政策文本之间高度相似。

（三）基于主题热点的代表性地方政府“最多跑一次”政策分析

就“最多跑一次”相关政策发文数量而言，浙江、安徽、江苏最多（见图 4-22），同属于华东地区；就区域代表性而言，辽宁、陕西、四川、河北分别代表东北、西北、西南和华北地区。从发文数量和区域代表性两个维度综合考虑，选取以下“最多跑一次”政策代表性省份：浙江、江苏、安徽、辽宁、四川、甘肃、河北。

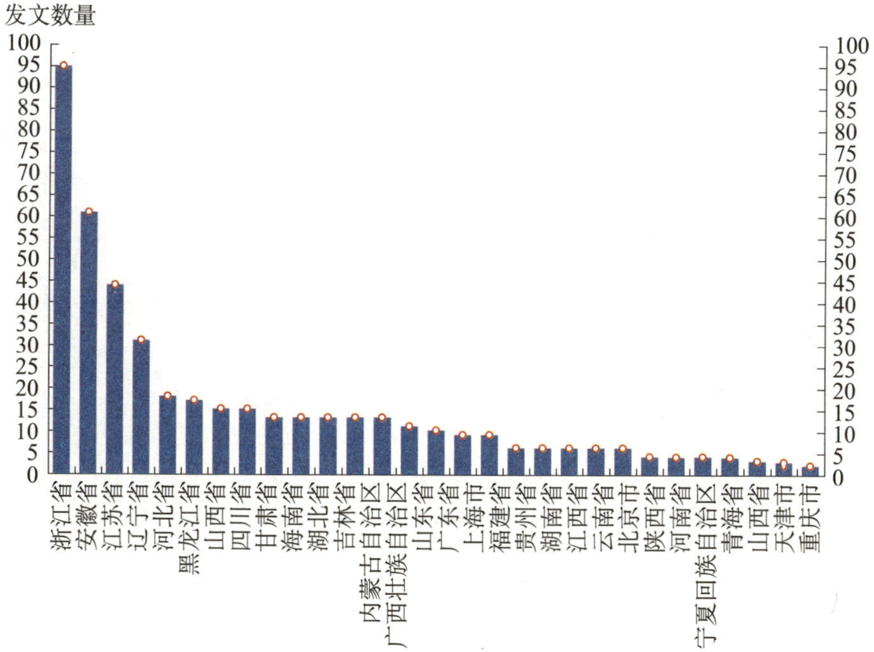

图 4-22 各省份“最多跑一次”政策发布频次

1. 浙江省“最多跑一次”政策主题热力分析

浙江省“最多跑一次”政策目标主要聚焦在“优化服务”“简政放权”“便民”“满意度”“效率”“放管结合”“活力”“群众”“获得感”“方便”“职能转变”“营商环境”等。从图 4-23 中可以看出，从民众视角出发的政策目标占据重要位置，如“优化服务”“便民”“满意度”“活力”“群众”“获得感”“方便”“职能转变”“营商环境”等。十九大报告中将坚持“以人民为中心”作为新时代中国特色社会主义思想的重要内容。对于各级政府来说，“以人民为中心”，就是要以服务民众为本位，在日常行政管理中，扭转以往政府中心主义的治理逻辑，转变职能、优化流程、提高效能。为实现这一目标，政府需要通过创新理念，从自身入手进行整体性、全方位的改革和创新。2016 年底浙江省在全国率先推出“最多跑一次”改革，就是地方政府坚持“以民众为中心”的发展理念进行自我革命，推进地方治理现代化的积极探索。

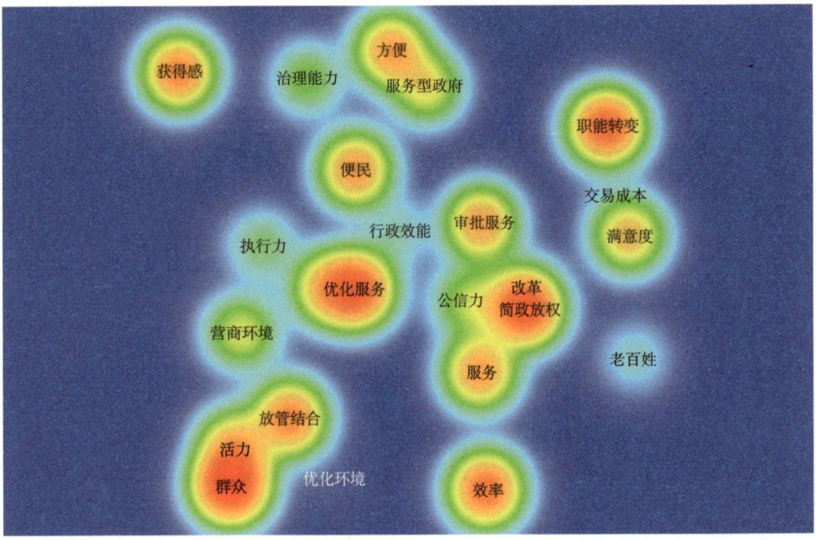

图 4-23　浙江省“最多跑一次”政策目标热力图

浙江省“最多跑一次”改革从优化行政审批流程和便利群众办事入手，旨在打造“审批事项最少、办事效率最高、政务环境最优、群众和企业获得感最强”的省份。“最多跑一次”的政策目标，充分体现了浙江省建设服务型政府的诉求与宗旨，即通过对公共治理、经济社会管理、公共服务体制进行深层次改革，来撬动政府职能归位、倒逼政府流程再造、提高政府效能和优化政务供给，从而深刻改变政府与民众、政府与市场的关系，促进地方经济社会的健康可持续发展。

从图 4-24 可以看出，浙江省“最多跑一次”政策工具主要聚焦于督查、监管、协调、标准化、公示、试点、共享、承诺制、系统整合、数据库、统一代码、一站式、分类审批、事项清单、权力清单、负面清单、信息共享、办事指南、办事流程、并联审批、联审联办、网上申报、在线审批、窗口服务、绿色通道、购买服务、技术服务、信用、代理、自助、咨询等。这些政策工具主要分布在政府信息公开、政府业务流程再造、政府技术平台提升与整合、政府组织保障与监管、政府服务模式创新。

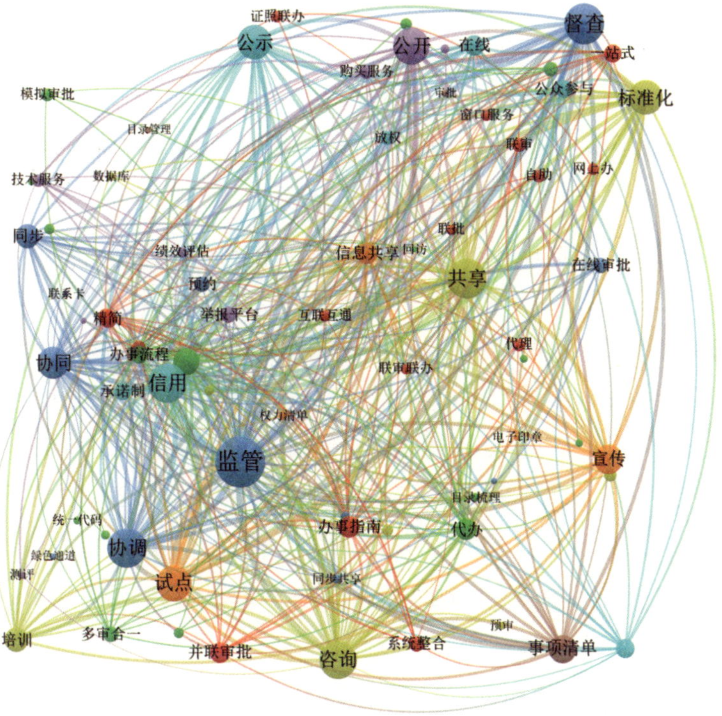

图 4-24 浙江省“最多跑一次”政策工具主题共现图

在政策工具选择与组合上，浙江省呈现以下政策工具组合模式（见表4-10）。

表 4-10 浙江省政策工具的主题共现分析

政策工具层面	政策工具主题词共现
信息公开	公开、公示、办事指南、办事流程、事项清单、权力清单、正面清单、负面清单
业务流程再造	联审、分类审批、并联审批、联审联办、窗口服务、综合受理、在线、网上申报、在线审批
技术平台提升与整合	互联互通、网格化、电子印章、信息共享、系统整合、数据库、统一代码、一站式
组织保障与监管	监管、督查、监督、举报平台
服务模式创新	代办、中介服务、购买服务、技术服务、代理、异地、承诺制、自助、咨询、试点、服务网点

通过对浙江省“最多跑一次”政策目标与政策工具进行分析可以看出，坚持“以人民为中心”的发展理念，充分运用信息技术手段，全面推进政府自身改革，倒逼政府部门简政放权、放管结合、优化服务，促进体制机制创新，使群众和企业对改革的获得感明显增强、政府办事效率明显提升、发展环境进一步改善，不断增强经济社会发展活力，是其政策目标的核心内容。实现这些政策目标，需要在信息公开层面推进“最多跑一次”事项办理标准化，制定发布群众和企业到政府办事“最多跑一次”标准，形成办理指南参考目录，明确办事指南、办事流程，对群众和企业到政府办事事项进行全面梳理，制定事项清单、权力清单、正面清单、负面清单“四张清单”，并对公众进行公开和公示；在业务流程再造层面推进各地行政服务中心“一窗受理、集成服务”改革，探索将部门分设的办事窗口整合为综合窗口，对涉及多个部门的复杂事项，建立部门联办机制。同时，加快推进更多服务事项网上办理，全面推广“在线咨询、网上申请、快递送达”办理模式；在技术平台提升与整合层面加快各地、各有关部门行政权力运行系统功能升级、联通整合，完善网上实名身份认证体系，加强电子证照、电子印章应用。加快推进公共数据整合和共享利用，建设公共数据

平台和统一共享交换体系，完善各类综合数据库和公共信用信息库，以数据共享促进流程优化、业务协同；在组织保障与监管层面全面加强和创新政府监管，建立行政服务的监督机制，强化行政服务中心第三方监管职责，形成事前管标准、事中管达标、事后管信用的监管制度。深化统一政务咨询投诉举报平台建设，充分发挥群众和企业的监督作用；在服务模式与创新层面探索推行全程代办制，推进行政审批标准化、中介服务规范化，开展相对集中行政许可权改革试点。加强便民服务网点建设，完善服务体系，提供购买服务与技术服务，实现行政服务事项就近能办、同城通办、异地可办。

2. 江苏省“最多跑一次”政策主题热力分析

江苏省“最多跑一次”政策目标主要聚焦在“服务型政府”“群众”“便民”“活力”“行政效能”“放管服”“审批服务”“获得感”“效率”“职能转变”“营商环境”等。从图 4-25 可以看出，与浙江省“最多跑一次”政策目标基本一致，江苏省“最多跑一次”政策目标的主要内容也是为了进一步深化“放管服”改革，通过提高政府办事效率，营造良好的市场环境，激发市场活力，增强群众和企业的获得感。与浙江省相比，江苏省“最多跑一次”改革从群众和企业最关心的实际问题着手，广泛收集群众和企业对政府工作方式的意见和建议，梳理政府在行政审批、公共服务提供等方面存在的问题，通过整合政府审批内容和审批方式，倒逼政府各部门简政放权，“让数据多跑路，让群众少跑腿”，让老百姓足不出户就能轻松地把事情办好，在各级政府部门互动过程中切实提升获得感，有效提高群众对政府的信任水平和工作满意度。

从图 4-26 可以看出，江苏省“最多跑一次”政策执行的工具主要聚焦于行政审批局、办事指南、事项清单、权力清单、公开、推送、标准化、监管、督查、预审、试点、公示、在线、网上办、一站式、网格化、集中批、联合审、证照联办、共享、中介服务、上门、咨询服务、代办、代理、承诺制等。

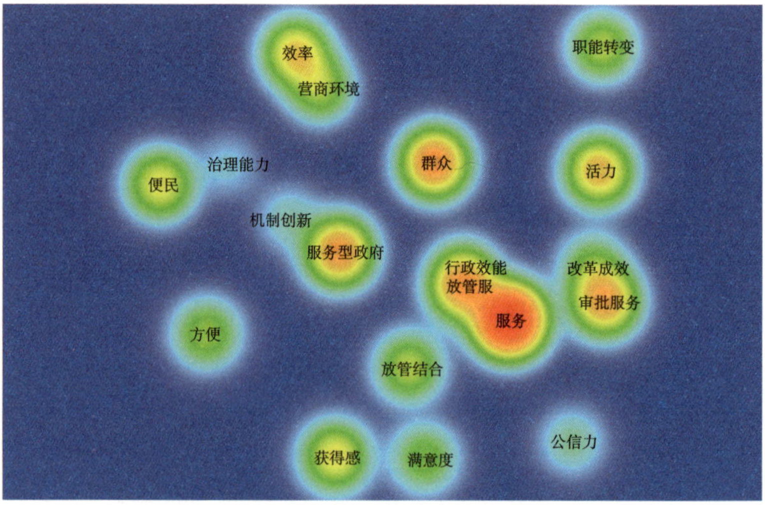

图 4-25　江苏省“最多跑一次”政策目标热力图

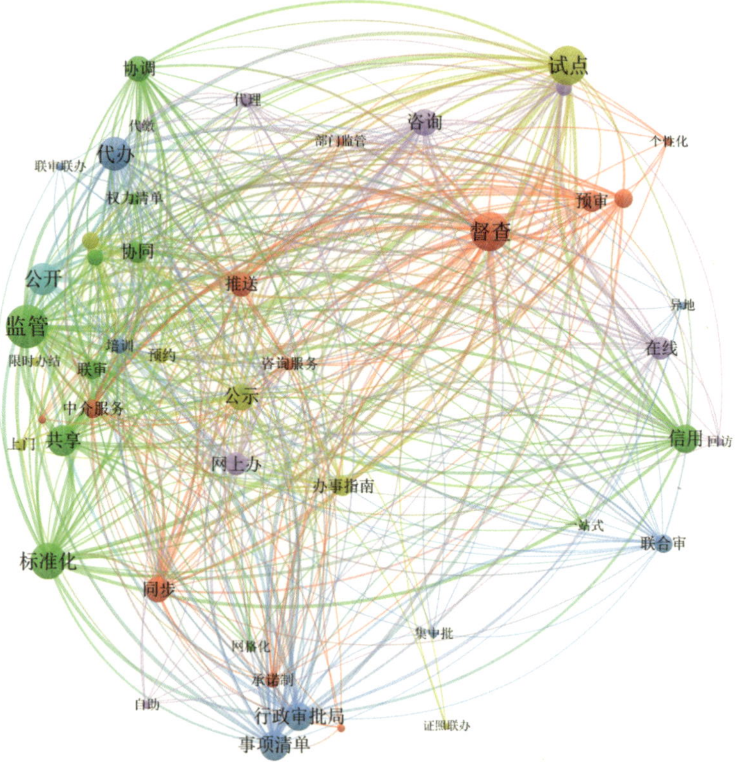

图 4-26　江苏省“最多跑一次”政策工具主题共现图

与浙江省相似，这些政策工具也主要分布在信息公开、业务流程再造、技术平台提升与整合、组织保障与监管、服务模式创新等层面（见表 4-11）。

表 4-11 江苏省政策工具的主题共现分析

政策工具层面	政策工具主题词共现
信息公开	办事指南、事项清单、权力清单、公开、推送、公示
业务流程再造	在线、网上办、预审、联合审、证照联办、集中批
技术平台提升与整合	标准化、网格化、一站式、共享
组织保障与监管	行政审批局、监管、督查
服务模式创新	预约、代办、承诺制、咨询服务、中介服务

与浙江省相比，江苏省“最多跑一次”政策工具选择组合如下：在信息公开层面，依托 12345 在线平台，向群众和企业提供到政府办理的审批事项和公共服务事项指南与办事清单，并公开和公示政府部门的权力清单；在业务流程再造层面，推进集中高效审批，并大力推行预审代办制与联合评审机制，优化简化网上申请、受理、审查、决定、送达等流程，缩短办理时限；在技术平台提升与整合层面，以网格化管理为基础，以大数据为支撑，推进审批材料目录化、标准化、电子化，推动电子证照、电子公文、电子签章等在政务服务中的应用，并做好信息系统整合，实现相应信息资源的集成与共享；在组织保障与监管层面，整合优化机构职责，依托行政审批局这一管理机构开展相对集中行政许可权改革试点；加强事中事后监管，加大监督考核力度，建立奖励举报、惩罚性赔偿、联合惩戒等制度；在服务模式创新层面，规范涉审中介服务、统一开展代办服务，实行首问负责制、限时办结制、服务承诺制等制度，为办事企业提供预约、咨询、指导等服务。

3. 安徽省“最多跑一次”政策主题热力分析

安徽省“最多跑一次”政策目标主要聚焦在“简政放权”“群众”“便民”“优化服务”“营商环境”“放管服”“审批服务”“获得感”“满意度”等。从图 4-27 可以看出，与浙江省“最多跑一次”政策目标趋于一致，“方便群众办事，做到审批更简、服务更优，提高政务服务便利化水平，营造良好营商环境”，是安徽省“最多跑一次”政策目标的主要内容。与浙江省相比，安徽省“最多跑一次”改革以信息化推进国家治理体系和治理能力现代化为抓手，强调加快推动电子政务，打通信息壁垒，构建全流程一体化在线服务平台，助力建设人民满意的服务型政府。通过进一步深化“互联网 + 政务服务”，加快推进政务服务“一网通办”以及群众和企业办事“只进一扇门”“最多跑一次”，让群众和企业到政府办事像“网购”一样方便。

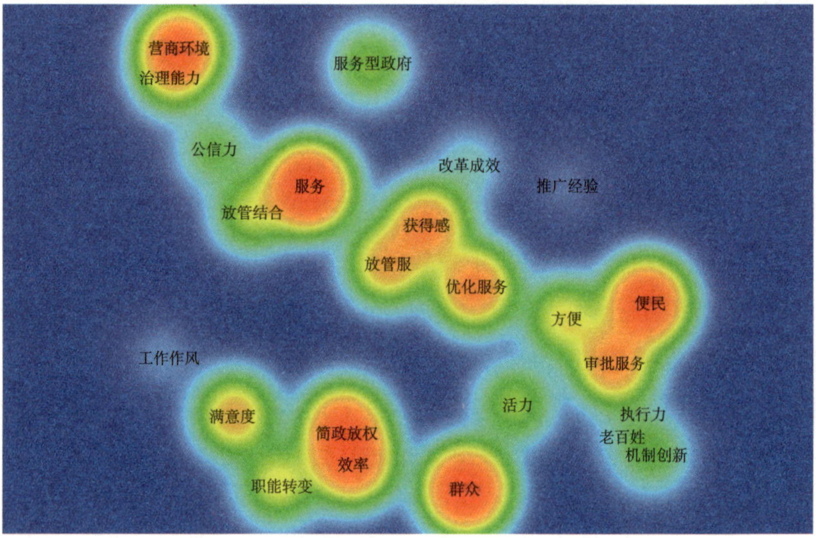

图 4-27　安徽省“最多跑一次”政策目标热力图

从图 4-28 可以看出，安徽省“最多跑一次”政策执行的工具主要聚焦于在线审批、信息共享、综合受理、互联互通、信息交换、数据库、网上办、网上申报、标准化、一站式、公开、公示、办事指南、事项清单、权力清单、集中办理、预审、分类审批、并联审批、首问负责、承诺制、购买服务、代办、业务咨询、信用、监管等方面。

与浙江省相似，这些政策工具也主要分布在信息公开、业务流程再造、技术平台提升与整合、组织保障与监管、服务模式创新等层面（见表 4-12）。

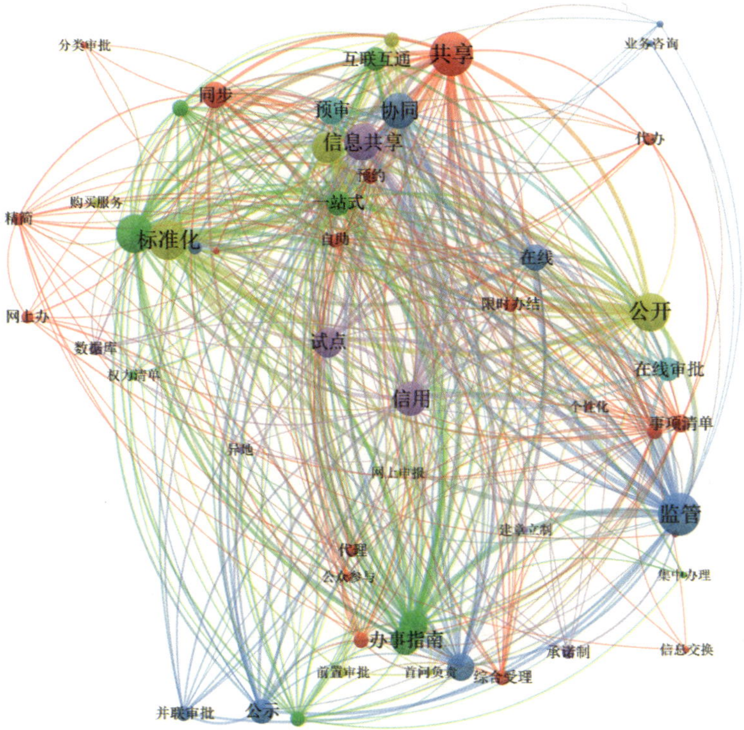

图 4-28 安徽省“最多跑一次”政策工具主题共现图

表 4-12 安徽省政策工具的主题共现分析

政策工具层面	政策工具主题词共现
信息公开	办事指南、事项清单、权力清单、公开、公示
业务流程再造	在线审批、综合受理、网上办、网上申报、集中办理、预审、分类审批、并联审批
技术平台提升与整合	信息共享、互联互通、信息交换、数据库、标准化、一站式
组织保障与监管	监管、信用
服务模式创新	首问负责、承诺制、购买服务、代办、业务咨询

与浙江省相比，安徽省“最多跑一次”政策工具选择组合如下：在信息公开层面，推动政务服务事项清单、办事指南、办理状态等相关信息在政务服务平台、移动终端、实体大厅、政府网站和第三方互联网入口等服务渠道同源发布；在业务流程再造层面，推行“前台综合受理、后台分类审批、

综合窗口出件"工作模式，同时各类政务服务事项全部纳入全省一体化网上政务服务平台办理，实现"应上尽上、全程在线"，做到企业和群众办事"一证通用、一次登录、全网通办"；在技术平台提升与整合层面，进一步打通信息孤岛，加强基础数据库建设，推进电子证照共享利用，健全数据安全共享交换机制，实现跨层级、跨地域、跨系统、跨部门、跨业务的数据调度；在组织保障与监管层面，推进事中事后监管信息与政务服务深度融合，整合市场监管相关数据资源，加强对市场环境的大数据监测分析和预测预警，推进线上线下一体化监管；在服务模式创新层面，推动服务窗口与网上平台集成融合，通过网上申请、业务咨询、在线支付、快递寄送、购买服务，努力让群众办事不跑腿。

4. 辽宁省"最多跑一次"政策主题热力分析

辽宁省"最多跑一次"政策目标主要聚焦在"简政放权""放管服""放管结合""优化服务""营商环境""群众""方便""满意度""效率""服务型政府"等。从图 4-29 可以看出，从政策目标聚焦的内容来看，辽宁省"最多跑一次"政策目标与浙江省基本一致，即"通过简政放权、放管结合，不断推动审批服务的体制机制创新，转变政府职能，打造服务型政府，有效提升行政审批效率，为企业和群众提供优质服务，提高群众的满意度"。与浙江省相比，辽宁省"最多跑一次"改革强调从与群众和企业生产生活关系最紧密的领域和事项做起，进一步推进行政审批制度改革，转变政府职能，优化审批流程，减少审批环节，创新工作方式，不断激发市场活力和发展动力，努力实现群众和企业获得感明显增强、政府办事效率明显提高、营商环境进一步改善。

从图 4-30 可以看出，辽宁省"最多跑一次"政策工具主要聚焦于联审、并联审批、综合受理、集中办理、预审、代办、证照联办、办事指南、事项清单、办事流程、网上办、在线、一站式、共享、数据库、标准化、公开、公示、协调、协同、试点、信用、监管、预约、中介服务、自助、推送、培训、服务标准等方面。

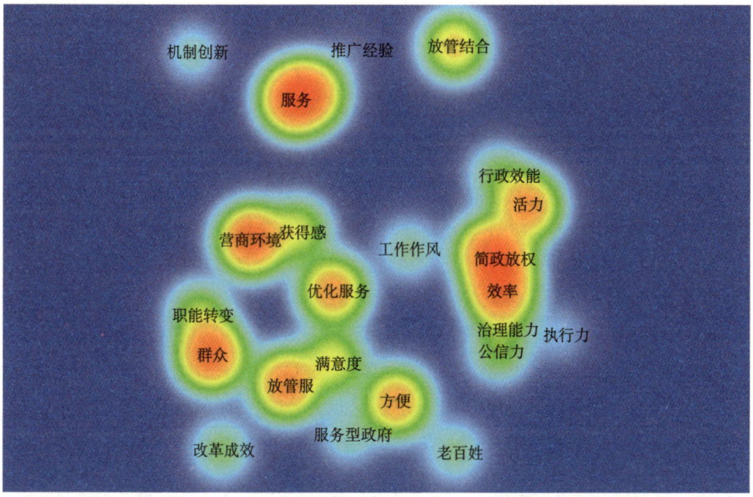

图 4-29 辽宁省“最多跑一次”政策目标热力图

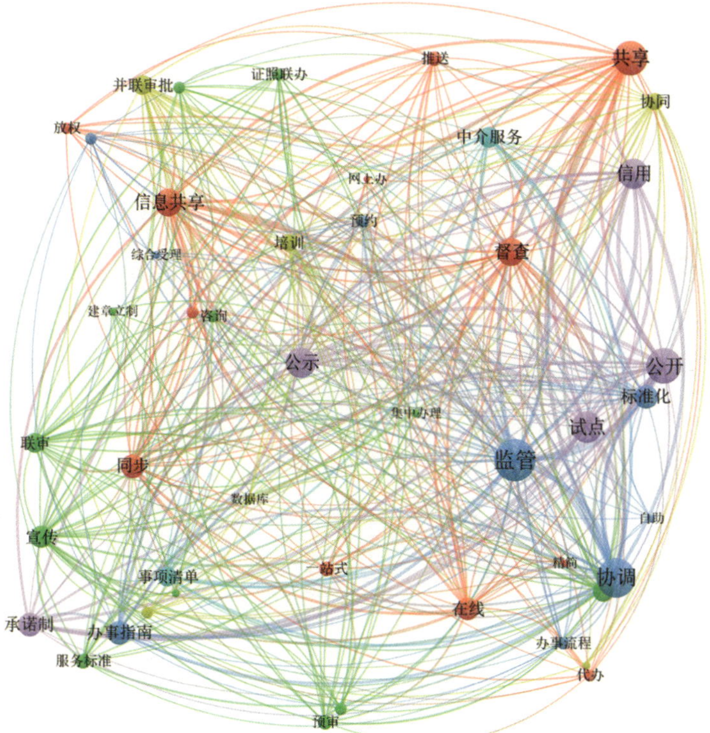

图 4-30 辽宁省“最多跑一次”政策工具主题共现图

与浙江省相似，这些政策工具也主要分布在信息公开、业务流程再造、技术平台提升与整合、组织保障与监管、服务模式创新等层面（见表 4-13）。

表 4-13　辽宁省政策工具的主题共现分析

政策工具层面	政策工具主题词共现
信息公开	办事指南、事项清单、办事流程、公开、公示
业务流程再造	联审、协同、并联审批、综合受理、集中办理、预审、代办、证照联办、网上办、在线
技术平台提升与整合	一站式、共享、数据库、标准化
组织保障与监管	监管、信用、协调
服务模式创新	预约、中介服务、自助、推送、培训、服务标准

与浙江省相比，辽宁省“最多跑一次”政策工具选择组合如下：在信息公开层面，全面梳理群众和企业到政府部门办事事项，因事制宜、分类管理、条块结合，分期分批制定“最多跑一次”事项清单，编制办事流程和指南，公布需要群众和企业出具的各类要件；在业务流程再造层面，坚持线上、线下相结合的审批服务模式，推动实体大厅与网上大厅融合发展，推动简易事项不到现场的全程网上办结，同时深化“多规合一”联合审批改革，优化建设项目审批流程，建立部门联办机制，推行全程代办制；在技术平台提升与整合层面，搭建各类综合数据库，完善网上实名身份认证体系，加快电子签章、电子证照推广应用，实现申报信息“一次采集、多方使用、一库管理、互认共享”；在组织保障与监管层面，推行部门协调监督机制，对事项名称、申报要件、工作流程、审批收费、服务行为、受理场所等方面予以监督管理；在服务模式创新层面，搭建政务服务移动信息平台，开通查询、缴费、快递等服务功能，逐步形成“在线咨询、网上办理、证照寄送”的“零上门”机制，并设置 24 小时自助服务区，增设自助办理设施，全力打造“便民 24 小时 +15 分钟服务圈”。

5. 四川省“最多跑一次”政策主题热力分析

四川省“最多跑一次”政策目标主要聚焦在“群众”“服务”“便民”“获

得感”“满意度”“简政放权”“营商环境”“服务型政府”“优化服务”“效率”“放管服”“职能转变”等。从图 4-31 中可以看出，从政策目标聚焦的内容来看，四川省“最多跑一次”政策目标与浙江省几乎完全一致，即从政府供给角度为群众和企业提供优质服务，在群众和企业对改革的满意度明显增强的同时，强调通过改革使政府办事效率明显提升、营商环境进一步改善，不断增强经济社会发展活力。与浙江省相比，四川省“最多跑一次”改革强调深入推进“互联网＋政务服务”，使更多事项在网上办理。通过优化办理流程、整合政务资源、融合线上线下、创新办理手段等方式，实现群众和企业到政府办事在符合法定受理条件、申请材料齐全时，从受理申请到做出办理决定的全过程只需跑一次或零次跑。

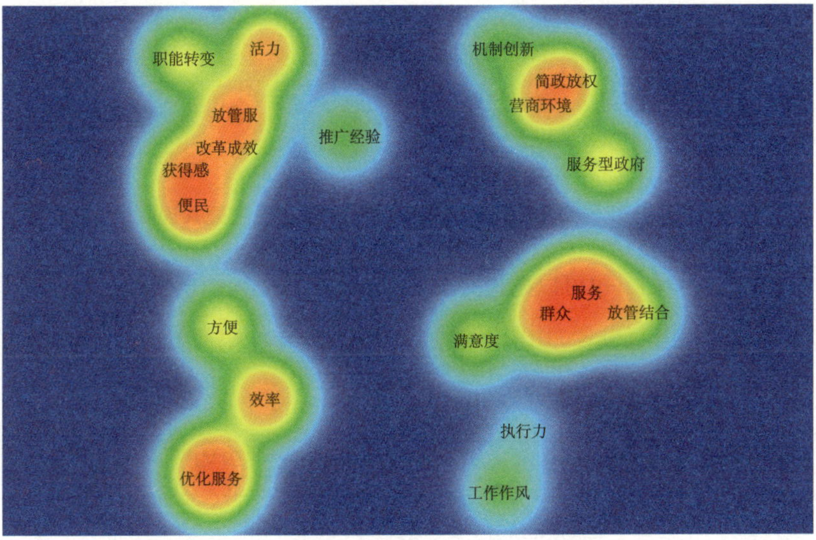

图 4-31　四川省“最多跑一次”政策目标热力图

从图 4-32 可以看出，四川省“最多跑一次”政策工具主要聚焦于行政审批局、窗口服务、综合受理、网上办、协同、办事指南、事项清单、权力清单、信息共享、系统整合、标准化、公开、公示、试点、信用、自助、咨询、代理、监管、培训、督查等方面。

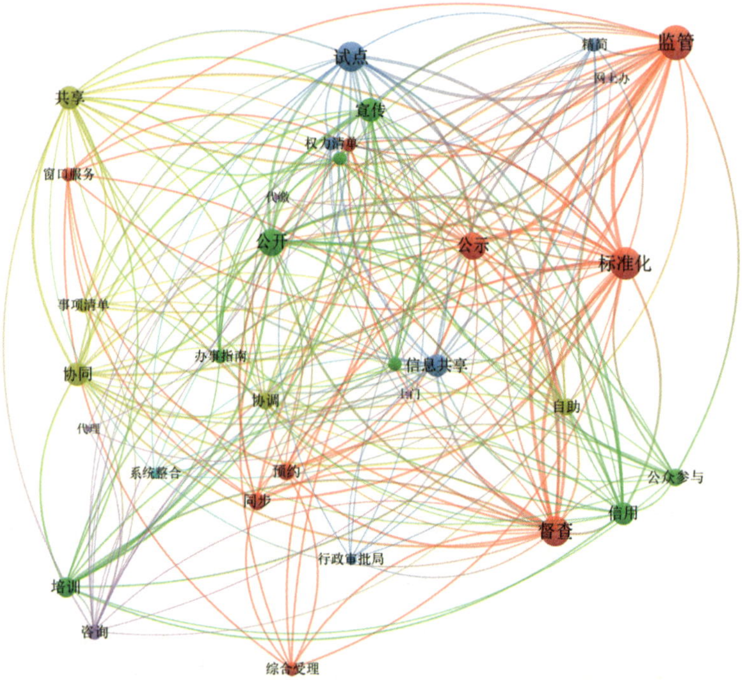

图 4-32　四川省“最多跑一次”政策工具主题共现图

与浙江省相似，也可以把这些政策工具组合归类为信息公开、业务流程再造、技术平台提升与整合、组织保障与监管、服务模式创新等层面（见表 4-14）。

表 4-14　四川省政策工具的主题共现分析

政策工具层面	政策工具主题词共现
信息公开	办事指南、事项清单、权力清单、公开、公示
业务流程再造	窗口服务、综合受理、网上办、协同
技术平台提升与整合	信息共享、系统整合、标准化
组织保障与监管	行政审批局、监管、督查
服务模式创新	自助、咨询、代理、培训

与浙江省相比，四川省“最多跑一次”政策工具选择组合如下：在信息公开层面，全面梳理、公布群众和企业到政府办事“最多跑一次”事项清单，制定“最多跑一次”事项标准化文件，统一规范编制办事指南；在业务流

程再造层面，建立完善“互联网 + 政务服务”服务管理体系，加快推进“一张网”办理应用，推行“网上咨询、网上申请、网上办理、网端推送”，加快实现全程网上办理，同时在各级政务中心开展“一窗受理、集成服务”改革，实行前台综合受理、后台分类审批、统一窗口出件，对涉及多个部门的复杂事项，建立部门联办机制，强化协同办理；在技术平台提升与整合层面，着力破解信息孤岛，开展共享数据梳理，推进政务信息跨地区、跨层级、跨部门互认共享，促进业务协同办理，同时建立以项目代码为中心的数据信息共享机制，实现投资项目全过程审批事项跨部门、跨层级全程网办、互联审批；在组织保障与监管层面，成立行政审批局，将分散在各部门的行政审批职能进行整合，同时建立全省统一的政务咨询投诉举报监管平台，充分发挥群众和企业的监督作用；在服务模式创新层面，使群众可以自助通过 12345 在线平台获得电话或网上咨询服务，同时在设立行政审批局的地方和各类开发区开展为企业提供咨询、指导、培训、代理等服务。

6. 甘肃省“最多跑一次”政策主题热点分析

甘肃省“最多跑一次”政策目标主要聚焦在“群众”“服务”“放管服”“便民”“效率”“获得感”“满意度”“简政放权”“营商环境”等。从图 4-33 可以看出，从政策目标聚焦的内容来看，甘肃省“最多跑一次”政策目标与浙江省基本一致，即围绕放管服改革，开展简政放权工作，转变政府职能，实施便民服务，改善营商环境，提高群众和企业的获得感与满意度。与浙江省相比，甘肃省“最多跑一次”改革强调围绕解决群众和企业反映强烈的办事难、办事慢、办事繁等问题，依托各级政务大厅、“互联网 + 政务服务”和大数据平台推行“一窗办、一网办、简化办、马上办”改革，着力在理顺机制、提升效率、优化服务等方面取得突破，进一步改善营商环境，增强民众的获得感。

从图 4-34 可以看出，甘肃省“最多跑一次”政策工具主要聚焦于网上申报、在线、一站式、标准化、信息共享、协调、事项清单、办事指南、公开、公示、监管、督查、信用、首问负责、承诺制、预约、培训、中介服务、试点、咨询等方面。

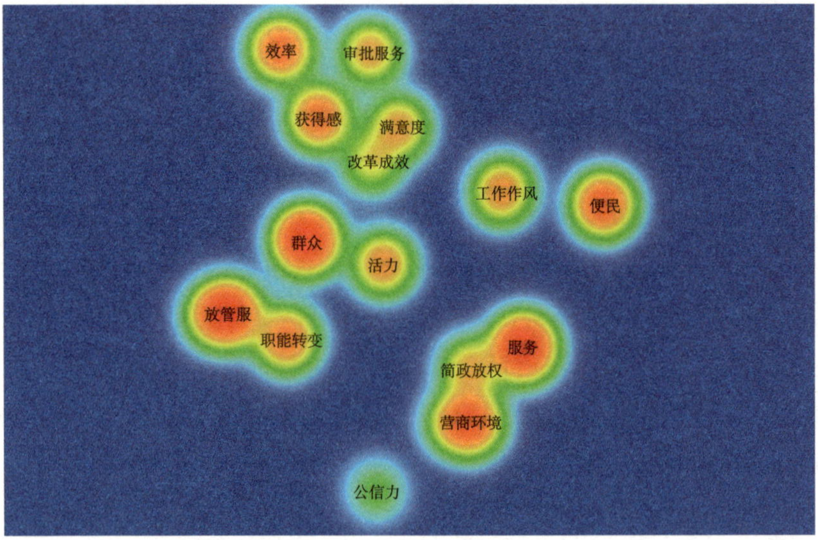

图 4-33 甘肃省“最多跑一次”政策目标热力图

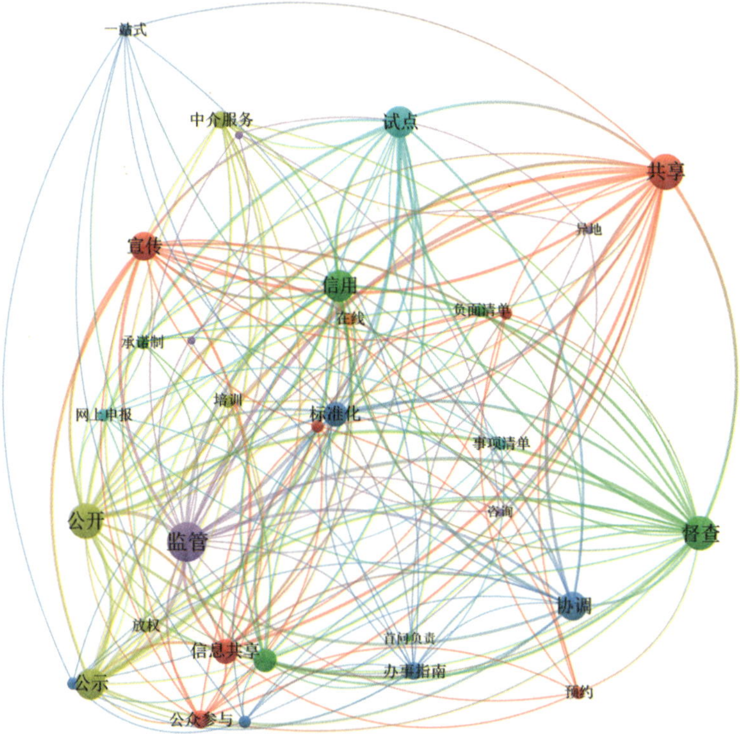

图 4-34 甘肃省“最多跑一次”政策工具主题共现图

与浙江省相似，也可以把这些政策工具组合归类为信息公开、业务流程再造、技术平台提升与整合、组织保障与监管、服务模式创新等层面（见表4-15）。

表4-15 甘肃省政策工具的主题共现分析

政策工具层面	政策工具主题词共现
信息公开	办事指南、事项清单、公开、公示
业务流程再造	网上申报、在线
技术平台提升与整合	一站式、标准化、信息共享
组织保障与监管	监管、督查、信用
服务模式创新	首问负责、承诺制、预约、培训、中介服务、咨询

与浙江省相比，甘肃省“最多跑一次”政策工具选择组合如下：在信息公开层面，各部门要对照“三定”规定、权力清单、公共服务事项清单、便民服务事项清单和服务承诺“四办四清单”，全面梳理公布本部门审批类和服务类事项清单；在业务流程再造层面，运用“互联网+”等现代信息技术，依托甘肃政务服务网，整合审批环节，优化审批流程，强化一窗受理、并联审批，同时深化政务服务网站建设与应用，完善网上实名认证体系，加大网络平台技术支撑，推进更多政务服务事项网上办理；在技术平台提升与整合层面，打破网络壁垒和信息孤岛，整合各部门电子政务外网，完善全市统一的政务外网数据共享交换平台，并与数据共享交换平台实现互联互通，加快推进政府各部门内部政务信息系统整合共享，实现部门业务办理系统与行政审批服务系统的对接联通，建立完善各类政务信息资源库并编制政务信息资源共享目录，依托统一的数据共享交换平台，重点实现各类基础数据库、信用信息、电子证照等数据资源跨部门共享应用并逐步扩展，促进资源开放共享；在组织保障与监管层面，探索智慧监管、审慎监管，形成事前管标准、事中管达标、事后管信用的监管制度，以更强的监管促进更好的放权和服务，同时加快建设社会信用体系，进一步完善信用信息公共服务平台建设，推动信用信息公共服务平台和企业信用信息公示系统等平台深度融合，强化监管执法与司法的衔接；在服务模式创新层面，实行首问负责、服务承诺、中介服务等制度，并通过建设移动客户端、

自助终端等多渠道、多形式便民服务平台，实现便民服务事项的预约、申请、查询、支付功能，提升服务便利程度。

7. 河北省“最多跑一次”政策主题热点分析

河北省“最多跑一次”政策目标主要聚焦在“服务”“群众”“便民”“营商环境”“优化服务”“效率”“简政放权”“服务型政府”“审批服务”“获得感”“满意度”等。从图 4-35 可以看出，与浙江省政策目标基本一致，河北省的核心政策目标在于通过放管服改革，精简审批事务，优化服务，打造服务型政府，以改善市场营商环境、增强民众获得感与满意度，提升经济社会发展活力。与浙江省相比，河北省“最多跑一次”改革强调在全面编制公开政务服务事项目录清单和实施清单的基础上，通过优化办理流程、推进网上办理、整合政务资源、创新服务方式，实现群众和企业在申请材料齐全、符合法定受理条件的情况下，从受理申请到做出办理决定、形成办理结果的全过程“一次上门”或“零上门”。

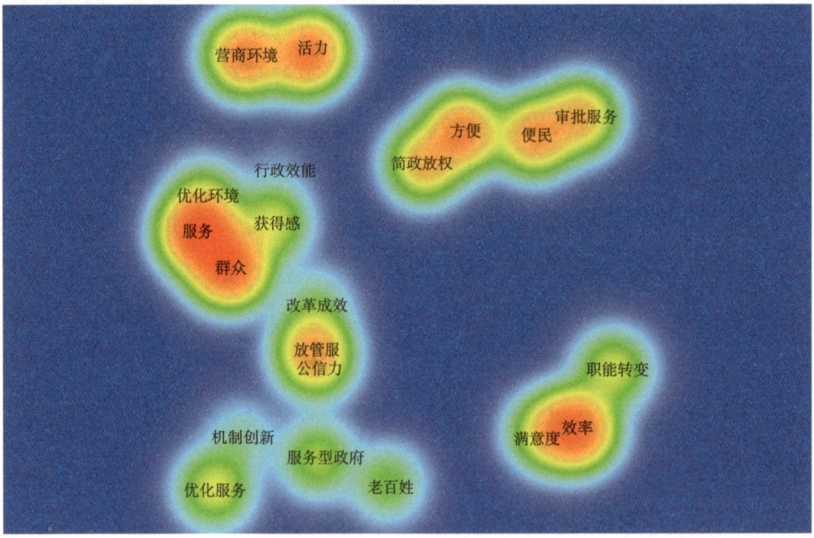

图 4-35　河北省“最多跑一次”政策目标热力图

从图 4-36 可以看出，河北省“最多跑一次”政策工具主要聚焦于行政审批局、网上申报、集中办理、限时办结、窗口服务、协同、代办、电子印章、网格化、信息共享、数据库、互联互通、系统整合、权力清单、公开、公示、办事指南、购买服务、代理、预约、咨询、服务网点、服务标准、中介服务、监管、督查、信用等方面。

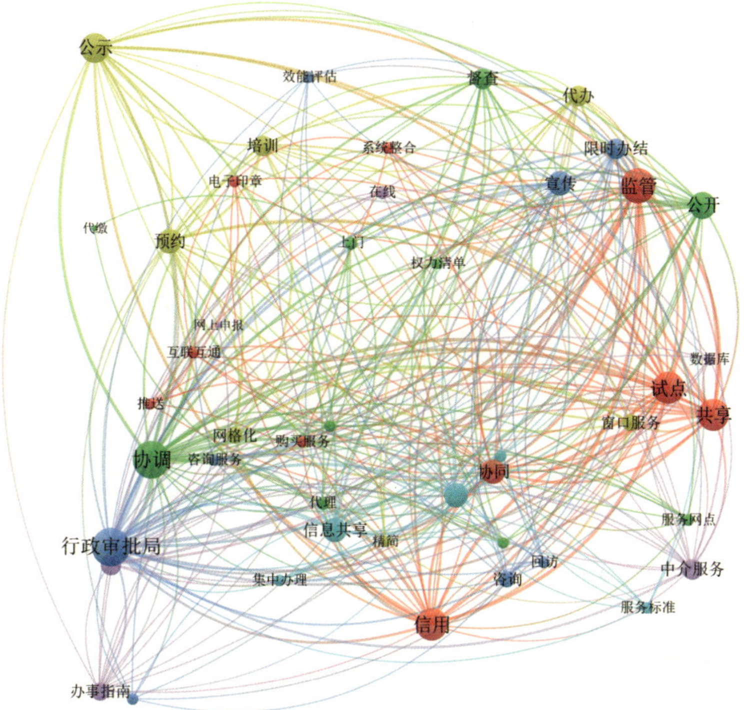

图 4-36 河北省“最多跑一次”政策工具主题共现图

与浙江省相似，这些政策工具也主要分布在信息公开、业务流程再造、技术平台提升与整合、组织保障与监管、服务模式创新等层面（见表 4-16）。

表 4-16 河北省政策工具的主题共现分析

政策工具层面	政策工具主题词共现
信息公开	办事指南、权力清单、公开、公示
业务流程再造	网上申报、集中办理、电子印章、限时办结、窗口服务
技术平台提升与整合	网格化、信息共享、数据库、互联互通、系统整合
组织保障与监管	监管、督查、信用
服务模式创新	购买服务、代理、预约、咨询、服务网点、服务标准、中介服务

与浙江省相比，河北省“最多跑一次”政策工具选择组合如下：在信息公开层面，全面梳理、公布群众和企业到政府办事“最多跑一次”事项清单，制定“最多跑一次”事项标准化文件，统一规范编制办事指南；在业务流程再造层面，加强电子证照、电子印章应用，同时优化提升各级政务服务大厅“一站式”功能，推动更多审批服务事项进驻大厅，探索实施单一窗口、综合受理、部门协同的机制，推行“前台综合受理、后台分类审批、综合窗口出件”，实现审批服务事项集中办理；在技术平台提升与整合层面，加快推进公共数据整合和共享利用，建设公共数据平台和统一共享交换体系，构建“横向部门联通，纵向四级联动”的网格化电子政务服务体系，实现全省“一平台、一张网、一个库”，推动政务服务“一网通办”；在组织保障与监管层面，构建以“双随机、一公开”监管为基本手段、以重点监管为补充、以信用监管为基础的新型监管机制；在服务模式创新层面，加强便民服务网点建设，完善基层综合便民服务平台功能，开通网上预约、网上查询等服务，提供购买服务与代理服务，全面实现行政服务事项就近能办、同城通办、异地可办。

（四）政策趋同特征分析

通过对代表性省份“最多跑一次”政策目标和政策工具聚焦点进行分析可以看到，在政策扩散过程中，政策目标的价值理念具有趋同性，政策工具的选择组合具有相似性。

一是在政策目标的价值理念上，都重视从民众视角出发，关注“满意度”“获得感”“便民”“活力”等，同时也提出从政府视角出发需要优化服务和提升效率，体现为深化简政放权、放管结合、优化服务等各项工作，加快政府职能转变，进一步提高政府行政效率。无论政策创新原型还是政策采纳方均体现出上述政策目标方向。通过对各省份“最多跑一次”政策目标进行比较（见表 4-17），发现“优化服务”“简政放权”“群众满意”“营商环境”等是这七个省份的核心政策目标。其中，“优化服务”“简政放权”“群众满意”作为“最多跑一次”首创地浙江省的政策目标，不同程度地被其他省份学习和采纳。

表 4-17　各省份“最多跑一次”政策目标比较

省份	政策目标	
	从民众视角出发	从政府视角出发
浙江	优化服务、便民、满意度、活力、群众、获得感、方便、营商环境	简政放权、效率、放管结合、职能转变
江苏	群众、便民、活力、获得感、营商环境	服务型政府、行政效能、放管服、审批服务、效率、职能转变
安徽	群众、便民、优化服务、获得感、满意度	简政放权、营商环境、放管服、审批服务
辽宁	优化服务、营商环境、群众、方便、满意度	简政放权、放管服、放管结合、效率、服务型政府
四川	群众、服务、便民、获得感、满意度、营商环境	简政放权、服务型政府、优化服务、效率、放管服、职能转变
甘肃	群众、服务、便民、获得感、满意度、营商环境	放管服、效率、简政放权
河北	服务、群众、便民、营商环境、优化服务、获得感、满意度	效率、简政放权、服务型政府、审批服务

二是通过对各省份“最多跑一次”政策工具进行比较（见表 4-18），发现七个省份在“监管”“标准化”“试点”“公示”“信用”等核心政策工具方面具有趋同性。各省份都采用了“监管”这一强制性的政策工具，可以看出，全面加强和创新政府监管，建立有效的监管体系，以更强的监管促进更好的放权和服务，是这些省份在实施“最多跑一次”改革中的重要政策举措。其中，四川省完全采纳了政策首创地浙江省采用的“监管”“标准化”“试点”“公示”等核心政策工具，因此，两省的政策工具趋同效果最为明显。此外，在“最多跑一次”政策采纳的省份中，安徽和四川两省所采用的政策工具最为相近。

表 4-18　各省份“最多跑一次”政策工具比较

省份	政策工具
浙江	督查、监管、负面清单、绿色通道、自助、购买服务、标准化、公示、试点、共享、承诺制、系统整合、统一代码、一站式、分类审批、事项清单、权力清单、办事指南、办事流程、分类审批、并联审批、联审联办、网上申报、在线审批、代理、咨询

续前表

省份	政策工具
江苏	行政审批局、推送、证照联办、网格化、上门、办事指南、事项清单、权力清单、公开、标准化、监管、督查、预审、试点、公示、网上办、一站式、集中批、联合审、共享、中介服务、咨询服务、代办、代理、承诺制
安徽	首问负责、综合受理、在线审批、信息共享、互联互通、信息交换、网上办、网上申报、标准化、一站式、公开、公示、办事指南、事项清单、权力清单、集中办理、预审、分类审批、并联审批、承诺制、购买服务、代办、业务咨询、信用、监管
四川	联审、并联审批、综合受理、集中办理、预审代办、证照联办、办事指南、事项清单、办事流程、网上办、在线、一站式、信息共享、标准化、公开、公示、协调、试点、监管、预约、中介服务、自助、推送、培训、服务标准
辽宁	行政审批局、窗口服务、综合受理、网上办、协同、办事指南、事项清单、权力清单、信息共享、系统整合、标准化、公开、公示、试点、信用、自助、咨询、代理、监管、培训、督查
甘肃	网上申报、在线、一站式、标准化、信息共享、协调、事项清单、办事指南、公开、公示、监管、督查、信用、首问负责、承诺制、预约、培训、中介服务、试点、咨询
河北	行政审批局、网上申报、集中办理、限时办结、窗口服务、协同、代办、电子印章、网格化、信息共享、数据库、互联互通、系统整合、权力清单、公开、公示、办事指南、购买服务、代理、预约、咨询、服务网点、服务标准、中介服务、监管、督查、信用

（五）“最多跑一次”创新扩散中的政策趋同与学习机制

政策扩散反映了在某一特定环境中政策创新的采纳和实施过程，扩散的结果会产生政策的趋同和异质化现象。简言之，政策趋同和异质化研究关注的是政策效果。本书结合政策学习和政策趋同理论，通过对“最多跑一次”政策文本的计量以及代表省份政策的主题共现分析，归纳总结出“最多跑一次”政策在扩散中形成政策学习和趋同的影响机制。下面分别从政治理念与环境、政策工具技术理性、行动者利益逻辑等层面进行分析。

1. 政治理念与环境

班尼特认为，处理相同政策问题的共同决心即政治理念的一致性是导致政策趋同的一个重要因素。[1] 我国现行政治体制决定了政策必然会产生趋

[1] See Colin J. Bennett, “What is Policy Convergence and What Causes It?” *British Journal of Political Science*, vol. 21, no. 2, 1991, pp. 215-233.

同现象。各级政府在政策制定上，尤其是在政策目标设定上，具有明显的强制性政策趋同现象。

行政体制的集中化是导致政策趋同的另一个重要原因。自分权制改革以来，中央政府已将很多权力下放给地方政府，但是长期惯性的“全能政府”难以真正向“有限政府”转变，过于集中和缺乏有效制约的权力是政策趋同的一个制度性因素。当前中国的地方政府政策创新在一种宽松环境下进行，中央政府鼓励区域性的制度试验与创新，但只有与中央精神保持高度一致的做法才容易成功，被推广和扩散。就浙江省“最多跑一次”改革而言，来自中央政府的鼓励与推广，使得其他地方政府积极采纳和学习其经验做法，以保持政治方向的正确性和一致性。“以人民为中心”的发展理念被写入十九大报告、政府工作报告后，便成为各省开展“最多跑一次”实践的指导思想。相应地，“增强群众获得感”“提高群众满意度”“为人民群众增便利”等政策目标相继出现在各省发布的政策文本中。这就导致“最多跑一次”政策扩散省、直辖市、自治区与政策首创地浙江省在政策目标上呈现显著的趋同现象。

2. 政策工具技术理性

政策理性是影响政策趋同的因素之一，政策工具的选取和实施具有价值理性和技术理性。如果说政治理念的趋同增强了政策目标和绩效的合法性，那么政策工具的技术理性则是政策工具趋同的重要因素。政策工具的技术理性关注其技术属性，强调政策工具的程序化和技术手段。“最多跑一次”政策工具聚焦在数字治理、业务流程重组和服务模式创新等方面，其中主要的政策工具实施都依托于互联网技术的运用，其政策工具具有高度的规范化、同质化特征，相较于其他类型政策，更容易产生相似性，这增加了政策趋同的可能性。加上信息技术的发展，推动了各地区信息交流与扩散，为政策信息的传播和政策学习奠定了技术基础。具有技术理性的政策工具的实施具有一定的规范性，更容易被各地政府采纳和学习借鉴，因而各地采纳政策工具的趋同，具有较大的可能性和推动力。

3. 行动者利益逻辑

政策创新的扩散并非简单扩大政策的适用范围，而是一种复杂、动态的决策过程，其中蕴含地方政府对政策形势的判断以及行动者对利益的权衡。在一个规范的社会环境中，行动者会认同现有的规范结构和规则体系，采取与自我身份相符的行动。各个相互竞争学习地区的地方官员在政策扩散中出于政治正确性和政绩考核的考量，会做出一定的政策趋同行为，尤其体现在政策目标的设定方面。

行动者采取基本行动的动机是利益权衡。在面临决策时，行动者会通过成本效益分析，将政策目标和政策工具联系起来，选择能最大限度实现目的的手段。政府官员的风险规避倾向以及对政策实施成本收益的考虑是政策趋同的另一个主要因素。由于政策创新的主体在制定和实施政策时往往已经探索了解决问题的措施并评估了其效果，因此采纳方学习时比自己探索的成本更低，取得的政策效益也具备可实验性，如“最多跑一次”政策在浙江省内扩散中，取得的经济和政治效益非常显著，给其他地方政府的学习和借鉴提供了范本。模仿成功的政策创新实践，能够降低政策失败的风险，增强公众、政策实施目标群体对政策的认同度，提高政策执行的合法性和社会接受度，同时可以一定程度上降低政策制定和执行的成本，降低政策执行中的风险和执行主体责任归因风险。

三、“最多跑一次”政策创新扩散中的趋异与政策再生产

政策趋异意味着政策扩散采纳主体在学习转移政策的基础上，结合自身的地方情境做出不同程度的变更。政策趋异是对政策异质的反应机制，然而目前的政策在尝试解决差异的同时也会加强不同群体之间的差异。[1] 德

[1] See Hazel Lawson, Ruth Boyask and Sue Waite, “Construction of Difference and Diversity within Policy and Practice in England,” *Cambridge Journal of Education*, vol. 43, no. 1, 2013, pp. 107-122.

兰克和德泽尔发现政策异质的原因更多在于政治因素，而非政策相关特征。[1]也有学者认为社会因素和政治因素是政策异质产生的主要原因。[2]政策再生产是指一个政府在采纳某项政策创新后对政策做出的改变[3]，“再生产”形成的政策依然保留了与转移政策可识别的相似性。

（一）“最多跑一次”趋异与政策再生产

在“最多跑一次”改革政策扩散过程中，一些政策扩散跟随方在政治因素和社会因素的作用下，形成了结合不同地方情境的多种政策形式[4]，实现了一定程度上的政策再生产，如“不见面审批”“马上办网上办一次办”“一门式一网式”“一枚印章管审批”等。

1.“不见面审批”政策主题热力分析

2017年6月8日，《江苏省人民政府办公厅印发关于全省推行不见面审批（服务）改革实施方案等四个文件的通知》发布。“不见面审批”改革是江苏省委、省政府以“互联网 + 政务服务”为抓手，以行政审批为突破口，提出的一项综合性改革方案。该方案以“在线咨询、网上申请、网上审批、网端推送、快递送达”为基本改革模式，为群众提供切实便利，在从受理申请开始到审批办结再到结果送达全过程“不见面、零上门”思维的指导下，

---

[1] See Stefaan De Rynck and Karolien Dezeure, “Policy Convergence and Divergence in Belgium: Education and Health Care,” *West European Politics*, vol. 29, no. 5, 2006, pp. 1018-1033.

[2] See Dong-Hee Shin, “Convergence and Divergence: Policy Making about the Convergence of Technology in Korea,” *Government Information Quarterly*, vol. 27, no. 2, 2010, pp. 147-160.

[3] See Frederick J. Boehmke and Richard Witmer, “Disentangling Diffusion: The Effects of Social Learning and Economic Competition on State Policy Innovation and Expansion,” *Political Research Quarterly*, vol. 57, no. 1, 2004, pp. 39-51.

[4] 2018年5月《中共中央办公厅、国务院办公厅关于深入推进审批服务便民化的指导意见》发布，附件中列举了5个地区审批服务便民化的经验实践，分别为：《浙江省人民政府关于印发加快推进“最多跑一次”改革实施方案的通知》《江苏省人民政府办公厅印发关于全省推行不见面审批（服务）改革实施方案等四个文件的通知》《中共武汉市委、武汉市人民政府关于印发〈武汉市推行审批服务“马上办网上办一次办”实施方案〉的通知》《广东省关于在全省推广一门式一网式政府服务模式改革的实施方案》《天津市人民政府办公厅关于印发天津市加快推进“多证合一”工作实施方案的通知》。

打造“网上办、集中批、联合审、区域评、代办制”等各项措施环环相扣的行政审批新做法。

通过对 2017 年初到 2018 年 6 月江苏省各级政府颁布的 60 余份“不见面审批”政策文本进行主题热力分析（见图 4-37）可以看出，“不见面审批”政策目标主要聚焦在“审批服务”“群众”“获得感”“效率”“简政放权”“职能转变”“放管服”“营商环境”“活力”等方面。与“最多跑一次”政策目标相比，相同点在于它们都着眼于提高政府办事效率、以民众为中心，提高群众满意度和获得感。不同点在于，“最多跑一次”的政策目标主要是通过推进政府自身改革，倒逼各地各部门简政放权、放管结合、优化服务，提升群众对改革的获得感；而“不见面审批”政策目标除了强调政府简政放权和提升群众满意度外，更加注重营造良好的市场环境，激发市场活力，注重通过行政效能提升来降低企业的交易成本。

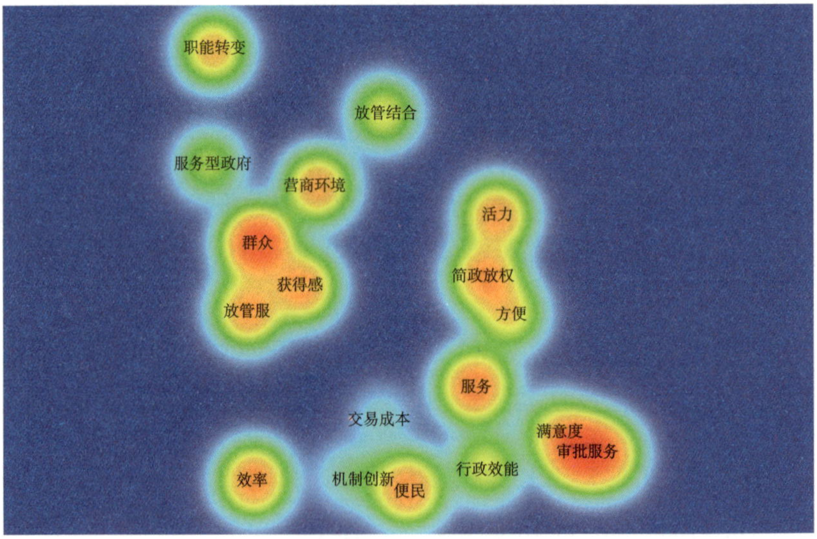

图 4-37 “不见面审批”政策目标热力图

从图 4-38 可以看出，“不见面审批”政策工具主要聚焦于“协同”“督查”“监管”“信用”“在线审批”“网上办”“标准化”“公开”“预审”“事项清单”“代办”“推送”“信息共享”等方面。

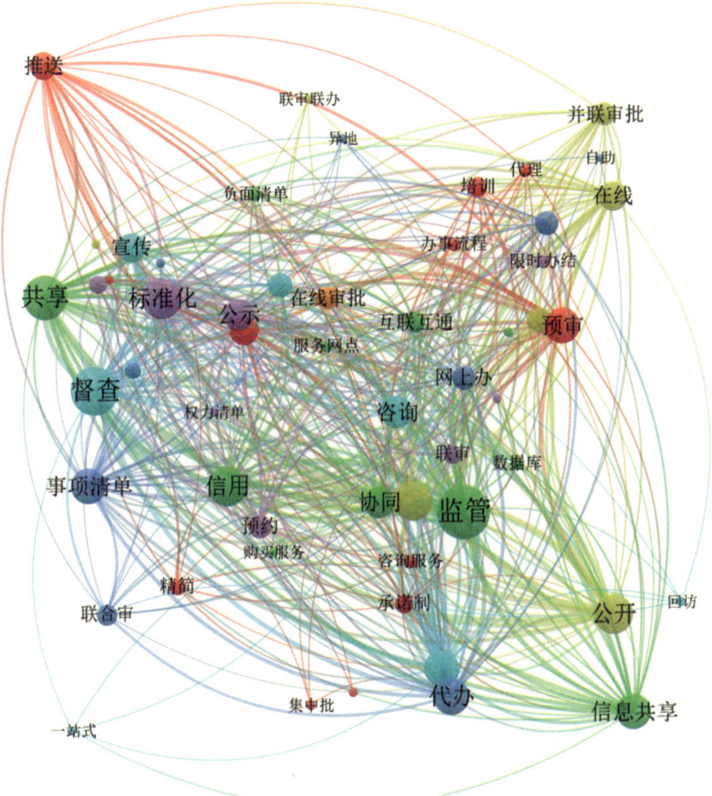

图 4-38 “不见面审批”政策工具主题共现图

在这里，“最多跑一次”政策再生产，主要体现在《江苏省人民政府办公厅印发关于全省推行不见面审批（服务）改革实施方案等四个文件的通知》等政策文本中，其中包括将 65 个省直部门和所有市县的政务网整合成全省统一的政务服务网，实现政务服务信息系统互联互通，在全省开发区、高新区、乡镇（街道）率先推行企业投资建设项目全程代办制度等。与“最多跑一次”的政策工具相比，“不见面审批”的政策工具更强调政府信息平台技术提升和整合以及数字治理，借助互联网手段，通过一站式在线审批，打造网上办、联合审、并联审批、预审代办、限时办结、加强监管等行政审批网上全程办理模式。

2.“一枚印章管审批”政策主题热力分析

“一枚印章管审批”是指采取“多证合一、一套材料、一表登记、一窗受理”工作模式，将原来需要跑多个部门重复报批的事项，变成一个主体审批、一个窗口办理，从而减少重复的审查环节和申报材料。2017 年 9 月，天津市人民政府印发《天津市加快推进“多证合一”工作实施方案的通知》，标志着在实行“一枚印章管审批”改革的基础上，天津市全面启动实施“多证合一”工作，致力于实现审批服务由“物理集中”向“化学整合”转变，通过切实提高审批服务效能，倒逼各部门转变职能。

通过对 2017 年初到 2018 年 6 月全国各地发布的 70 余份“一枚印章管审批”政策文本进行主题热力分析（见图 4-39）可以看出，“一枚印章管审批”政策目标主要聚焦于“放管服”“效率”“优化服务”“活力”“简政放权”“营商环境”“服务型政府”等方面。与“最多跑一次”政策目标相比，“一枚印章管审批”政策更为关注政府行政效能、营商环境以及交易成本，政策目标侧重于商事制度改革，以提高行政效能和服务效能为落脚点，着重推进各类市场主体的“多证合一”，精简企业的行政审批手续，优化营商环境。

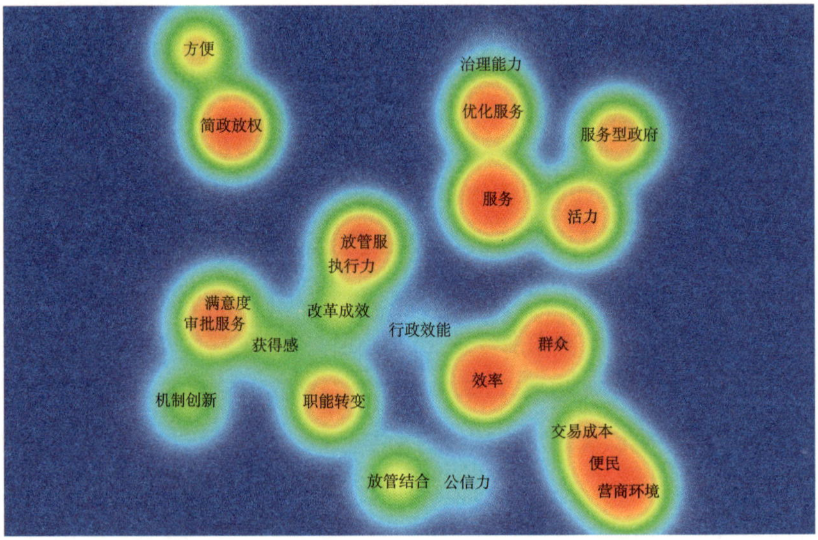

图 4-39 “一枚印章管审批”政策目标热力图

从图 4-40 可以看出，“一枚印章管审批”政策工具主要聚焦于“试点”“监管”“行政审批局”“信用”“协调”“共享”“公开”“公示”“中介服务”“协同”“督查”等方面。“一枚印章管审批”政策采取的行政审批局模式，在物理层面上实现了集中模式，但有别于“最多跑一次”政策的业务流程再造的扁平化模式。

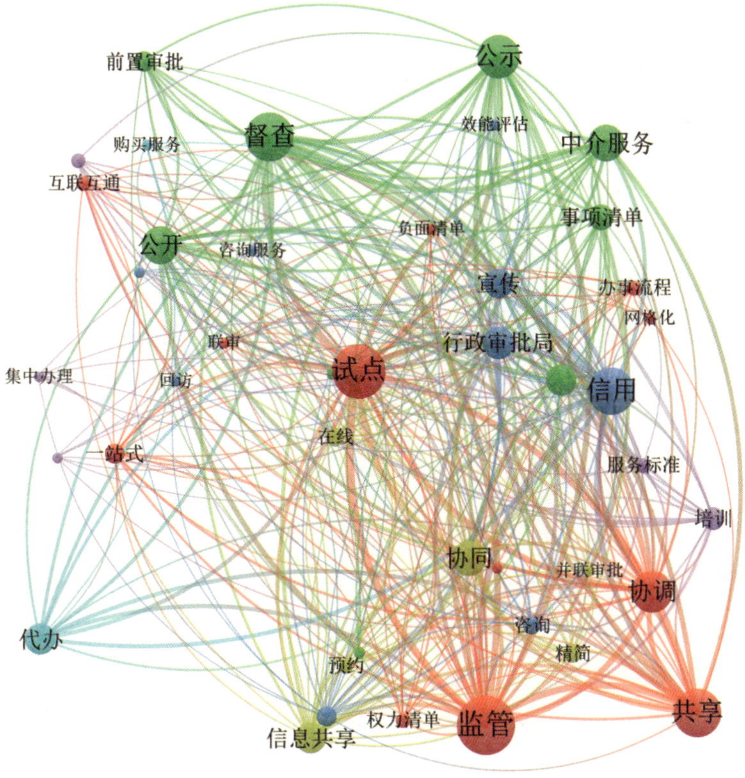

图 4-40 “一枚印章管审批”政策工具主题共现图

在这里，“最多跑一次”政策再生产，主要体现在天津市人民政府颁布的《关于加强行政审批与监管协调联动工作的实施意见》等政策中，其中包括积极探索构建审批与监管协调运行审管互动信息交流制度，建立“对应职能、即时推送、短信提醒、定期公告”的行政审批信息及结果推送制度，将办结审批事项及时发送至相应监管部门，审批结果接受行政主管部门实时监督，建立向社会公告制度。与“最多跑一次”的政策工具相比，“一枚印章管审批”的政策工具更强调政府部门的业务流程再造，将分散在各部门的行政审批职能进行整合，全部划转到组建的行政审批局，实行集中办理的工作模式，将原来需要跑多个部门重复报批的事项，变成一个主体审批，精简办事流程，提高审批服务效能。

3.“一门式一网式”政策主题热力分析

“一门式一网式”政策创新是广东省响应国家决策部署而开展的重要改革。从2014年开始，国务院要求各地简化公共服务流程、促进电子政务协调发展[1],并开始提出“放管服”[2]改革的目标和任务。作为一种积极响应，浙江省于2014年率先推出“四张清单一张网”改革，如今的“最多跑一次”改革是对“四张清单一张网”改革的推进与深化。之后，各地也纷纷推出改革创新举措。2016年3月，广东省人民政府办公厅印发《关于在全省推广一门式一网式政府服务模式改革的实施方案》，“一门式一网式”政务服务模式创新改革在广东省开始启动、落实。

随着国办发〔2017〕57号文件的颁布，浙江省“最多跑一次”创新实践得到全面推广，广东省结合自身实际，于2017年9月颁布《广东省人民政府办公厅关于印发广东省贯彻落实全国深化简政放权放管结合优化服务改革电视电话会议重点任务有关措施及分工方案的通知》，在政策内容上将“互联网＋技术”作为创新实践的必备要素，在政策工具方面呈现出对于“最多跑一次”创新实践的政策再生产与创新，提出了多项结合广东实际的创新组合措施，如“强市放权”“减证便民”“多帽合一”“双随机、一公开”等。

通过对2017年初到2018年6月发布的30余份“一门式一网式”相关政策文本进行主题热力分析（见图4-41）可以看出，“一门式一网式”

[1]《国务院办公厅关于简化优化公共服务流程方便基层群众办事创业的通知》（国办发〔2015〕86号）和《国务院办公厅关于促进电子政务协调发展的指导意见》（国办发〔2014〕66号）。

[2]《国务院批转发展改革委关于2014年深化经济体制改革重点任务意见的通知》（国办发〔2014〕18号）。

政策目标基于民众和政府改革双重视角，具体的政策目标包括“简政放权”“放管结合”“服务”“营商环境”“群众”等。与“最多跑一次”的政策目标相比，“一门式一网式”的政策目标同样强调从满足民众需求角度出发，从政府供给角度为群众和企业提供优质服务；不同的地方在于“最多跑一次”改革将政府视为变革的动议方和推促者，将民众视为政策实践的出发点和落脚点，而“一门式一网式”政策目标的出发点和落脚点更侧重于政府服务模式改革，注重政府自身行政效能的提升。

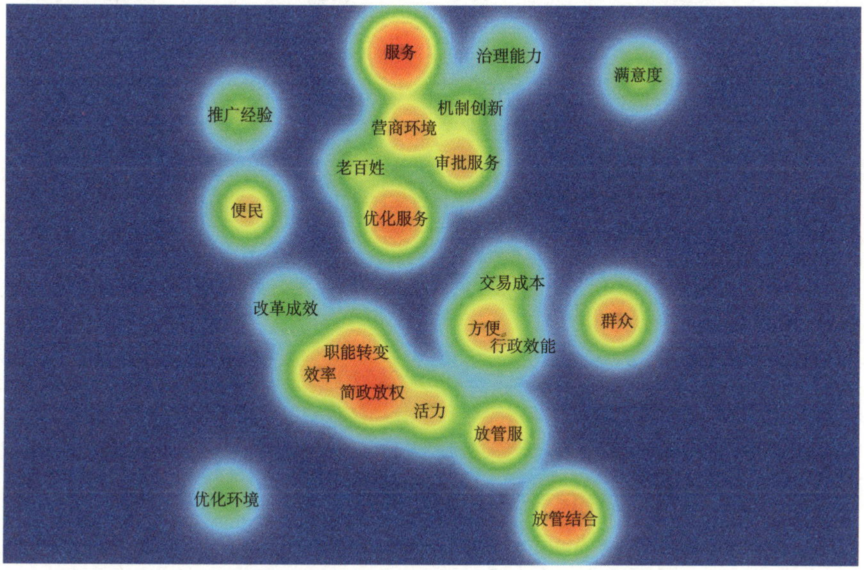

图 4-41 “一门式一网式”政策目标热力图

从图 4-42 可以看出，“一门式一网式”政策工具主要聚焦在“督查”“协调”“标准化”“自由裁量权”“宣传”“办事指南”“推送”“监管”“综合受理”“公示”“试点”等方面。

在这里，“最多跑一次”政策再生产，主要体现在 2017 年 9 月颁布的《广东省人民政府办公厅关于印发广东省贯彻落实全国深化简政放权放管结合优化服务改革电视电话会议重点任务有关措施及分工方案的通知》中。与“最多跑一次”的政策目标与政策工具选择组合相比较，“一门式一网式”的政

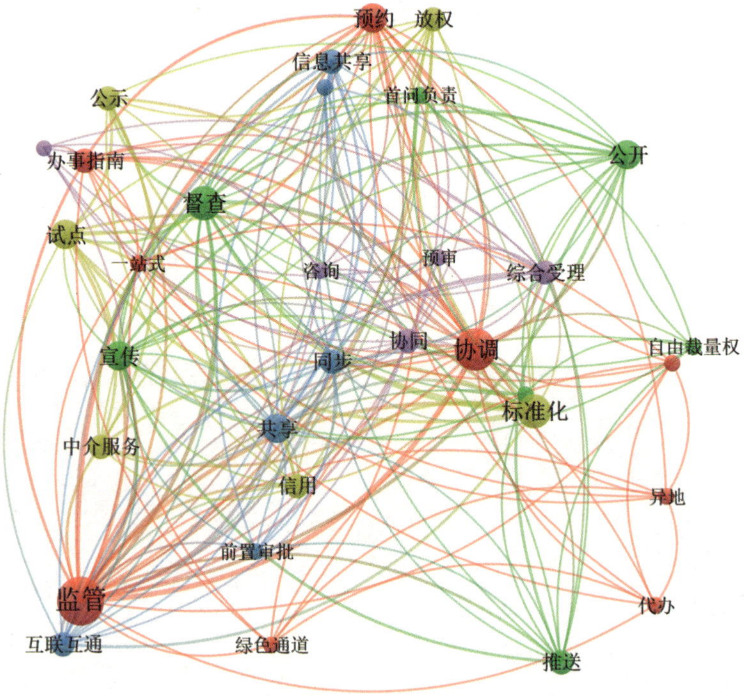

图 4-42 “一门式一网式”政策工具主题共现图

策目标更侧重于从政府视角出发，强调政府业务流程再造和重组、打破部门界限和政务藩篱，提出“深入推行地方政府工作部门权责清单制度，严格落实调整完善后的省直部门权责清单，推动各部门在网上办事大厅公开并优化办事流程”，以及“推动强市放权工作，进一步提高放权的协同性、联动性”。与此同时，政策工具选择组合体现了对营商环境改善与民间投资活力释放的重点关注，要求“深入推进工业产品生产许可证清理精简工作，简化生产许可证审批程序。加快清理精简投资项目审批事项，整合优化投资审批流程，进一步激发民间投资活力”。同时，它与“最多跑一次”政策都注重服务模式创新，基于统一的行政审批标准与自由裁量权，“加快推行‘互联网＋政务服务’信息惠民工作。积极推进政务服务大数据库建设，建立部门间政务信息资源共享规则，健全政务信息资源共享机制，深入推进部门间信息共享应用，2017 年内政务网络互联互通率提高到 80%。推进办事流程优化再造和材料精简，逐步实现跨部门、跨层级业务的协同服务和管理”。

4.“马上办网上办一次办”政策主题热力分析

“马上办网上办一次办”改革聚焦于群众和企业办事难、办事慢、办事繁问题。“马上办”，是指以群众需求为导向，“当即申报、当即办理、立等可取”，最大限度地服务群众；“网上办”，是指适应信息化时代的要求，依托信息平台，打通数据壁垒，确保凡是网上能办理的事项一律在网上办结，凡是后台能查询的信息绝不要求前置审查；“一次办”是指顺应群众需要，通过“帮办”“代办”“快递”等多种服务形式，实现让群众、企业“最多跑一次”，让更多事项办理“一次都不跑”。2017 年 3 月，武汉市提出“马上办网上办一次办”的政务服务改革新要求，并在武汉东湖高新区、武汉经济技术开发区率先启动试点。两地按照市委要求，积极探索“三办”改革试点，梳理“三办”事项，并分门别类确定办事流程，审批流程明显优化，行政效能显著提升，形成了一批可在全市推广复制的经验。通过上述试点，2017 年 7 月，武汉市委、市政府印发《武汉市推行审批服务“马上办网上办一次办”实施方案》，改革在全市推广。

通过对 2017 年初到 2018 年 6 月发布的 19 份“马上办网上办一次办”政策文本进行主题热力分析（见图 4-43）可以看出，其政策目标聚焦于“服务”“优化服务”“群众”“审批服务”“营商环境”“便民”“放管服”“效率”“简政放权”等方面。与“最多跑一次”的政策目标相比，“马上办网上办一次办”政策目标同样以满足人民群众和企业需求为出发点，以提升政务服务质量和效率为着力点，通过精简审批事务，提升政府治理能力、改善市场营商环境、增强民众满意度与获得感；不同点在于“马上办网上办一次办”政策目标更加侧重于从政府供给角度出发进行电子政务改革，通过技术提升实现“网上办”和现场“马上办”。

从图 4-44 可以看出，“马上办网上办一次办”政策工具聚焦于“监管”“网上办”“公开”“事项清单”“办事指南”“中介服务”“信息共享”“协调”“标准化”“信用”等方面。

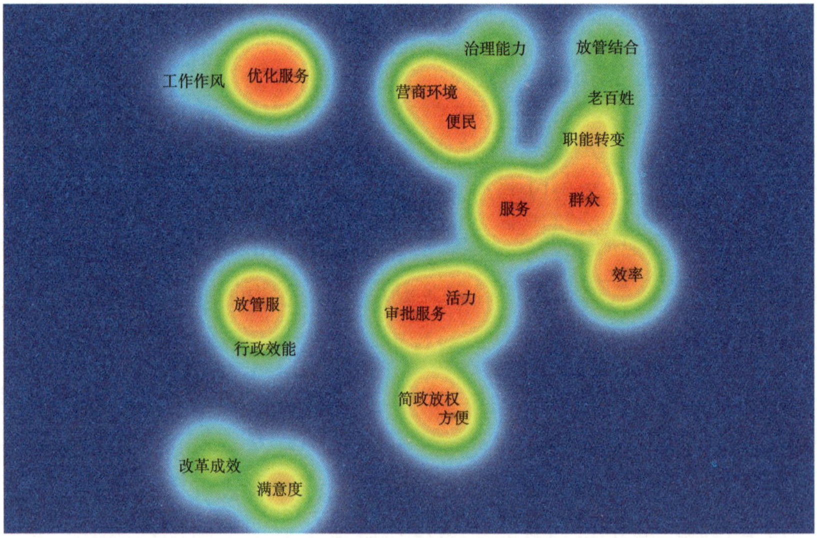

图 4-43 “马上办网上办一次办”政策目标热力图

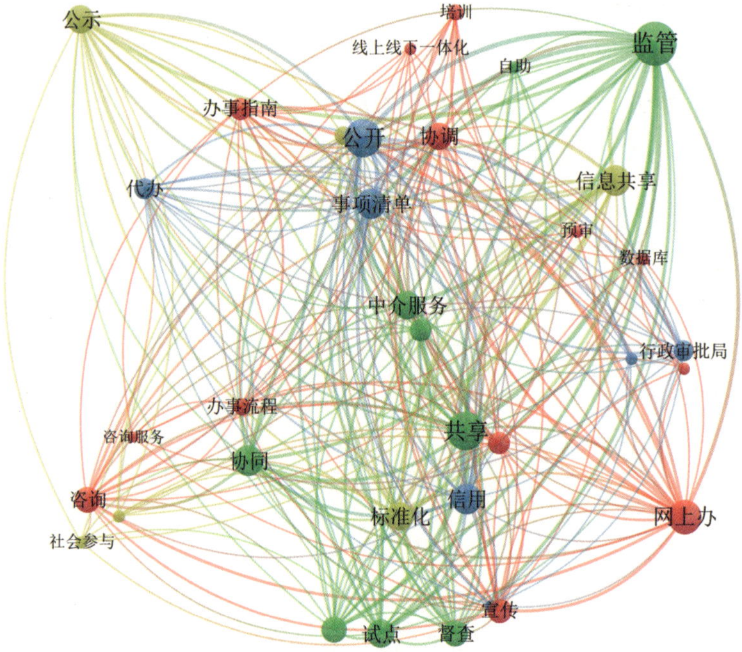

图 4-44 “马上办网上办一次办”政策工具主题共现图

在这里，“最多跑一次”政策再生产，主要体现在《中共武汉市委、武汉市人民政府关于印发〈武汉市推行审批服务“马上办网上办一次办”实施方案〉的通知》中，它提出了优先推行“网上办”，构建全市统一的身份认证系统，建立涉审中介服务事项、收费、机构“三张清单”等措施。与“最多跑一次”的政策工具相比，“马上办网上办一次办”的政策工具更强调通过线上线下一体化，优先推行“网上办”的服务机制，精简办事流程，明确办事指南，实现当即申报、当即办理、立等可取，并通过“自助”“代办”“中介”等多种服务形式，实现一次上门办结。2018年5月23日，中共中央办公厅和国务院办公厅印发《关于深入推进审批服务便民化的指导意见》，对“马上办网上办一次办”进一步进行创新与政策再生产，它在主要任务第一项便提出全面推行审批服务“马上办、网上办、就近办、一次办”，并要求“以省为单位公布各层级政府‘马上办、网上办、就近办、一次办’审批服务事项目录，具体形式可结合各自实际确定，成熟一批、公布一批，2018年10月底前实现全覆盖”。

（二）“最多跑一次”政策创新扩散中的异质性特征

通过对与“最多跑一次”政策和主题相近的其他类型政策目标和政策工具进行归纳分析可以看出，它们在政策理念、政策内容及政策效果上存在一定的异质现象（见表4-19），具体而言，这些异质性特征主要表现在：

一是政策理念具有一定差异性。尽管从政策目标来看，各类型政策重点都旨在为群众和企业提供优质服务，但不同类型政策目标在政府自身改革、为群众和企业提供服务方面的目标侧重点不同。其中，“最多跑一次”政策、“不见面审批”政策、“马上办网上办一次办”政策更突出“以民众为中心”，注重政府回应民众诉求的政策理念；“一枚印章管审批”政策、“一门式一网式”政策在注重政府对民众回应性基础上，侧重于政府的职能转变和治理能力提升。

二是在政策工具内容上相似但各具特点。与“最多跑一次”的政策工具相比较而言，“不见面审批”政策和“马上办网上办一次办”政策重点运用了“在线办”政策工具，与其政策主题“不见面”“网上办”相呼应，政策工具选择组合中较多地体现了信息平台建设与大数据运用；“一枚印章管审批”的政策工具更强调将分散于各部门的行政审批职能进行整合；“一门式一网式”的政策工具则更强调互联网、大数据的运用。

三是政策实施的着重点各不相同。“最多跑一次”政策实践的一个鲜明特征，体现在各地政府基于民众体验，梳理与发布“最多跑一次”事项清单，精简行政审批手续。“不见面审批”政策和“马上办网上办一次办”政策的实施，主要在于推动电子政务建设，通过“政务服务 + 互联网”建设，提升政府治理能力。“一枚印章管审批”政策和“一门式一网式”政策则重点在于改进商事登记、企业投资项目审批手续，以改善营商环境。

表 4-19 “最多跑一次”相关政策的政策目标与政策工具

政策类型	政策目标	政策工具
“最多跑一次”	群众、优化服务、效率	信息共享、咨询、事项清单、公开、监管、标准化、宣传
“不见面审批”	审批事务、群众	在线审批、标准化、督查、事项清单、监管、共享、代办
“一枚印章管审批”	便民、营商环境、效率、群众、服务	督查、公示、公开、试点、监管、共享
“一门式一网式”	优化服务、简政放权	协调、标准化、监管、督查、宣传
“马上办网上办一次办”	服务、群众、审批服务、便民	监管、网上办、公开、事项清单

（三）“最多跑一次”创新扩散中政策趋异的影响机理

由于政策的领域、地理区域、政策执行时间等因素各不相同，因此政策整体上完全趋同几乎是不可能的。[1] 霍尔津格和科尼尔比较了不同国家政策趋异的主要因果机制，发现强制性政治命令、国际承诺或协定、国家间

[1] See Stephan Heichel, Jessica Pape and Thomas Sommerer, “Is there Convergence in Convergence Research? An Overview of Empirical Studies on Policy Convergence,” *Journal of European Public Policy*, vol. 12, no. 5, 2005, pp. 817-840.

竞争、跨国交流的需要以及问题解决的需要是政策趋异产生的重要原因[1]；而在国内，政治意愿、当地政府的理解、智力支持和专业经验是影响政策趋异的重要因素[2]。

政策扩散所导致的政策多样性是政策异质的重要体现，政策异质作为政策扩散的结果，更强调在采纳相关转移政策的基础上，结合自身的实际情况所进行的政策创新与政策再生产活动。下面我们就基于政策异质化的表征，结合政策异质化理论，从政策聚焦点、经济社会资源禀赋、政策网络等维度，进行“最多跑一次”“不见面审批”“一枚印章管审批”“一门式一网式”“马上办网上办一次办”等相关政策异质化的影响机理分析。

1. 政策聚焦点

我国现行政治体制对不同地区之间政策趋同具有归引作用，但是在具体实践中，地方政府是政策制定的关键变量，各地政府进行政策实践的治理逻辑存在差异。具体而言，各地的政策聚焦点存在差异，以致在因地制宜、因时制宜创新的自主性驱动下，会出现政策的区域异质现象。例如，浙江省“最多跑一次”、江苏省“不见面审批”尽管都是在全国深化“放管服”改革的大背景下进行的新探索，但是“最多跑一次”坚持“以人民为中心”的核心理念，特别强调以群众的需求为创新的出发点推动改革，以群众感受为标准倒逼改革，以群众的获得感评判改革成效，其背后反映的是从群众角度出发的政策理念。而“不见面审批”则较多从政府自身改革的视角，以行政审批为突破口，以“互联网 + 政务服务”为抓手，通过政务服务模式创新，来提升行政效能。广东省“一门式一网式”政策实践最初是响应国务院 2014 年以来关于简化公共服务流程和促进电子政务协调发展的号召，与“最多跑一次”政策相比，源自对中央政府不同政策理念的响应与落实，

[1] See Katharina Holzinger and Christoph Knill, “Causes and Conditions of Cross-National Policy Convergence,” *Journal of European Public Policy*, vol. 12, no. 5, 2005, pp. 775-796.

[2] See Ying Yin, Amy Rader Olsson and Maria Håkansson, “The Role of Local Governance and Environmental Policy Integration in Swedish and Chinese Eco-City Development,” *Journal of Cleaner Production*, vol. 134, no. 10, 2016, pp. 78-86.

因而在具体政策目标、内容方面都存在一定差异。

2. 经济社会资源禀赋

“最多跑一次”政策扩散的区域异质性效应，内生于经济发展和市场化程度等因素的地区差异。由于地理环境、历史文化、技术特征和资源禀赋等原因，中国的地方发展呈现“区域板块”态势。从经济发展水平来看，在全国四大板块的区域范围内，存在经济势能的明显差异，经济势能的差异导致地区之间政策的聚焦点不同。对于经济发达地区而言，如江苏、上海等地，改革除民生领域外，还关注企业投资审批、商事登记制度、营商环境等与经济发展密切相关的事项。而经济欠发达地区，如宁夏、辽宁等地，则更多侧重民生领域的相关改革。“最多跑一次”相关政策的有效实施涉及一些体制性变革，诸如部门职能整合、运作方式变革以及行政部门协调配合等一系列问题。中国各地政府的宏观政治环境大体相似，但地方政府间的财政资源和政治资源整合能力不同，这就导致各地在实施“最多跑一次”政策时，涉及的行政部门网络、行政体制改革等方面存在差别，从而导致政策在扩散中产生变异。此外，各地在大数据发展、数字治理技术水平方面的差异，导致各地采取的政策工具类别也存在一定差异。

3. 政策网络

政策的异质化受到政治和社会因素的影响，在具体政策议题的形成和政策执行中，政府和社会参与主体等相关利益者形成了一定的政策网络。政策网络结构的形成依赖于政策主体之间的权力关系、占有资源以及集体的价值体系变化，其主体所构成的网络结构开放程度会影响新的政策理念、信念和知识的传播与扩散程度，从而导致政策变异。在地方政策网络中，开放程度较高的政策网络，内部参与主体更为广泛，多元化的主体形成不同的政策诉求，与外界的信息交流也更为广泛，更容易采纳新的政策理念，将当地政府利益诉求中的差异转化或付诸政策实践，导致采纳的政策创新在实施中产生异质现象。在央地政府之间组成的政策网络中，受财税分权等多因素影响，某些省份由于经济社会资源禀赋以及政治文化传统，相比于其他地区，政策创新的原动力更充足，政策实施时更具有灵活性，在政策扩散中更易于选择政策再生产。

四、本章小结

发端于浙江省的“最多跑一次”改革，是贯彻党中央、国务院决策部署，深入推进改革，持续优化政务环境，切实提升民众获得感与满意度的重要举措。从 2017 年 2 月《浙江省人民政府关于印发加快推进“最多跑一次”改革实施方案的通知》后，截至 2018 年 6 月，全国 29 个省、直辖市、自治区颁布实施了“最多跑一次”相关政策。“最多跑一次”改革实现了从“地方探索”跃升为国家“顶层设计”，从“区域创新”扩散为“全域改革”，生动展现了“由点及面、平行扩散、中央采纳、辐射全国”的中国政策创新扩散轨迹。通过考察“最多跑一次”改革的政策扩散特征、路径、趋同与异质化现象，我们得到以下研究发现：

第一，“最多跑一次”改革将民众视为创新实践的出发点和落脚点，使公共治理与公共服务的价值在政府与市场、社会、民众的有效互动中得以实现和彰显，其提倡的政策目标在政策扩散诸阶段都体现出一致的价值理念，即具有“以人民为中心”的“需求导向”特征。

第二，“最多跑一次”政策工具主要分布在信息公开、业务流程再造、技术平台提升与整合、组织保障与督查、服务模式创新等层面。政策工具选择组合体现出技术理性和价值理性的融合，形成了技术理性层面的数字治理和流程再造与价值理性层面围绕民众的服务模式创新之间的互动与融合。它采用技术倒逼机制，通过技术平台提升与整合，实现了政府业务流程再造；全方位创新服务模式，采用中介、无差别全科受理、代办、代理等政策工具，为民众提供高质量政务服务。

第三，通过对“最多跑一次”政策文本的量化分析，在政策扩散空间与时序维度上考察“最多跑一次”政策创新扩散的轨迹与模式，可以验证时间维度上的 S 形曲线扩散效应，它在空间维度上则呈现自上而下、横向平行、自下而上等扩散模式。

第四，在浙江省之后，28个省、直辖市、自治区采纳实施了与“最多跑一次”改革类似的创新，这一政策创新与采纳实施过程深刻反映了中国情境下的制度、组织、政策主体特征与行为逻辑，提供了深入研究中国情境下政策学习的优质案例。

第五，“最多跑一次”政策扩散采纳主体结合自身的地方情境做出不同程度的变更，部分政府在政策实施中更具灵活性和动态性，在政策扩散中更倾向于对政策创新进行再生产。探究政策扩散中的异质化机理，有助于把握政策扩散的中国经验，实现政策扩散理论的拓展与提升。

第五章

“最多跑一次”改革的管理保障

解决治理难题需要技术方案，而技术运用急需管理保障。“最多跑一次”改革要求实现跨部门、跨层级的流程再造、信息共享和权力重构，由此突出了碎片化行政体制中的协调难题。这一协调难题并非中国独有，它是各国政府所面临的共同挑战。持续推进“最多跑一次”改革，需要党委充分发挥“总揽全局、协调各方”的领导作用，着力强化纵向激励机制、优化横向协调机制、运用民众参与机制，从而为技术赋能提供管理保障。

浙江省“最多跑一次”改革在较短时间内取得了显著成效，并迅速向域外扩散。在这一创新政策扩散过程中，既产生了政策趋同现象，也出现了政策变异和政策再生产。从政策趋同来看，各地都较为普遍地接受了“以人民为中心”的改革理念、整体性政府的改革路径和“互联网＋政务服务”的技术运用。就政策变异和政策再生产而言，除了第四章所述，它还继续表现在扩散过程中不同地区对于体制变革、机制创新的采纳重点发生了变化。浙江省“最多跑一次”改革旨在创新体制机制、发挥技术优势，由此降低民众办事成本。相应地，评价“最多跑一次”改革成效的标准不仅包含“结果”指标，即民众是否“只跑一次”，也包含“过程”指标，即各级政府是否基于流程再造、信息共享和权力重构实现了整体性政府的体制变革。[1] 在实践中，浙江省把侧重体制变革的“无差别全科受理”作为深化、巩固“最多跑一次”改革的优选模式，而把侧重机制创新的“代办制”作为必要补充。相比之下，一些地方尽管提出了“跑一次”的结果指标，但在改革过程中却以机制创新、资源投入取代体制变革，即更加倾向于采取代办制，使得基于互联网的信息通信技术更多运用于信息公开发布，而未能有效服务于整体性政府的系统重构。

考察“最多跑一次”改革，既要关注为治理难题提供技术方案，又要关注让技术运用有管理保障。无差别全科受理模式的扩散困境，源自它对政府组织的内部管理提出了更高的要求，即政府需要在碎片化行政体制中实现有效的纵向协调和横向协调。基于课题组在浙江省、广东省、江苏省、湖北省和陕西省等地的调研、访谈，本章探讨了各级党委如何发挥“总揽全

[1] 参见《关于印发〈2017年度设区市经济工作责任督查考核中涉及“最多跑一次”改革工作考核方案〉的通知》（浙跑改办〔2018〕1号）。

局、协调各方”的领导作用，通过设计恰当的工作机制来推动跨部门、跨层级和跨地区的有效协调，从而最大限度地运用新的改革理念，借助技术力量实现整体性政府的有效治理。

一、“最多跑一次”改革的选择性扩散

无差别全科受理和代办制是“最多跑一次”改革中的两种常见模式（见图 5-1）。其中，无差别全科受理侧重于以行政服务中心为切入口推动跨部门的流程再造、信息共享和权力重构，以“互联网 + 政务服务”的技术运用建立全新的政府部门间互动关系，为办事民众提供“一窗式”的综合服务，实现整体性政府的系统变革。相比之下，代办制侧重于在职能部门和办事民众之间建立一个缓冲区域，通过发挥代办员或中介组织的信息优势为办事民众提供“一次跑”的办事指引，它是传统碎片化行政体制基础上的机制创新。在浙江省，无差别全科受理是省委、省政府深化、巩固“最多跑一次”改革的优选模式，但在许多地区，代办制成为当地政府更加偏好的改革模式。

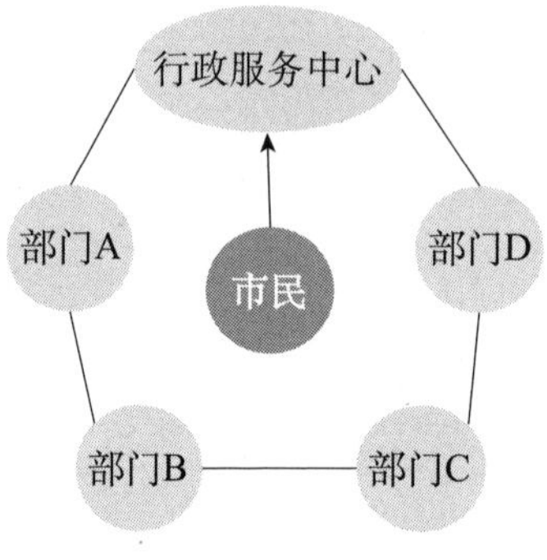

无差别全科受理推动的“最多跑一次”

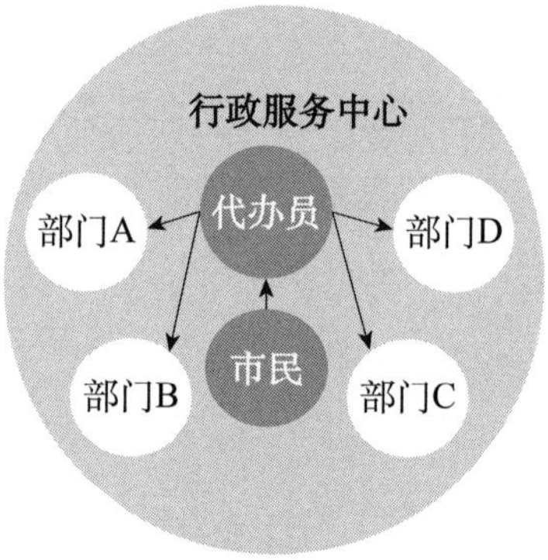

代办制推动的“最多跑一次”

图 5-1　实现“最多跑一次”改革目标的两种模式

（一）无差别全科受理：以行政服务中心为载体的体制变革

2018 年 6 月，市民郑先生来到浙江省衢州市行政服务中心办事。这一天，

他需要办理两个事项，一是为自家的餐馆申领卫生许可证，二是为新家申请安装电表。按照往常的习惯，他在行政服务中心大厅的取号机前选择卫生局、电力局的窗口准备分别排队办理。然而，这一回他却怎么也没有找到对应的窗口。正在行政服务中心大厅巡视的办公室主任看出了郑先生的困惑，随即帮他取了一个无差别全科受理窗口的号。很快，郑先生在无差别全科受理窗口完成了申领卫生许可证和申请新电表安装这两项完全不同的业务。

衢州市行政服务中心的无差别全科受理模式得益于自 2015 年开始的系列改革。当时，行政服务中心为各职能部门安排了办事窗口，民众却仍然需要在不同窗口之间反复奔波。新任行政服务中心主任田俊在查阅、比对各窗口办事详单后发现，不同部门常常要求民众在同个事项或同类事项办理中反复提交相同或相似材料,但各部门所依据的往往也是同一法律。她意识到，职能部门的分工无可避免，行政服务中心却可以在不违反法律要求的情况下整合、减少和优化这些重复的行政审批事项，建立一个窗口，让民众在办事时只需要提交一套材料就能完成一系列事项办理。[1] 在浙江省机构编制委员会办公室的支持下，衢州市开始以工商证照登记为切入口探索“五证合一”的模式，即由行政服务中心牵头整合工商、食药监、质监等不同职能部门的办事要求，对外在行政服务中心设置一个窗口统一收取、审核一套材料，后台由行政服务中心依托智能化政务管理与优化平台实现协同审批。这一改革很快获得了成功,表明行政服务中心可以通过后台的流程再造、材料共享等实现前台的“一窗办事”。到 2017 年“最多跑一次”改革在浙江省全面推开时，衢州市已经形成了“一窗受理、集成服务”的改革模式。正是因为衢州市在这一领域的先行先试，浙江省委、省政府 2017 年 4 月在衢州市召开了全省推进“最多跑一次”改革座谈会。

不过，衢州市行政服务中心关于“一窗受理、集成服务”的早期探索只是政务服务的“小集合”。“小集合”的第一层含义是指这一模式的应用范围。当时，行政服务中心的窗口配置仍然未能消除“领域”概念，即除

[1]　参见课题组访谈 201808A。

了工商领域的“五证合一”外，其他政务服务事项依旧较多以职能部门为单位设置窗口。“小集合”的第二层含义是指这一模式的应用程度。当时，“一窗受理”的实质还是受办分离，即综合窗口只负责收取材料和初步审核，具体事项办理仍然需要回到各职能部门。“一窗受理”这一“小集合”的做法符合“最多跑一次”改革要求，但仍然有较大改善空间。第一，以部门、事项为单位设置窗口，但不同部门、事项的办件量并不均匀，难免造成窗口资源浪费。第二,受办分离事实上导致了重复审核。在“一窗受理、集成服务”中，前台受理人员由于未得授权不能审批，但他们实际上仍然需要掌握材料审核的基本知识，以避免在受理后因材料缺失或不符合规范而办理失败。由此，前台审核与后台审核是两个高度同质却又重复的行政环节。

针对这些问题，衢州市行政服务中心在2018年进一步深化改革，探索了无差别全科受理的大综合窗口模式。田俊注意到，绝大多数在行政服务中心办理的政务事项并不复杂，即办理事项并不要求工作人员具有特殊的专业资质，只要对照法律法规的具体要求一一审核相关材料即可完成。换句话说，行政服务中心完全可以培养一批具备综合业务受理能力的工作人员，以“进一个门、取一个号、跑一个窗、办多件事”为目标，使民众在一个综合窗口就能办理多个事项。

然而，无差别全科受理并不容易，它内在地要求打破行政服务中心与各职能部门在流程、信息和权力等方面的传统边界。在“一窗受理”中，行政服务中心与各职能部门间的关系是“物理”的，即行政服务中心的主要职责是提供办事空间，但窗口工作人员仍然由职能部门派遣，各职能部门间的信息和权力关系也未发生变化。但在无差别全科受理模式中，行政服务中心不仅需要培养一批专业受训的综合窗口工作人员，更需要获得各职能部门的行政授权、数据信息，并且改变它们的传统办事流程。从权力关系来看，职能部门需要向行政服务中心让渡一部分行政审批权限。行政服务中心是市政府的派出机构，并不具备行政主体资格。为了能够让综合窗口的全科工作人员直接审核、办理政务事项，他们就必须获得相关职能部门的委托交办授权。从数据信息来看，职能部门需要向行政服务中心开放一部分部门信息,或授予部门信息的使用权限。在民众的事项办理过程中,全科受理人员需要对照法律法规要求审核申请人的资质,而这些资质材料并不总是需要由申请人提供,也需要调出部门已有的数据记录。从办事流程来看,职能部门也要允许行政服务中心根据综合办事的新要求,合作开发与原有政务系统相衔接的智能化政务管理与优化平台。由此,在无差别全科受理模式中,行政服务中心与职能部门之间不再只是物理集成,而是在流程、信息和权力等多个层面都发生了“化学反应”。

(二)代办制:发挥代办员信息优势的机制创新

刘先生是浙江省长兴县一家投资管理合伙企业的负责人。2017年,他企业的一个项目需要办理前期注册。如同所有企业投资项目审批一样,他知道前期注册涉及的事项众多,且程序烦琐、材料众多、耗时漫长。正在刘先生为复杂的办事流程愁眉不展时,长兴县审批受理代办服务中心的专职代办员戴先生主动联系了他,并整理了注册所需材料的电子版。刘先生非常高兴,马上委托戴先生协助办理这一事项。一个工作日后,刘先生就拿到了营业执照。此时,熟悉业务办理流程的戴先生提醒他,下一步得办理公司刻章,并在拿到新章后前往银行办理开户手续。在戴先生的帮助下,刘先生只用了三个工作日就完成了项目注册的全部事项。

在浙江省,代办制是各级政府在企业投资项目审批领域落实“最多跑一次”改革的主要选择。与便民服务领域相比,企业投资项目审批的事项更为复杂,其中各个环节的专业性程度更高,因而地方政府很难通过流程再造简化办事流程,也不大可能培训具备专业资质的全科受理人员完成所有环节的审核。因此,地方政府更倾向于在碎片化的职能部门和企业之间增设“代办员”的角色,通过发挥代办员的信息优势来协助个体工商户、企业办事人员准备申请材料、完成申请流程。早在“十五”时期,代办制就已经出现在一些地方政府的招商引资过程中,到“十一五”“十二五”时期,代办制已被各地政府广泛运用。在开展“最多跑一次”改革后,浙江省2017年发布《关于进一步加强和规范企业投资项目政府代办制度的指导意见的函》（浙审改办〔2017〕13号），明确要求“各级政府为全省所有企业投资项目提供无偿代办服务，所需经费由各级财政安排，一律无偿为项目单位提供，严禁收取任何费用”。各设区市、县（市、区）政府同样在企业投资项目审批中使用了代办制，并取得了较好成效。如温州市2017年代办了350个投资项目，累计投资额达410.8亿元。[1] 湖州市长兴县也于2017年组建了一支由37人组成的专业服务队，受理了133个审批项目。[2]

与无差别全科受理模式相比，代办制是一种典型的机制创新，它指地方政府在不改变政府管理体制的基础上，以购买服务或者安排专职公务人员的方式为民众提供无偿、专业、高效的代办（咨询）业务，通过发挥代办员的信息优势来实现民众“最多跑一次”。相比于重在推动整体性政府后台流程再造的无差别全科受理，代办制并未要求改变政府管理的原有结构安排，而是突出专业代办人员（公务员或其他专职代办人员）的信息优势。在长兴县的代办制中，当地政府明确要求代办员在上岗前首先要到县代办中心完成1～2个月的实习锻炼，参与企业投资项目联合审批、多图联审、联合测绘，企业不动产登记等培训课程，以确保他们充分掌握所需的业务知识。换句话说，代办员实际上是当企业从事市场经营生产面临较高交易成本、行政（组织）成本时，通过提供专业服务降低企业交易成本、行政成本的机制安排。

顾名思义，代办制往往被认为是“代理申请人办理”，但在实践中，各级地方政府都非常强调“代办”不是“包办”，即明确代办员仅仅是基于自身的信息优势来为民众提供咨询，而不是完成事项的办理。在代办制中，各职能部门依旧是各项行政审批事项的行政主体，他们才有权力审批决定某个特定的事项究竟能否完成，而代办员的核心任务限制在协助民众准

[1] 参见《温州市审管办（公共资源管委办）2017年工作总结及2018年工作思路》，http：//www.wenzhou.gov.cn/art/2018/3/7/art_1219310_15800504.html。

[2] 参见《长兴县落实全程免费代办当好企业发展“店小二”助推“最多跑一次”改革》，http：//zfxxgk.zj.gov.cn/xxgk/jcms_files/jcms1/web25/site/art/2017/11/17/art_4764_1977816.html。

备、整理材料，协助他们前往各个职能部门办理业务等方面。换言之，代办员提供的咨询意见只能作为办事人员的参考，而并不能够代表官方意见；代办员收取的材料也仅仅意味着可以协助办理，而并不能够保证事项办理完成。

（三）无差别全科受理模式的扩散难题

在特定领域的治理实践中，无差别全科受理与代办制两种模式并无好坏之分，但从长远来看，无差别全科受理的可持续性、可拓展性更强。从可持续性来看，无差别全科受理在短期内要求投入较多人力资源，系统地重构碎片化的行政体制，但依托基于互联网的信息通信技术，智能化的政务管理与优化平台可以巩固改革成果，一劳永逸地实现诸多政务服务事项的全科综合受理。相比之下，代办制始终需要一支较为庞大的代办员队伍，以一事一议的方式解决民众需要办理的各类事项。然而，政府资源有限，改革周期的变化常常也会改变政府资源使用的优先次序，由此影响代办员队伍的稳定性，导致“最多跑一次”改革缺乏长效机制。从可拓展性来看，无差别全科受理内在地要求实现跨部门的信息流通和共享，这为政府的数字化转型奠定了扎实基础。在浙江省，较早探索无差别全科受理模式的衢州市，较早实现了后台的数据共享，建立了云计算中心，为掌上办事、智慧治理做了充分的准备，由此撬动了政府的数字化转型。[1]也正因此，浙江省明确把无差别全科受理作为深化、巩固“最多跑一次”改革的优选模式，而把代办制作为企业投资项目等少数领域实现“最多跑一次”的必要补充。在衢州市、台州市和嘉善县等地先行先试无差别全科受理模式的基础上，浙江省“最多跑一次”改革办公室于 2018 年 9 月发布《“无差别全科受理”工作指南》，鼓励各地行政服务中心重新布局前台窗口，让民众“到任何一个窗口”就能够“办全部事”（列入《“最多跑一次”改革例外事项目录》

[1] 参见《“最多跑一次”改革撬动政府数字化转型》，http：//www.zj.gov.cn/art/2018/9/25/art_15774_2291450.html。

的 6 个事项除外）。

然而，在“最多跑一次”改革的区域扩散过程中，无差别全科受理并未成为各地的优先选择。基于无差别全科受理与代办制的模式比较，我们选取“代办制”“店小二”“跑小二”“中介”“代收”等关键词指代不涉及后台的流程再造、数据共享和权力重构的代办制，选取“一窗受理”“一口受理”等关键词指代介于代办制和无差别全科受理模式之间的过渡形态，即受办分离的“一窗受理、集成服务”模式，选取“一窗通办”“全科受理”等关键词指代无差别全科受理模式，以全国范围内与“最多跑一次”改革相关的政策文本为分析对象，进行关键词分析。结果显示，“代办制”在中国各地相关政策文件中占据了半壁江山，“一窗受理”“一口受理”也是各地较多采用的改革形态，相比之下，无差别全科受理只在非常有限的地区得到了采用（见图 5-2）。

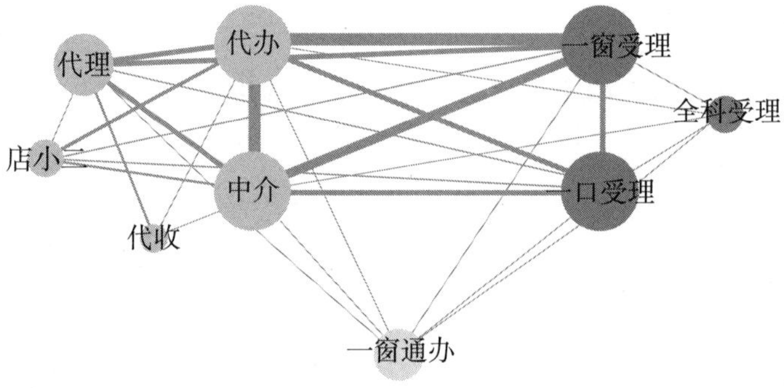

图 5-2 基于政策文本关键词的“最多跑一次”改革模式扩散

二、有效协调：整体性政府体制变革的关键

长期以来，科层制是政府普遍采用的组织形式，也被认为是协调一大群人共同工作的有效形式。但是，专业化、等级制的科层制组织并非万能，它同时是一个刚性、保守的组织形态。一旦组织的外部环境发生变化，或是组织运行无法实现目标任务，科层制组织很少调整优化原有治理结构，而是倾向于以设置新机构的方式解决问题。由此，政府运行时间越久，机构

膨胀就越严重，职责分工的碎片化现象就越突出，进而不断提高民众的办事成本。整体性政府建设的实质就是将民众的办事成本内化为组织自身的协调成本。

当然，实现符合整体性政府要求的体制变革并不容易，它要求政府具备相当强的协调能力。在全球范围内，如何在大型科层制组织中实现跨部门协调，一直都是制约各国政府运用新技术实现整体性政府系统重构的突出问题。在中国，条块并存、职责同构的行政管理体制进一步加剧了政府治理中的碎片化问题。无差别全科受理模式所面临的扩散困境，正是许多地方政府协调能力不足的表现。在代办制中，地方政府不需要去调整、重构行政服务中心与各职能部门之间的职责边界、信息流通方式和权力界限，而只需要在政府与民众之间建立一个新的缓冲地带，由代办员发挥自身的信息优势来降低市民的办事成本。但是，无差别全科受理则要求政府实现体制变革，即系统调整组织内部各机构的职责、权限等结构性因素，因而常常会引发来自职能部门的抵制。

（一）整体性政府建设的全球经验：大型科层制组织的协调难题

自组织产生以后，如何在分工、专业化的基础上实现有效协调，是组织理论致力于解决的重要问题。早在 1937 年，古利克就把协调作为组织管理的七大组成部分之一，他认为组织管理的主要职能包括计划、组织、人事、指挥、协调、报告和预算。古利克指出，组织在分工以后应当通过协调将各个领域的专家与处于中心的执行者勾连起来，以确保组织内部的顺利交流与控制。[1]20 世纪 90 年代末，希克斯指出，信息通信技术的快速发展赋予了政府“再造”整体性政府的可能性。[2] 然而，伴随着多国政府尝试基于

[1] See Luther Gulick, “Notes on the Theory of Organization,” in Luther Gulick, L. Urwick, eds., *Papers on the Science of Administration*, New York : Institute of Public Administration, Columbia University, 1937, pp. 1-49.

[2] See Richard Heeks, *Reinventing Government in the Information Age : International Practice in IT-Enabled Public Sector Reform*, London and New York : Routledge, 1999, pp. 9-21.

信息通信技术建设整体性政府，技术运用过程中的管理协调障碍日益变得突出。人们逐渐意识到，在技术推动的整体性政府改革中，地方政府面临的挑战从来不是来自技术层面的，而是与行政过程再造、项目管理、目标和责任界定等政府内部各部门、各层级之间的协调问题有关。[1] 作为一种策略性的应对方案，美国学者区分了电子政府发展的四个阶段，包括分类目录展示、在线服务交互、纵向整合和横向整合等。他们建议，由于跨层级的信息整合很难实现，地方政府可以先完成在线信息公开等技术运用的早期功能，待条件允许时再寻求纵向政府间和横向部门间的协同互动，充分发挥技术优势推动政府改革。[2] 然而，除了少数成功的协调案例 [3]，绝大多数国家的政府依旧未能为技术运用提供有效的管理保障。这一协调难题，也使得信息通信技术推动的整体性政府改革理论尽管在学术界活跃了二十多年，却始终没有能够在实践中充分发挥它在改善政务服务、提高政府信任等方面的潜力。[4]

相比欧美国家，中国政府的规模更大，行政体制碎片化程度更高，体制内的有效协调就成了更加困难的问题。从结构来看，职责同构 [5]、条块关系并存 [6] 是中国行政体制的突出特点。职责同构是指不同层级政府在职责、职能和机构设置上的高度统一，这使得地方政府的职能部门在同一时间会面临“条”“块”两种关系。其中，“条”是指纵向的部门间关系，意味着地方职能部门需要接受上级职能部门的领导；“块”是指地方政府的内部关系，表明地方职能机构需要接受本级党委、政府的领导。当然，职能部门

[1] See Ales Groznik and Peter Trkman, “Upstream Supply Chain Management in E-Government : The Case of Slovenia,” *Government Information Quarterly*, vol. 26, no. 3, 2009, pp. 459-467.

[2] See Karen Layne and Jungwoo Lee, “Developing Fully Functional E-Government : A Four Stage Model,” *Government Information Quarterly*, vol. 18, no. 2, 2001, pp. 122-136.

[3] See Enrico Ferro and Maddalena Sorrentino, “Can Intermunicipal Collaboration Help the Diffusion of E-Government in Peripheral Areas? Evidence From Italy,” *Government Information Quarterly*, vol. 27, no. 1, 2010, pp. 17-25.

[4] See Alberto Savoldelli, Cristiano Codagnone and Gianluca Misuraca, “Understanding the E-Government Paradox : Learning from Literature and Practice on Barriers to Adoption,” *Government Information Quarterly*, vol. 31, supplement, 2014, pp. S63-S71.

[5] 参见朱光磊、张志红:《“职责同构”批判》,《北京大学学报(哲学社会科学版)》2005 年第 1 期。

[6] 参见周振超 :《条块关系 : 政府间关系的一种分析视角》,《齐鲁学刊》2006 年第 3 期。

可以通过识别领导关系、业务关系来确定主次[1]，但在职责同构、条块并存的结构特征下，行政体制内部的权力非常容易呈现出碎片化特征，即各个条线、各级政府都有一定的自主权，而且都能对政策制定及其执行过程施加影响。[2] 在这样规模庞大、条线关系复杂的行政体制中，政府为了推进某个特定政策议题所涉及的主体越多，其价值冲突和利益矛盾就会越突出。参照克里斯滕森和马亮在危机管理领域建立的 2×2 协调矩阵[3]，我们可以从纵向和横向两个维度分析条块分割系统中不同事项对政府协调能力的要求（见图 5-3）。例如，一般性地方公共物品供给对于政府的协调要求总体较低，它只要基于地方部门实施属地化管理即可。矿业管理一般属于需要纵向职能部门间有效协调的工作，考虑到上级部门与下级部门之间的权威关系，其协调难度也并不特别高。相比之下，跨流域河道整治属于平级主体间的横向协调关系，在权威关系缺失的情况下，其有效协调就要困难一些。显然，那些涉及多主体、多层级之间的事项对政府协调能力的要求最高。

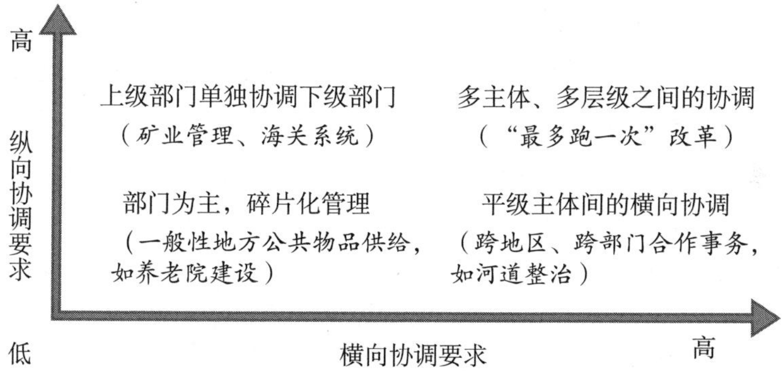

图 5-3 条块分割系统中的政府内部协调

资料来源：课题组参照克里斯滕森和马亮的协调模型绘制。

[1] 参见李侃如：《治理中国：从革命到改革》，北京：中国社会科学出版社，2010 年，第 188 ~ 190 页。

[2] See Kenneth G. Lieberthal and David M. Lampton, *Bureaucracy, Politics, and Decision Making in Post-Mao China*, Berkeley: University of California Press, 1992, pp. 34-36.

[3] See Tom Christensen and Liang Ma, "Coordination Structures and Mechanisms for Crisis Management in China: Challenges of Complexity," *Public Organization Review*, 2018, DOI: 10.1007/s11115-018-0423-9.

那么，如何在一个结构复杂、权力分散的大型组织中开展有效协调呢？一般认为，协调主要包含两种途径：一是自上而下的纵向协调，意味着高层级政府可以发挥自身的行政权力来调动下级部门的积极性；二是自下而上的网络途径，主要是指平等主体间基于协商、资源参与和共识建设等方式的横向协调。[1] 不过，这两种方式在中国政府治理中都面临较大困难。从纵向协调来看，地方分权在一定程度上削弱了上级政府对下级政府的控制能力，上下级政府间的信息不对称、地方政府间的共谋[2] 等催生了选择性政策执行等现象[3]，这无疑加大了上级政府的协调难度。从横向协调来看，各职能部门和各地区之间存在较多的横向竞争[4]，在涉及自身利益的领域总体上缺乏合作、协调的激励。以往，中国政府在解决平级部门间的协调问题时，常见的操作方法是建立一个临时性的议事协调机制，如领导小组[5]，或者在原有结构上成立一个更高级别的正式机构[6]。例如，郑永年注意到，在中国的互联网建设与发展过程中，邮电部常常需要去干预同一级别的电信部门，因而不得不时常寻求国务院的帮助来协调两个平级部门间的关系。为了解决这一协调问题，国务院在 1993 年底建立了国家经济信息化联席会议，由国务院副总理担任主席。两年多后，这一临时机构被重新命名为国务院信息化工作领导小组，从一个临时机构变成一个正式机构，承担制定和实施

---

[1] See Donald P. Moynihan, “The Network Governance of Crisis Response: Case Studies of Incident Command Systems,” *Journal of Public Administration Research and Theory*, vol. 19, no. 4, 2009, pp. 895-915.

[2] 参见周雪光：《基层政府间的“共谋现象”——一个政府行为的制度逻辑》，《社会学研究》2008 年第 6 期。

[3] See Kevin J. O’Brien and Lianjiang Li, “Selective Policy Implementation in Rural China,” *Comparative Politics*, vol. 31, no. 2, 1999, pp. 167-186.

[4] 参见周业安、赵晓男：《地方政府竞争模式研究——构建地方政府良性竞争秩序的理论和政策分析》，《管理世界》2002 年第 12 期。

[5] 参见陈玲：《中国高层领导小组的运作机制及其演化》，载《中共的治理与适应：比较的视野》，北京：中央编译出版社，2015 年，第 20 ～ 47 页。

[6] 参见李侃如：《治理中国：从革命到改革》，北京：中国社会科学出版社，2010 年，第 190 ～ 192 页。

信息产业中的规划、政策和规则的责任。[1]

（二）无差别全科受理模式对中国政府的协调挑战

以无差别全科受理模式推进“最多跑一次”改革，地方政府需要实现跨部门、跨层级和跨区域的复杂协调，即图 5-3“条块分割系统中的政府内部协调”中的“多主体、多层级之间的协调”。这一协调模式既要求地方政府实现高质量的横向部门间协调，又要求上级政府实施有效的纵向政府层级间协调。横向协调问题来源于无差别全科受理模式涉及价值取向、利益诉求各不相同的多个部门，使得地方政府很难克服部门利益，实现整体性政府的体制变革。同时，这一横向协调困境也引发了纵向协调难题，即地方政府由于很难实现无差别全科受理，因此更倾向于放弃体制变革，转而采用机制创新，如选择代办制模式来落实上级下达的“最多跑一次”改革要求，这对上级政府的纵向协调提出了更高要求。

横向的跨部门协调难题是无差别全科受理模式难以有效扩散的关键。在县级政府层面，无差别全科受理涉及三类不同机构：一是以行政服务中心为代表的整合型机构，它们的机构职能主要是推动政府行政效率提升，或者规范政府自身运行；二是具备行政审批权力的职能部门，如税务局、市场监督局等，这些部门承担了依法依规行使行政审批权力、规范市场运行的主要责任；三是地方党政办公室、机构编制委员会等牵头协调部门，它们一般受命于地方党委、政府，被要求协助推动行政审批制度改革（见图 5-4）。

参与机构的数量繁多仅仅是“最多跑一次”改革协调难题的开端，真正的困难在于这些参与机构差异化的价值取向以及相互矛盾的利益诉求。除了地方党委、政府办公室以及机构编制委员会等牵头协调部门，整合型机构与职能部门之间不仅有着高度差异化的价值目标取向，而且有着潜在的利益冲突。以行政服务中心为代表的整合型机构总体上倾向于支持并积极

[1] 参见郑永年：《技术赋权：中国的互联网、国家与社会》，北京：东方出版社，2014 年，第 68 ～ 73 页。

推动无差别全科受理模式的改革创新，但它们内部的价值取向存在一定分野，同时存在一定的利益冲突。

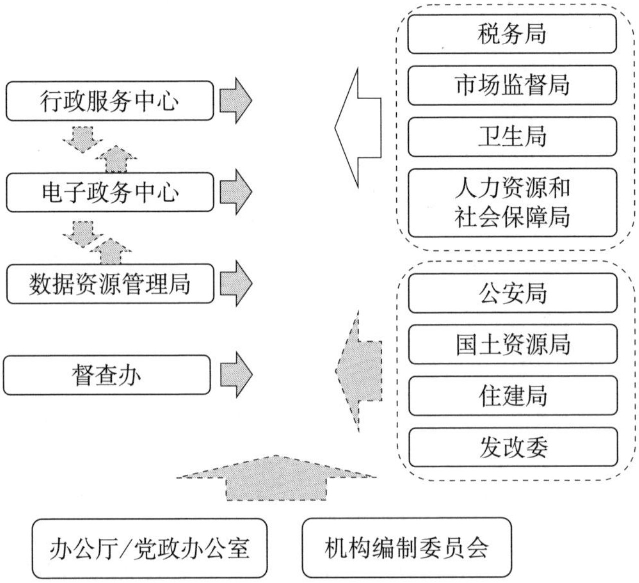

图 5-4 “最多跑一次”改革无差别全科受理模式中的主要机构

注：图中不同类型箭头指代各职能部门对跨部门流程再造、信息共享和权力重构的不同态度。其中，灰色实线箭头表示职能部门倾向于积极推动改革，白色实线箭头表明职能部门会配合协调部门的工作，灰色虚线箭头表明职能部门可能存在抵制改革的倾向。

第一，在各自价值取向驱动下，整合型机构都有较强意愿推进无差别全科受理模式的政府改革。行政服务中心起源于市政府的集中办事大厅，因而它天然地把提高政府行政审批效率作为核心职能，而推动流程再造则是行政服务中心的常用政策工具。行政服务中心希望抓住“最多跑一次”改革的机会，不仅在短期内改善政务服务的质量与效率，而且能够进一步确认行政服务中心作为推动政府提升效能的核心部门这一机构定位。由此，行政服务中心非常积极地参与“最多跑一次”改革，也乐意借助信息通信技术等新的方法和工具来促进跨部门的数据流通，说服各职能部门让渡一部分行政权力给行政服务中心，从而彻底扭转行政服务中心只是“菜市场”的尴尬处境，提升本部门在政府自身建设中的影响力。如果说行政服务中心是在目标驱动下把信息通信技术作为本轮行政审批制度改革的重要工具，那么电子政务中心就是在工具驱动下把推动行政审批制度改革作为阶段性改革目标。这两个机构在“最多跑一次”改革中殊途同归，都强调无差别全科受理模式在推动政府改革创新中的积极意义。相比之下，数据资源管理局并不特别关心行政服务的效率与质量的问题。作为新成立的机构，它把数据的收集、管理和运用作为本部门的核心职能。对这一机构来说，长远目标是运用大数据分析等技术推动政府的系统变革，而短期目标则是尽可能搜集、归并数据以巩固数据资源管理局的组织基础。为此，数据资源管理局也倾向于支持无差别全科受理模式，强调后台数据的整合共享有助于推进“最多跑一次”改革，并愿意主动承担数据搜集、归并的工作任务。督查办和纪律检查监督委员会等部门尽管并不以提升行政服务效率为首要目标，但它们注意到无差别全科受理模式需要建立在完善、规范的行政审批流程之上，这意味着各职能部门的行政审批权力被放进了“制度”和“互联网”的双重笼子里。基于这一原因，这类以规范政府权力运行为核心目标的监督机构，也倾向于主张无差别全科受理的改革模式，而不是代办制。

第二，整合型机构在不同价值目标驱动下分享了推动无差别全科受理模式的相近目标，但它们也存在不少潜在的利益冲突，影响了实践中的改革进展。电子政务中心和行政服务中心尽管都同意采用信息通信技术来推进行政审批制度改革，但两者过于同质的机构职能也导致了相互间的协调困难。在行政服务中心看来，提高政府行政审批的效率和质量显然是本部门的核心职能，而无论是提供集中办事的物理空间，引入代办制作为政府与民众之间的缓冲区域，还是基于信息通信技术建立跨部门的在线审批系统和数据流转平台，都是行政服务中心可以选择采用的制度或技术工具。也正因此，电子政务中心应当为行政服务中心的工作提供支持。然而，电子政务中心却更倾向于将“互联网 + 政务服务”视作本轮政府改革的切入点，强调在线审批系统、信息流转平台和数据库建设并不在行政服务中心的职责范围之内。在县级政府层面，电子政务中心的行政级别原本比正科级的行政服务中心更低，一般是科技局或信息化局的下属单位，但在“最多跑一次”改革中，部分市、县为了推进改革，开始升格电子政务中心。如义乌市由原电子政务办公室、网格服务管理中心合并组建了义乌市数据管理中心，列为市政府直属正科级公益一类事业单位。这一变化导致电子政务中心和行政服务中心在职责定位上出现一定的重合，进而引发两个部门在政府数字化转型工作中的内在冲突。[1] 数据资源管理局与行政服务中心、电子政务中心的冲突相对较少，但它在具体工具选择上也有不同意见。在推进数据共享的过程中，数据资源管理局特别强调建设政务云的重要性，即要求各职能部门将各自数据上传、汇总到数据资源管理局统一管理。[2] 这一做法不仅是为了提高行政过程中的执行效率，也是为了巩固数据资源管理局在政府中的地位，更是为了基于海量数据开展辅助决策。行政服务中心则并不必然要求数据的跨部门集中，它只需要建立各职能部门间的数据交换协议。这些差异虽不足以阻碍改革，却给后续的协调造成了一定的困难。

行政服务中心与电子政务中心、数据资源管理局之间的工作重点尽管有所差异，但这些差异仍然是“同个阵营内的冲突”，即部门之间共享的目标要远远大于矛盾。在“最多跑一次”改革中，整合型机构与职能部门之间的冲突才是真正意义上的目标和利益冲突。对公安局、国土资源局等职能部门来说，它们的核心目标是依法依规履行法律授予的监管、审批职能。作为政府科层制组织的一部分，它们天然地有着扩大本部门职权范围、保障本部门利益的倾向。职责定位与部门主义倾向使得它们与行政服务中心在目标和利益上都产生了重大冲突。其中，行政服务中心更加重视效率取向，而各职能部门则更加重视依法依规履职，两者目标的错位使得职能部门并不愿意增加额外工作量去完成行政服务中心要求的改革。为了在“最多跑一次”改革中提高行政效率，行政服务中心往往会要求各职能部门删减不必要的行政程序，实现跨部门政务流程的持续优化，而这一目标并非职能部门的目标。对职能部门来说，如何更好地依法依规完成法定职能才是它们的核心目标。在行政服务中心看来，各职能部门都存在一些重复性的审批

[1] 参见课题组访谈 201808B。

[2] 参见课题组访谈 201712A。

事项，既没有必要，也降低了政府政务服务效率。但在职能部门看来，这些审批都是本部门依法承担的职责和义务，倘若轻易放弃了某个法定程序，那么一旦发生诸如安全生产、环境污染等问题，本部门仍然需要接受问责，并承担相应的法律责任。换句话说，流程再造的成果往往归属行政服务中心，而这项改革带来的风险却落到了职能部门头上。也正因此，职能部门大多强调依法依规履职，而反对为了效率放弃某个规范的程序要求。其中，公安局、国土资源局、住建局和发改委等部门的行政审批权限更大，也就可能更倾向于抵制改革。税务局、市场监督局等审批权限相对较小的部门，尽管也不完全支持改革，但其配合程度要比其他部门更高一些。

行政服务中心等整合型机构与职能部门间的更大利益冲突发生在信息共享和权力重构阶段。在无差别全科受理过程中，行政服务中心要求各职能部门开放政务数据，并要求职能部门以委托交办的形式将一部分权力转交给行政服务中心的全科受理人员。对职能部门来说，这两个要求都“动了它们最核心的奶酪”。在漫长的履职过程中，各职能部门逐渐掌握了与民众相关的专门数据。以往，这些数据大多由各职能部门保管，职能部门也因此垄断性地掌握了某个领域的基本情况。在科层制组织中，职能部门的信息优势恰恰也是这些部门赢得在公共政策制定和执行中影响力的关键因素。一旦职能部门的信息分享给了行政服务中心或数据资源管理局，其垄断地位显然会受到影响。出于这样的原因，职能部门大多不愿意分享它们的数据。当然，更多职能部门会以隐私保护、数据安全等原因拒绝与其他部门分享信息。不过，正如数据资源管理局一名专家所言，在市、县层面，职能部门内部并不具备足够的人力和物力来开展专门的数据保护。相比之下，由市、县政府组建的专门机构来管理这些数据，在技术和制度两个层面都更有可能保障数据安全。[1] 数据共享尚且如此困难，职能部门更不愿意做的事情就是权力让渡，即把一部分行政审批权力交办给行政服务中心。权力行使是职能部门权威的重要来源，一旦职能部门放弃权力，无异于削弱它们在政府内部和在社会上的影响力。相应地，职能部门会以行政服务中心缺乏具

[1] 参见课题组访谈 201712B。

备专业资质的人员等理由拒绝分享它们的行政权力。

面对价值目标各不相同、利益冲突明显的多个部门，地方党委、政府可以通过建立联席会议、领导小组等方式推进工作。但是，联席会议、领导小组比较适用于某些具体政策领域的跨部门协调，且总体上属于议事机构，并不承担执行任务的责任,因而未必能够真正有效推动“最多跑一次”改革。更为重要的是，由于地方党委、政府在推进无差别全科受理模式时往往会遭遇来自职能部门的激烈抵抗，一些地区的地方党政领导干部也不愿意冒险推动改革。也正因此，浙江省“最多跑一次”改革初期，只有少数地区试行了无差别全科受理模式;浙江省“最多跑一次”改革向其他地区扩散时，代办制比无差别受理模式更容易得到推广。

三、整体性政府的体制变革如何成为可能?

那么，如何破除部门利益，充分发挥技术优势，推进整体性政府的系统重构呢？浙江省在“最多跑一次”改革中建立了一整套重要的内部治理机制，解决了实现整体性政府体制变革的三个关键协调问题：一是纵向的有效激励，即高层级政府如何调动地方党委、政府的积极性，使它们有较强意愿参与到整体性政府建设之中；二是横向的权力重构，即地方党委、政府如何通过赋权行政服务中心，使一个相对弱势的部门得以协调其他强势职能部门开展行政流程再造；三是克服跨层级、跨部门的信息不对称，即各级党委、政府如何充分掌握、准确评估下级政府、职能部门的绩效表现。通过充分发挥党委“总揽全局、协调各方”的领导作用，这一机制在不系统改变政府内部组织架构、不新增永久性协调机构的情况下，解决了职责同构、条块分割系统中的协调难题。也正因此,它不仅有助于实现“最多跑一次”改革中的无差别全科受理模式，也能够用于解决政府治理中的其他协调难题。

（一）强化纵向激励的领导体制

在分权体制下，地方政府并不会自然而然地执行上级政府下达的所有政策指令，这已是一个基本常识。实行地方分权后，以市、县政府为主体的地方政府承担了中国政府的大部分对内职能，它们不仅是地方治理的实际主持者，而且是高层级政府的最重要执行者。地方政府面对的任务繁多，实际掌握的资源却很有限。一名县委常委表示，伴随着法治政府建设的不断推进，地方政府每年预算内财政中已经有超过70%都是“规定动作”，即法律法规明确规定的支出项目，地方政府并不具备自主支配这部分资金的权力。不仅财政资金的支配额度有限，地方政府的人力资源也很有限，地方政府及其职能部门的编制都受到了严格控制。当然，一些地区也存在人员超编的情况，但在浙江省等东部沿海地区，地方政府的薪酬待遇总体缺乏竞争力，因而较低层级地方政府的人力资源长期处于短缺状态。

任务繁多、资源有限，选择性政策执行就成为地方政府在约束条件下的必然选择。那么，何种政策更有可能成为地方政府有限执行的公共政策呢？研究表明，那些有助于区域经济社会发展、地方政府财政收益增加以及地方党政领导干部晋升的政策自然而然地成为地方政府的优先选择。而一旦上级政策与地方政府发展经济、维护稳定等目标产生冲突，那么地方政府就很有可能会借助地方治理的信息优势，以象征性执行等方式落实公共政策。“最多跑一次”改革就是一项可能会引发部门反对的公共政策。因此，浙江省委、省政府不可能仅仅通过发布政策方案来确保各级政府的充分执行。相应地，浙江省人民政府在2017年2月发布《加快推进“最多跑一次”改革实施方案》时，除了阐述改革目标、推进方式，还明确要求建立工作保障机制来调动各省级职能部门和各级地方党委、政府参与推进这项工作的积极性。

第一，明确由省委、省政府主要领导推进“最多跑一次”改革，并将“最多跑一次”改革列入2017年、2018年浙江省政府的重点改革任务。研究表明，地方政府会通过判断上级党委、政府主要领导的“注意力分配”来确定本级政府的工作重点。[1] 在“最多跑一次”改革提出后，时任浙江省人民政府

[1] 参见练宏：《注意力竞争——基于参与观察与多案例的组织学分析》，《社会学研究》2016年第4期。

代省长车俊在向浙江省十二届人大五次会议上做政府工作报告时就明确表态，浙江将加快推进“最多跑一次”改革。在2017年浙江省政府工作报告中，省政府明确把“最多跑一次”改革列为当年工作任务和重点的第一项内容，并很快发布了《加快推进“最多跑一次”改革实施方案》，提出了推进“最多跑一次”改革的总体要求、职责分工、实施步骤、配套和保障措施。通过2016年12月到2017年2月之间的一系列会议与文件，浙江省委、省政府向各市、县政府传递了一个重要信息，即“最多跑一次”改革将成为浙江省推动全面深化改革的突破口、“牛鼻子”。2017年下半年改革取得阶段性成效时，省委书记车俊在《求是》发表“将‘最多跑一次’改革进行到底”的署名文章，明确宣示浙江省各职能部门和各级政府将持续深化“最多跑一次”改革，改革不能止步于行政效率的提升，而要更加重视改革的撬动效应。2018年1月2日，车俊在浙江省全省全面深化改革大会上发表题为“高举改革大旗，扛起改革担当，当好新时代全面深化改革的排头兵”的重要讲话，进一步明确深化“最多跑一次”改革的具体要求，强调应在2018年将“最多跑一次”改革向纵深推进，充分发挥这场改革对经济体制、公共服务体制、权力运行机制的撬动作用。2018年2月，浙江省长袁家军向浙江省人大作政府工作报告时，仍然将“最多跑一次”改革列为政府当年的重点工作。这些不同时期的会议、讲话、文件，都为浙江省自上而下推动“最多跑一次”改革奠定了扎实基础。

作为一项自上而下推动的重大改革，浙江省委、省政府的领导作用没有止步于表明态度，更在于建立了实质性的领导体制，协调各部门共同推进“最多跑一次”改革。在2016年12月提出“最多跑一次”改革后，浙江省很快就建立了制度化的领导体制，将原有“省政府深化‘四张清单一张网’改革推进职能转变协调小组”更名为“省政府推进‘最多跑一次’改革深化‘四单一网’改革协调小组”，并先后由车俊、袁家军担任组长。在具体工作中，除了省委书记车俊高度关注改革进程，省长袁家军坚持每两个月召开一次专题会议，常务副省长冯飞每个月召开例会，有效强化了这一改革的顶层设计。

第二，由省政府办公厅牵头建立常规工作领导小组，实质性地推动跨部门协调议事，确保“最多跑一次”改革顺利执行。省委、省政府主要领导高度重视这场改革，向各职能部门和各级党委、政府传递了明确信号，但作为一项内容特别丰富的政府改革项目，“最多跑一次”改革涉及政府工作的方方面面，需要各职能部门积极配合。为了确保这项工作能够顺利推进，浙江省同时成立了由省政府办公厅、省编办、省发改委、省法制办等单位组成的“最多跑一次”改革专题组，并以浙江省机构编制委员会为载体设立了“‘最多跑一次’改革工作领导小组办公室”（简称“跑改办”）。在改革实践进程中，省编办（省跑改办）承担了主要协调工作，负责协调省编办、省信访局以及省发改委（企业投资项目）、省工商局（商事制度改革）、省公安厅、省人力资源和社会保障厅等（便民服务）职能部门的具体工作，如事项梳理、标准化和数据共享、对接等。

第三，明确省级职能部门负责人、地方党政负责人作为“最多跑一次”改革责任人，并围绕无差别全科受理的体制创新模式建立了考核评价指标体系，为地方政府积极落实“最多跑一次”改革提供了重要的激励机制。“最多跑一次”改革不仅涉及各职能部门间的相互协调，也需要调动地方党委、政府的积极性来确保它在市、县扎实推进。为此，如何调动地方党委、政府的积极性，是实现“最多跑一次”改革中跨层级纵向协调的关键。在2017年2月出台的《加快推进“最多跑一次”改革实施方案》中，浙江省明确要求“各级政府和省级有关部门主要领导作为第一责任人，要切实加强组织领导，做到改革工作亲自部署、重要方案亲自把关、关键环节亲自协调、落实情况亲自督察，加快推动改革落地”。省委书记车俊于2018年1月在全省全面深化改革大会上的讲话中，突出强调了党政负责人推进“最多跑一次”改革的积极作用，要求“坚持一把手抓改革，党政主要负责人亲自抓、带头干”。

在明确了党政负责人的工作职责后，浙江省进一步建立、完善了“最多跑一次”的考核评价机制。《加快推进“最多跑一次”改革实施方案》指出，要把“‘最多跑一次’改革列入省级有关部门目标责任制考核。建立‘最多跑一次’改革的专项督查制度，对于不认真履行职责、工作明显滞后的地区和部门，要启动追责机制。各地各部门也要建立相应的考核督查机制，强化制度刚性，确保改革顺利推进”。依据这一要求，浙江省跑改办于2018年初发布了与“最多跑一次”改革相关的考核评价指标体系，考核2017年度设区市“最多跑一次”改革的工作进展。在实践中，浙江省的考核评价方式主要包含两种类型：一是在原有设区市经济工作责任督查考核中纳入“最多跑一次”改革相关的考核内容；二是专门发布“最多跑一次”改革的考核指标体系。在这些督查考核方案中，浙江省明确赋予跑改办在设区市经济工作责任督查考核中8分的督查考核权限，其中“省编办负责考核5.6分，省数据管理中心负责考核2.4分”。从考核方式来看，浙江省不仅考察结果指标，即“最多跑一次”改革的实现情况，而且特别重视过程性指标，即强调各地应坚持以无差别全科受理模式为主要方向推进改革。如在2018年1月发布的考核办法中，浙江省把“行政服务中心‘一窗受理、集成服务’改革落实情况”“推进系统对接和数据共享情况”明确列为过程性考核指标，分别占2分、2.4分。通过把“最多跑一次”改革确认为职能部门负责人以及地方党委、政府主要领导的工作职责，把无差别全科受理作为评价地方政府改革进展的过程性指标，浙江省得以激励各级干部更多采用无差别全科受理模式，实质性地推动后台的流程再造、信息共享和权力重构，以体制变革方式建设整体性政府。

在省委、省政府的大力推动下，浙江省各省级职能部门都建立了“最多跑一次”改革工作领导小组，各级政府也都积极响应“最多跑一次”改革，学习和借鉴“一窗受理、集成服务”的体制创新改革模式。举例来说，浙江省民政厅于2017年8月正式发文成立了“最多跑一次”改革工作领导小组，由民政厅党组书记、厅长担任领导小组组长，同时成立了信息项目组、督促评估组和联络工作组，明确了各处室、单位的职责和主要工作，以确保改革工作推进顺利。[1] 浙江省人力资源和社会保障厅更是在全省范围内快

[1] 参见《浙江省民政厅关于成立“最多跑一次”改革工作领导小组”的通知》(浙民发〔2017〕30号)。

速推进信息化、标准化工作，在2017年12月底就实现了310个人社信息系统数据集中，在数据共享等方面表现出色。[1]各地都相应成立了“最多跑一次”改革办公室，与省委、省政府直接对接，推进整体性政府建设。

（二）建立优化横向部门间的协调机制

在省委、省政府的大力推动下，浙江省各级政府都启动了“最多跑一次”改革。不过，地方党委、政府同样需要调动各职能部门推进工作的积极性，协调有着差异化价值目标和利益诉求的职能部门。由于“最多跑一次”改革是“四张清单一张网”的延续和深化，浙江省在省级层面主要由机构编制委员会协调推进这一工作，到了市、县两级，行政服务中心成为该项工作的主要参与部门。行政服务中心是政府各职能机构中明确把提高政府行政效能、改善政务服务质量作为核心职能的机构。由于长期与市民、个体工商户和企业办事人员打交道，行政服务中心也具备推进改革工作的信息优势和前期经验。不过，行政服务中心却是一个相对弱势的机构。在“最多跑一次”改革启动以前，地方党委、政府一般不会派非常优秀和有很好政治前途的干部担任行政服务中心主任岗位。[2]这一弱势地位使得行政服务中心很难协调同级部门，特别是同级强势部门的各项工作，包括整体性政府改革所必需的流程再造、信息共享和权力重构等。

那么，如何赋权行政服务中心，使之具备推进“整体性政府”改革的必要权威呢？从实践来看，行政服务中心的权威获得有赖于地方党委、政府的主动赋权，即增加行政服务中心在综合考核评价中的指标占比，使之能够基于“考核指挥棒”更好地调动、督促其他职能部门配合开展工作。但即便没有行政体制内部的制度赋权，现有地方党委、政府的治理结构也赋予了行政服务中心主动争取、赢得各部门支持，推进无差别全科受理的自主行为空间。

[1] 参见张冰：《浙江“互联网＋人设”推进“最多跑一次”》，http：//zj.people.com.cn/n2/2018/0201/c186806-31207006.html。

[2] 参见课题组访谈201808A。

第一，地方党委、政府可以通过正式的体制机制设计赋予行政服务中心以相对较高的权威。在实践中，地方党委、政府对于行政服务中心的赋权包含三种可能途径。一是地方党委、政府可以提高行政服务中心在综合考核评价指标体系中掌握的分值比重。在地方党委、政府的日常治理中，综合考核评价是各职能部门每年都需要面临的考核评价指标体系。一般而言，职能部门面临的综合考核评价指标体系中既包含本部门日常工作（即法定职能），也需要对应上级党委、政府和本级党委、政府的重点工作确认年度中心工作。综合考核评价指标体系的考核结果会用作各职能部门年终奖的发放标准，其评定结果也会记入党政领导班子的工作档案。一名长期参与地方党政机关绩效考评的干部表示，当上级组织部门到本地来选拔任用干部时，“第一件事情就是调取年度工作考核结果”。也正因此，尽管很少有党委、政府以文件形式明确规定将综合考核评价结果用于干部选拔任用,地方干部却都很清楚这一考核的结果运用方式。在浙江省“最多跑一次”改革过程中，不少市、县政府都提高了行政服务中心掌握的综合考核评价指标体系的分值比重（较低的有 3 分、5 分，较高的则有 10 分）。从绝对分值来看，行政服务中心掌握的分值（100 分中的 3 ～ 10 分）并不高，但在实践中，不同职能部门的年终考核评价结果差异一般保持在 1 分以内。也正因此，行政服务中心掌握的 3 ～ 10 分，已经能够对职能部门的年终考核评价结果产生决定性影响。

地方党委、政府提高行政服务中心在综合考核评价指标体系中掌握的分值，重在给予行政服务中心“激励”的权力。在实践中，一些地方政府也给予行政服务中心“惩罚”的权力，即给予行政服务中心通报批评不配合“最多跑一次”改革相关工作人员、职能部门的权力。针对以往各职能部门派驻行政服务中心工作人员不听取、不回应中心要求的情形，不少地方政府都明确要求“追责”窗口工作人员，赋予行政服务中心评价各职能部门窗口工作人员工作表现的权力,建立了基于评价结果的奖惩机制。例如：将工作表现作为推荐县管干部的依据；建立召回机制，规定不得重用从行政服务中心召回的工作人员。为了更好地推进后台的流程再造、数据共享和权力重构，一些地方政府也在文件中明确要求通报批评那些“不认真履职”“工作滞后”的单位和个人，由此督促各个职能部门积极配合推动“最多跑一次”改革。

地方党委、政府赋权行政服务中心的第三种途径就是高配，即提高行政服务中心主要领导的职务级别。一般而言，地级市的行政服务中心为处级机构，其行政服务中心主任的职务级别为正处级，与发改委、工商局、住建局等部门的领导处于同一职务级别。不过，由于行政服务中心是相对弱势机构，发改委、住建局等属于相对强势的机构，行政服务中心主任很难调动强势部门领导开展工作。在不改变行政服务中心机构级别的情况下，党委、政府应对这类问题，通常直接由上级来协调跨部门的工作，如在省级层面由省长、常务副省长来协调。但这种方式只能适用于有限的工作任务。在政府治理任务较重的情况下，依赖上级解决问题反而会导致地方党委、政府领导班子不堪重负。在实践中，为了确保行政服务中心能够有充分的权威来协调其他职能部门的工作，浙江省已明确县（市、区）行政服务中心党组书记或主任由常务副县（市、区）长兼任。一些设区市则进一步将正处级的行政服务中心主任高配为副厅级，或由担任副厅级领导职务的干部兼任行政服务中心主任。如在浙江省衢州市，市人大常委会副主任田俊兼任行政服务中心主任一职，这使得她能够更好地召集各职能部门，并从各职能部门抽调人手建立“专班制”等有效推动工作。

第二，对于行政服务中心来说，拥有本级党委、政府的正式赋权自然是更好地发挥部门优势、推动整体性政府建设的重要保证，但即便没有这种正式赋权，也并不意味着行政服务中心就没有用武之地。在地方党委、政府的治理结构中，行政服务中心可以通过“抽象问题具体讨论”，将目标导向、结果导向的“最多跑一次”改革任务，分解为方案导向的具体改革内容。在此基础上，采用争取同僚支持，争取分管领导支持，争取地方党委、政府支持等方式，分类型、分层次地实现跨部门事务的有效协调。“最多跑一次”改革是一项结果导向、目标导向的具体工作，一些行政服务中心在接到改革任务后，往往会采用目标分解方式要求各职能部门配合工作，但这种做法相当于把自身定位为中转站，忽略了有效协调本身就是治理中的重要问题，需要行政服务中心付出时间与精力。相比之下，较为成功的行政服务中心较多采用的策略是“抽象问题具体讨论”，即以“一件事”为载体，通过细致比对办事流程中各职能部门的办事程序、办事要求，提出新的流程和材料方案，并在此基础上列出需要各职能部门配合的具体要求。换句话说，行政服务中心不能只是在目标分解层面要求各部门配合，而且必须详细分析“一件事”，在方案意义上明确需要各部门配合的具体内容。这一梳理，有助于行政服务中心将职能部门从“配合”或“不配合”的极端选项，转化为多个可以讨论的具体问题，并根据问题的难度分别采用不同方式予以破解。

在区分问题性质的基础上，行政服务中心至少有三种方式可以组织协调横向的部门间关系。一是基于影响力协调平级部门间的工作关系。“最多跑一次”改革尽管涉及跨部门利益冲突等问题，却并不意味着所有的跨部门事务都具备这一属性。对于那些不会涉及部门核心利益的协调问题，行政服务中心可以首先在职权范围内发挥影响力，采用管理方式与其他职能部门领导横向沟通。市、县党委、政府的干部管理有着突出的“本地化”特征，即绝大多数市、县党委、政府干部都在同一个区域内度过他们整个职业生涯。由于长期在同一区域任职，地方中层干部往往需要在多个部门轮岗，彼此之间也都比较熟悉。而且，各职能部门在“最多跑一次”改革中都面临条线上的督查、考核，因而具备一定的积极性来配合行政服务中心推动工作。二是寻求分管领导的支持。在市、县政府的治理结构中，行政服务中心主任的职务级别和相对重要性不高，但考虑到政务服务本身是政府工作中的重要组成部分，许多地方行政服务中心都由常务副市长（常务副县长）、市长（县长）分管。2017 年以后，浙江省更全面推行由常务副县（市、区）长兼任县（市、区）行政服务中心党组书记或主任，11 个设区市的行政服务中心也多由担任市委常委的常务副市长或市长直接分管（宁波除外，见表 5-1）。这一分管工作安排，赋予了行政服务中心主任寻求直接上级支持或协调一些关键性问题的制度空间。同时，这也使得行政服务中心横向协调有了第三种可能策略，即争取地方党委、政府支持。在地方党委、政府中，由党委书记牵头召开的党委常委会（一些地方也会召开党政联席会议）和由政府一把手牵头召开的政府常务会议是党政组织内最重要的决策机制。地方党委、政府的常务会议一般一周召开一次，主要确定党委、政府重点工作，解决跨部门协调事项。由于行政服务中心是常务副市长或市长直接分管的工作，他们本身也是地方党委常委会的成员，行政服务中心主任就可以通过向分管领导报告工作困难，把无法经由职能部门横向协调解决的问题以专题报告形式提交党委、政府的常务会议。对行政服务中心来说，一旦党委常委会或政府常务会议形成了会议决议，这一决议就赋予了它与其他职能部门进一步谈判、协调推进整体性政府改革的依据。

表 5-1 浙江省各设区市行政服务中心的分管领导

城市	分管领导
杭州	市委常委、常务副市长
宁波	副市长
温州	市委常委、常务副市长
衢州	市委副书记、市长
湖州	市委副书记、市长
嘉兴	市委常委、常务副市长
绍兴	未知
台州	市委常委、副市长
金华	市委常委、常务副市长
丽水	市委常委、常务副市长
舟山	市委常委、常务副市长

（三）充分运用民众反馈、第三方评估和督查等信息机制

在自上而下推进的政府改革实践中，信息不对称是上级政府（委托方）面临的突出问题。不少实证研究表明，地方政府不仅会采用选择性政策执行的方式来应对上级政府下达的不同政策指令，也会通过共谋等方式应付来自上级的各项检查。为了解决这一问题，浙江省在推进“最多跑一次”改革的过程中，依托民众反馈、第三方评估和督查等途径，在省级层面建立

了有效的信息搜集机制，确保省委、省政府能够充分了解各地改革进展。

与其他政府内部的改革项目相比，“最多跑一次”改革为民众评价政府改革的实际成效建立了清晰的测量标准，即民众在办理各项政务服务时，究竟是否需要多次前往行政服务中心。作为办事人，民众也能比政府及其职能部门更好地评估政府改革的实际成效。在实践中，浙江省在政务服务网的首页提供了咨询投诉的渠道，鼓励民众将在改革过程中发现的问题向政府直接反馈，以便政府了解各地改革的实际进展。

除了赋予民众直接评价、反馈政务服务的渠道，浙江省在“最多跑一次”改革中也大量依托第三方评估等方式，建立了调研各地改革进展、评价各地改革成效的机制。一是运用体制内的调查研究单位开展满意度调查。如浙江省统计局在 2017 年 9 月面向全省 11 个设区市的办事群众开展了“最多跑一次”改革的相关调研，评估民众前往行政服务中心办事的“一次办成率”、办事所需时间，同时指出“材料过多”等是制约“最多跑一次”的主要原因。二是依托高校、科研机构等第三方机构开展满意度调查，比较各设区市、县（市、区）推进“最多跑一次”改革的实践成效。2018 年，浙江省印发《2018 年“最多跑一次”改革专项评估方案》，要求分阶段评估“最多跑一次”改革的实施效果。截至 2018 年 8 月，浙江省已经完成了 3 轮《浙江省“最多跑一次”改革抽样调查评估结果专报》。相比由政府自身组织的调查报告，抽样调查评估一般由省委改革办委托省社科院、浙江大学等相关科研机构或高校完成。调查机构除了采用电话、网络等形式实施问卷调查，也借助大数据舆情分析等新方法，以便更为准确地评估改革的实际效果。特别值得注意的是，在省委、省政府组织了第三方评估后，各地政府纷纷采用相似的评估办法来改进改革举措。

浙江省委、省政府解决“最多跑一次”改革中上下级政府间信息不对称的另一种方式是督查。首先是省政府组织的纵向督查。如浙江省政府办公厅在 2017 年 4 月组织了 3 个督查组前往 11 个设区市，随机抽取了 11 个设区市行政服务中心、4 个县（市、区）行政服务中心分中心、8 个街道（乡镇）办事大厅，检查“一窗受理、集成服务”的实施情况。2017 年 6 月，浙江省政府办公厅组织了“最多跑一次”改革的专项督查，系统排查改革中存在的问题和短板。督查以后，浙江省政府办公厅向浙江省委、省政府和相关职能部门、地方政府通报督查的基本情况和发现的主要问题，由此督促地方政府积极履职。随着改革的持续深化，地方人大、政协等也开始以督查等形式参与“最多跑一次”改革，通过发挥自身的监督职责督促地方政府扎实推进改革。如浙江省人大在 2017 年 3 月正式启动了“最多跑一次”改革的调研督查工作，由全省 8 万多名各级人大代表采用实地走访等方式听取市民、个体工商户和企业办事人员的意见建议。到 2018 年，浙江省多个地区都建立了人大代表、政协委员入驻行政服务中心督查的制度。这一做法不仅有助于促进“最多跑一次”改革，而且推动了民主政治蓬勃发展。

四、本章小结

技术进步使得整体性政府的体制变革成为可能，但成功的技术赋能仍然需要回应、解决大型科层制组织内部的协调难题。浙江省“最多跑一次”改革表明，通过发挥党委“总揽全局、协调各方”的领导作用，各级党委、政府可以在不新增机构的情况下，建立治理机制有效应对碎片化行政体制中的协调难题。其中，上级党委、政府可以通过明确责任、完善考核评价机制，为下级党委、政府积极落实“最多跑一次”改革提供激励；市、县党委、政府可以通过赋权行政服务中心等协调部门，破除部门壁垒，实现跨部门的流程再造和信息共享；各级党委、政府可以通过建立反馈、第三方评估和督查等机制克服信息不对称，及时掌握信息来判断各级政府、各个部门的实际工作进展。基于浙江省、广东省、江苏省、湖北省和陕西省等地区的实地调研显示，建立了上述协调机制的地区，在“最多跑一次”改革中更有可能采用无差别全科受理的体制变革模式。

指出技术运用需要管理保障，并不是刻意矮化信息技术在政府治理中的重要地位，而是要求我们更加综合地来审视技术运用与政府治理的关系。在技术与管理问题上，人们的认识常常有两个极端：一是技术万能，强调技术进步可以解决一切管理问题；二是管理万岁，认为技术只不过是附属工具。在实践中，好的治理往往是技术与管理的融合，即两者互为补充、互相支持。在解决地方政府普遍烦恼的“信息孤岛”问题时，我们既要懂得管理，认识到部门利益会阻碍跨部门的信息流通与共享，又要掌握技术，知道数据的流通共享除了集中建“政务云”，也可以依托数据交换协议或分布式的区块链技术实现目标。理论进步需要研究者时刻保持批判的敏锐眼光，发现既有知识的不足，治理实践却要求管理者养成海纳百川的包容气度，重视各种选项的长处。

最后，强调党委“总揽全局、协调各方”的领导作用，并不意味着上级党委、政府需要替代地方、替代部门做出决策。在浙江省自上而下构建协调机制的过程中，省委、省政府始终把自身角色严格界定为引导、激励和支持，为各地保留了因地制宜、因时制宜创新的自主性。其中，“引导”是指明确目标，即确立“以人民为中心”的改革思想，以及以“一窗受理”“网上办理”等体制变革的方式推进整体性政府建设的改革路径；“激励”是指调动地方积极性，即通过加大考核督查，启动追责机制，确保各地各部门能够切实推进“最多跑一次”改革；“支持”是指为各地党委、政府的改革进展提供备选方案，即要求各省级部门为各地区同系统的工作提供业务培训，在省级层面及时总结改革经验并予以推广。在这个意义上，浙江省“最多跑一次”改革也为“顶层设计与地方实践的良性互动”提供了重要范例。

第六章

当代公共管理改革的中国方案？

党的十九大提出“以人民为中心”的发展思想，为求解以政府中心主义为核心特征的全球性公共管理难题提供了可能的中国方案，即“以民众为中心”的公共管理。始于浙江、燎原于中国的“最多跑一次”改革，较好地契合了“以民众为中心”公共管理的各项特征。这一改革为实现从“以政府为中心”的公共管理向“以民众为中心”的公共管理的转型提供了六条可能的经验。

以公共服务组织（主要是政府）为基本分析单位的政府中心主义，是包括中国在内的全球公共管理理论与实践的普遍特征。但是，在公共服务供给日益碎片化且更加需要跨组织运转的当下，仅关注封闭的行政过程（传统公共行政所强调的）或组织的内部管理（新公共管理所强调的）是不可能的。而且，政府中心的治理逻辑也带来了公共服务组织成本高企、公共服务供给有效性不足等一系列问题。因此，超越以公共服务组织为中心的传统模式，重新思考公共服务本质，回归民众真实需求，成为后新公共管理时期，公共管理规范理论建构（如新公共治理理论以及作为其最新进展的公共服务逻辑、公共价值管理、整体性政府、整体性治理等）的普遍内容。遗憾的是，这些理论都没有就超越政府中心主义的实现条件和具体机制展开实证讨论。

党的十九大全面确立了“以人民为中心”的发展思想，为求解上述公共管理的全球性难题提供了可能的中国方案，即“以民众为中心”的公共管理。近年来，各地广泛开展的“最多跑一次”改革，在多个方面满足“以民众为中心”的公共管理的主要特征。这一改革，为超越政府中心主义，实现“以民众为中心”的公共管理，提供了一定的经验支持。

在本章中，我们首先基于“以人民为中心”的发展思想，提出“以民众为中心”的公共管理这一新路径，并从主体间关系与管理形态，评价标准与预期目标，操作流程，以及公共价值等方面，比较它与“以政府为中心”的治理逻辑的不同之处。其次，我们将结合各章对“最多跑一次”改革的描述，分析“最多跑一次”改革如何满足“以民众为中心”的公共管理的各项特征。最后，我们基于“最多跑一次”的改革实践，探讨从“以政府为中心”的公共管理向“以民众为中心”的公共管理转型的实现条件及其具体机制。

一、“以民众为中心”的公共管理：政府中心主义的超越

传统公共行政范式、新公共管理范式，都是基于政府中心主义的公共管理模式。政府中心的治理逻辑带来了公共服务组织成本高企、公共服务供给有效性不足等一系列问题，困扰着包括中国在内的全球大多数国家与地区。在后新公共管理时期，如何突破传统公共行政范式和新公共管理范式的理论与实践困境？党的十九大报告提出要坚持“以人民为中心”的发展思想，坚持人民主体地位，坚持立党为公、执政为民，践行全心全意为人民服务的根本宗旨。“以人民为中心”的发展思想，为解决当代中国乃至全球公共管理理论与实践所面临的共性问题，提供了启示。“以人民为中心”之于公共管理而言，就是要改变过去以政府为中心的传统路径，将民众（即公共服务的使用者）置于公共管理、公共服务的核心位置。我们将这一可能的新路径，称之为“以民众为中心”的公共管理，即在资源有限的前提下，公共服务以民众需求作为设计、供给的核心标准，通过民众与公共服务组织的共同生产，最大限度地实现公共服务供给与民众真实需求相匹配。相较于“以政府为中心”的公共管理，“以民众为中心”的公共管理的特征主要体现在以下四个方面（见表 6-1）。

表 6-1 “以民众为中心”的公共管理的基本特征

	以政府为中心	以民众为中心
主体间关系 / 管理形态	公共服务组织统领与供给 - 需求相结合 / 规制与服务	平等、协作 / 服务
评价标准 / 预期目标	效率 / 提升单位资源（时间、劳动力等）的产出水平	有效性 / 提升民众的获得感和满意度

续前表

	以政府为中心	以民众为中心
操作流程	公共服务组织主导公共管理全过程，民众或参与设计、反馈等环节	公共服务组织、民众共同（实质性）参与公共服务的设计、协调、供给、反馈等全过程
公共价值	公共服务组织创造公共价值，且公共价值由公共服务组织评估公共服务产出与实际的成本消耗来界定	民众在公共服务使用中创造并界定公共价值

在主体间关系维度，“以民众为中心”的公共管理其主体间关系表现为平等、协作。这是“以民众为中心”的公共管理不同于“以政府为中心”的公共管理的基础性特征。“以政府为中心”的公共管理重点关注公共服务组织（主要是政府），以公共服务组织作为公共服务体系的主导者，民众作为公共服务的接受者。“以政府为中心”的公共管理其主体间关系主要有两种模式，一是公共行政范式下的公共服务组织统领模式，二是新公共管理范式下的“供给 - 需求”模式。由于多数国家和地区的公共管理体制都是公共行政范式、新公共管理范式等诸多理论范式的混合体，因此在实践中，“以政府为中心”的主体间关系主要表现为公共服务组织统领与“供给 - 需求”相结合。“以民众为中心”的公共管理其主体间关系则主要表现为平等、协作，即公共服务组织（主要是政府）与民众在公共管理过程中处于平等地位，相互协调与配合。必须指出的是,“以民众为中心”的主体间关系并非是“以政府为中心”的简单颠倒。若以民众为公共服务体系的主导，如新公共服务理论所倡导的模式，会带来诸多问题，其中最为核心的问题是无法应对资源有限性与民众需求无限性、非理性之间的紧张关系。也就是说，即便民众需求能够得到准确识别，并尽可能地得到满足，或将进一步带来民众需求的非理性提升，公共服务组织或将不堪重负。因此，在“以民众为中心”的主体间关系中，公共服务组织与民众之间既非一方凌驾于另一方的关系，也非相互对立、二分的割裂状态，而是相互谋求最大共识，相互促进、共同实现有效治理的良性互动关系。进一步说，基于主体间关系的不同，“以

民众为中心”的公共管理在管理形态上与“以政府为中心”的公共管理也存在重要区别：“以政府为中心”强调规制与服务两种属性的公共管理，既承认部分公共管理的强制性和消极性特征，又兼容狭义的公共服务内容；“以民众为中心”则仅强调公共管理的服务属性，将所有公共管理认定为公共服务，从而最大限度地避免话语和概念上先验的政府主导色彩。例如，“以民众为中心”的公共管理认为政府规制即是维护良好市场秩序的一类公共服务。

在评价标准维度，“以民众为中心”的公共管理侧重于关注基于使用者体验的有效性。“以政府为中心”的公共管理重点关注公共服务组织（主要是政府）自我定义的效率，并将其作为评价公共服务的核心标准。民众作为公共服务的实际使用者，常常被排除在理论与实践之外。尽管新公共管理范式大量引入了私人部门所强调的竞争、效率和客户满意度等原则，在理论层面上超越了传统公共行政仅仅讨论效率、关注政府单一主体供给的不足，然而在实践层面，新公共管理范式呈现出显著的结果导向特征，其提升公共服务有效性的承诺并未兑现，更不用说引入市场规则对公共服务体系造成了诸多负面影响。[1] 这些以效率作为公共管理主要评价标准的做法，具有显著的工业化、产品化特征，使得公共服务组织常常陷入“自娱自乐”的境地。名义上，公共服务组织也许具有较高绩效，但从公共服务使用者的视角来看，公共服务供给的有效性往往较低。“以民众为中心”的公共管理以民众作为基本分析对象，关注公共服务在服务使用者一端即民众端的有效性，强调民众定义公共服务的绩效。因此，“以民众为中心”的公共管理将民众实际体验和满意度的提升作为预期目标，而“以政府为中心”的公共管理则往往以提升单位资源（时间、劳动力等）的产出水平为预期目标。

[1] See Jacob Torfing and Peter Triantafillou, “What's in a Name? Grasping New Public Governance as a Political-Administrative System,”*International Review of Public Administration*, vol. 18, no. 2, 2013, pp. 9-25.

在操作流程维度，“以民众为中心”的公共管理强调公共服务组织与民众的全过程互动。“以政府为中心”的公共管理在主体间关系上表现为公共服务组织统领与“供给 - 需求”相结合，其预期目标在于单位资源产出水平的提升。在实践中，与之相对应的操作流程就是公共服务组织主导公共管理的各个过程，民众或参与公共服务设计、反馈等部分过程。在“以政府为中心”的公共管理中，民众参与通常是一种外源性、非必要的元素，是在承认公共服务组织或公共服务本身作为核心主体的基础上，在一些可能、可行且不会颠覆核心主体目标与利益的部分环节或阶段，将民众“添加”到公共服务过程之中。“以民众为中心”的公共管理则强调公共服务组织与民众之间平等、协作的主体间关系，致力于实现民众实际体验和满意度的提升。与之相对应，“以民众为中心”的公共管理的操作流程要求公共服务组织、民众共同（实质性）参与公共服务的设计、协调、供给、反馈等全过程。在其中，民众参与被认为是公共服务需求准确表达的前提，准确的需求表达又是公共服务供给的先决条件。同时，民众实质性的且尽可能多的参与是公共服务得以有效供给的必要元素。也因此，“以政府为中心”的公共管理与“以民众为中心”的公共管理，其公共服务组织与民众的角色存在显著差别。在“以政府为中心”的公共管理中，公共服务组织是公共服务需求的主要定义者和公共服务的主要生产者;在“以民众为中心”的公共管理中，公共服务组织是公共服务需求表达的促进者和公共服务的共同生产者。在“以政府为中心”的公共管理中，民众是公共服务的接受者或者消费者；在“以民众为中心”的公共管理中，民众是公共服务需求的主要表达者、公共服务的共同生产者和实际使用者。

在公共价值维度，“以民众为中心”的公共管理强调公共价值需要在公共服务的使用中获得。“以政府为中心”的公共管理认为公共价值由公共服务组织所创造，并且由公共服务组织（主要是政府）通过评估公共服务产出与实际的成本消耗来界定。这也是公共价值概念被创造之初所指向的意涵。[1] 因此，在实践中，我们常常可以看到这样的情形：一项公共服务在设计之初即被公共服务组织赋予了积极的公共价值，此后，公共服务组织通过其主导的绩效评估过程，具体测量该项公共服务的公共价值。这与新公共管理所秉承的私人部门管理原则是一脉相承的。“以民众为中心”的公共管理则认为，公共价值是在公共服务使用者使用公共服务的过程中得以创造和实现的。正如新近兴起的新公共治理理论所指出的，公共服务组织并没有为公共服务创造价值，它们只能提供服务，以及为服务使用者提供价值主张，是公共服务使用者的使用创造了公共价值。[2] 换句话说，“以政府为中心”的公共管理关注公共服务的绝对价值，而“以民众为中心”的公共管理更关注公共服务的使用价值。

二、“最多跑一次”：一场“以民众为中心”的公共管理改革

近两年来，在全国范围内如火如荼开展的“最多跑一次”改革，超越了“以政府为中心”的公共管理，且较好地匹配了“以民众为中心”公共管理的上述特征，为进一步讨论“以民众为中心”的公共管理之实现条件与机制提供了经验支持。

首先，“最多跑一次”改革以公共服务组织与民众的平等关系作为认知基础，突出公共服务组织与民众的相互协作。“最多跑一次”改革从项目命名上即改变了过去具有明显政府中心主义取向的方式，将民众而非公共服务组织作为改革项目的主语，以民众行为而非公共服务组织自身需求作为

[1] 公共价值的概念由哈佛大学肯尼迪政府学院 Mark H. Moore 教授在《澳大利亚公共行政杂志》上发表的文章中较早提出（参见：Mark H. Moore，“Public Value as the Focus of Strategy,” *Australian Journal of Public Administration*，vol. 53，no. 3，1994，pp. 296-303）。在 1995 年出版的《创造公共价值》一书中，Mark. H. Moore 明确提出了公共管理者创造公共价值的观点（参见：Mark H. Moore，*Creating Public Value：Strategic Management in Government*，Cambridge，Massachusetts: Harvard University Press，1995，pp. 57）。

[2] See Stephen P. Osborne，“From Public Service-Dominant Logic to Public Service Logic：Are Public Service Organizations Capable of Co-Production and Value Co-Creation?” *Public Management Review*，vol. 20，no. 2，2018，pp. 225-231.

预期目标。“最多跑一次”是指群众和企业到政府办理一件事情，在申请材料齐全且符合法定受理条件时，从受理申请到形成办理结果的全过程只需要一次上门或零上门。而且，“最多跑一次”改革在内容设计层面，改变了过去从公共服务组织认知出发的传统逻辑，充分尊重民众对公共服务的理解，将民众的日常认知作为辨识改革内容的基本单位。如第二章所述，许多民众认为的“一件事”，往往由多个部门的多个“事项”组成。而就政府或特定部门而言，一个“事项”即等同于“一件事”。“最多跑一次”改革官方定义中的“一件事”，并非站在政府视角上的一个“事项”，而是民众日常理解的“一件事”。因此，在开展“最多跑一次”改革之初，政府便广泛邀请民众参与界定“一件事”，进而基于民众的普遍认知，重新梳理、归并、整合政府权力“事项”，明确规范“一件事”的名称、适用依据，最大限度地缩减“一件事”所需的材料、办事流程、办理时限，尽可能穷尽各种非常规情形的处理方式（如缺少必须材料须二次上门，缺少一项非必须材料可以接受容缺受理）等内容，通过报纸、互联网等多个渠道公布实现“最多跑一次”的“一件事”清单。当然，在“最多跑一次”改革中，政府也并没有走向类似民粹主义的另一个极端，即“新公共服务”理论所描述的“服务者”角色。在这场改革中，政府仍然考量现实公共服务能力、范围及资源的有限性，以及公共需求被触发后可能的非理性增长，明确将严格意义上的“最多跑一次”目标，限定于便民服务、商事登记领域。在其他无法适用于严格“最多跑一次”标准的领域，政府则积极遵循“最多跑一次”改革所蕴含的民众参与、民众导向、协同治理等原则，以政府改革为突破口，撬动经济社会各领域的全面改革。如第三章所描述，在经济建设领域，“最多跑一次”改革倒逼企业投资审批制度和商事制度改革，营造稳定、公平、透明、可预期的营商环境；基于企业的真实需求，将改革进一步落脚到行政审批中介服务的市场化改革，降低企业经营的时间成本；同时，着力突破资源限制，深化“亩均论英雄”改革，通过企业亩均效益综合评价和资源要素的差别化配置等市场化手段，推动资源要素向优质高效领域集中。在社会治理领域，“最多跑一次”改革以需求为导向，着力运用技术手段，推进网上公共服务应用开发，在教育、医疗、社保、住房等领域建立标准化服务体系，同时，通过持续推动政务资源下倾、服务机制下延，创新"网格＋窗口"模式，建立"村情通"平台等，使在家门口获得服务成为基层治理新常态，实现了民众本位的目标。

其次，"最多跑一次"改革以公共服务使用者的体验作为评价改革成效的标准，以提高基于使用者体验的有效性为预期目标。"最多跑一次"改革的预期目标为民众办理一件事情只需跑一次或不用跑。"跑一次"或"不用跑"即是从使用者体验的角度所设定的改革目标，相比于过去基于政府"事项"串联办事的"跑多次""跑断腿"，开展这项改革的直接结果是民众办事成本的显著降低，这进一步会带来民众办事体验的提高，也即基于使用者体验的有效性的提高。本书第四章的分析指出，各地发布的有关"最多跑一次"改革的文件材料，都将"以人民为中心"作为核心理念，将提高基于使用者体验的有效性作为预期目标，例如，"增强群众获得感""提高群众满意度""为人民群众增便利"等，同时，将"最多跑一次"的实现率、民众的满意度等与预期目标相匹配的内容作为评价改革成效的标准。此外，与上述目标和标准相对应的政策工具，例如"标准化""监管""公开""协同""共享"等,也广泛地出现在各地发布的相关制度之中。以最早开展"最多跑一次"改革的浙江为例，2017 年 2 月《浙江省人民政府关于印发加快推进"最多跑一次"改革实施方案的通知》明确提出："以切实增强群众和企业获得感为衡量标准，检验和评价改革的成效，到 2017 年底基本实现群众和企业到政府办事'最多跑一次是原则、跑多次是例外'的要求。"根据浙江省官方公布的第三方评估结果和本书课题组开展的问卷调查数据（见本书第二章），从 2017 年 6 月至 2017 年 12 月，浙江省"最多跑一次"的实现率从 77.7% 上升至 87.9%，提高了 10.2 个百分点，截至 2018 年 6 月，"最多跑一次"的实现率为 88.8%；群众和企业的满意率明显提升。还如较早开展"最多跑一次"改革的云南省昆明市，在 2017 年 7 月发布的《关于昆明市推进"最多跑一次"改革的实施意见》同样指出这项改革的工作目标是："以切实增强群众和企业获得感为衡量标准，检验和评价改革的成效。"根据第三方调查机构对昆明市政务服务情况的评价，截至2018年9月，昆明市"最多跑一次"实现率为97.42%，"最多跑一次"服务满意率为86.6%。[1]

再次，"最多跑一次"改革以民众参与作为必要条件，创新多种方法让民众参与公共服务全过程。"最多跑一次"改革的内容设置、预期目标与评价标准（即"一件事"，"跑一次"或"不用跑"和民众体验），自然地要求"最多跑一次"的服务设计、服务供给与反馈，必须融入民众的认知、需求及其使用服务后的实际感受。本书第五章讨论"最多跑一次"改革的管理保障时提到，"最多跑一次"改革着力完善既有资源，并充分引入新兴技术手段和第三方机构，最大限度地拓展民众参与的渠道和方法，如政务服务平台、热线电话、微信公众号、政务服务APP、独立智库的抽样调查等，降低民众参与公共服务过程的成本，提高民众参与的可行性、即时性与客观性。并且，通过上述网络化、扁平化的互动渠道，民众意见能够在尽可能减少过滤和干扰的情况下，传递至政策制定者与实施者手中，使政府得以更准确地了解公共服务的真实需求及其需求程度，更科学地制定公共服务供给议程，规划公共服务资源配置，提高公共服务供给有效性。例如上文提及的作为公共服务设计部分的"一件事"界定，政府广泛地动员民众通过各种渠道表达观点。又如作为公共服务反馈部分的满意度评价，"最多跑一次"改革委托第三方机构（如高校、智库等）面向民众开展问卷调查，了解民众真实体验。此外，"最多跑一次"改革重点引入"互联网+"与大数据技术，使以往必须"主动"的民众参与实现可"被动化"。基于此，民众得以更加有效地参与公共服务的共同生产，同时，贡献于公共服务职能在各主体、各部门、各层级之间的协调配置。

[1] 参见春城晚报微信公众号：《实现率为97.42%！昆明市"最多跑一次"服务超八成受访对象表示满意》，2018年9月29日，https://337.ccwb.cn/wxpage/main/detail.html?share_id=20180929212740 MFK44Y&cw_id=20180929173428YCNRQY&from=ccwb&cw_version=5.296%20%E6%98%86%E6%98%8E%E2%80%9C。

“互联网 +”与大数据技术较好地突破了以往理论与实践对于民众参与一定是“主动性”参与的必然假定，一定程度上解决了当前普遍存在的民众参与意愿低的问题。这也是“最多跑一次”改革区别于以往的创新实践，实现民众全过程参与公共服务的核心工具。

最后，“最多跑一次”改革强调在公共服务使用过程中创造公共价值。公共服务组织所呈现的公共服务评价结果，是判断特定改革创新对公共价值认知的重要指标。这种认知可以分为两类，即上文所述“以政府为中心”的公共管理所认为的公共价值由公共服务组织所创造，或与之相对的，“以民众为中心”的公共管理所认为的公共价值由服务使用者在使用过程中创造。如果特定改革创新认为公共价值由公共服务组织所创造，那么，在其评价结果中，将更多地突出公共服务组织的投入和公共服务的绝对产出。如果特定改革创新认为公共价值由公共服务使用者在使用过程中创造，相应地，其评价结果将倾向于呈现公共服务供给与民众真实需求的匹配情况，如公共服务的使用成本降低，民众使用公共服务的体验提升等。如上所述，“最多跑一次”改革在方案设计上就明确提出以降低使用成本（最多跑一次是原则、跑多次是例外）和提高民众实际体验（增强群众和企业获得感）为衡量标准，检验和评价公共服务成效。在呈现评价结果时，“最多跑一次”改革也主要呈现了“最多跑一次”的实现率，以及民众对“最多跑一次”改革的满意度。因此，我们可以判定，“最多跑一次”改革倾向于认为公共价值在民众使用过程中创造。

三、“以民众为中心”的公共管理：实现条件及其机制

如何实现“以民众为中心”的公共管理？当前，“最多跑一次”改革还在持续推进之中。基于已经取得的一些重要经验，我们尝试提出“以民众为中心”公共管理的六个实现条件与具体机制（见表 6-2）。

表 6-2　“以民众为中心”的公共管理的实现条件与机制

1. 基于法理权威最大限度地达成共识
“以民众为中心”的公共管理，首先需要将以公共服务组织为中心的理念认知，转变为以民众为中心。基于法理权威和科层制结构，自上而下逐级转变认知，最大限度地达成共识。
2. 基于“互联网 +”和大数据的全过程民众参与
引入“互联网 +”和大数据，将公共服务数字化，民众参与公共服务的任何过程（无论主动或被动），都贡献于公共服务体系优化，实现低成本、客观化的需求识别和民意集聚。
3. 基于法治原则的主体责任
公共服务组织以法律确定的公共服务职能和范围作为公共服务行为的底线和边界，不盲目满足民众需求。民众在公共服务过程中，对法律、法规和外部资源承担共同的主体责任。
4. 新技术与传统机制融合的内部协调
在确保公共服务完整性的前提下，从民众角度界定公共服务，进而通过技术革命倒逼公共服务组织的内部流程再造，寻找分工和统合的恰当边界。同时，保留自上而下的传统整合机制，运用于无法实现完全数字化、科学化的公共服务项目。
5. 内化潜在冲突的主体间协调
公共服务组织与民众的潜在冲突不可避免。当这种紧张关系发生时，公共服务组织先行信任民众需求为真，满足其预期体验，同时，要求民众共同承担可能的风险。
6. 多种渠道的实时监督
充分运用各种非物理接触的监督平台，完善物理场域的监督评价流程，构建即时、动态、多样的监督渠道。

第一，*基于法理权威最大限度地达成共识*。在过去相当长一段时间里，无论是公共管理理论抑或实践，都大量关注公共服务组织，以公共服务组织作为理论与实践的中心。因此，要实现“以民众为中心”的公共管理，首先需要转变理念认知，从过去以公共服务组织为中心转向以民众为中心。正如 20 世纪 70 年代末以来各国政府开展新公共管理运动的首要任务，即在政府层面提出颠覆性的理论命题，并在政府内部最大限度地达成共识。同样地，作为一项自上而下推动的改革，“最多跑一次”改革从政府这一主要的公共服务组织出发，由高层权威首先发起，充分运用科层制结构和下辖各级政府领导人的法理型权威[1]，最大限度地转变政府工作人员的理念认知，从原先的政府本位转变为民众本位，从民众视角理解这场改革，例如基于民众认知界定“一件事”，基于民众体验评价“跑一次”等。在具体实践中，“最多跑一次”改革大多由省级或地市级主要领导人首先提出，并多次通过

[1]　韦伯区分了三种权威：传统型权威、个人魅力型权威和法理型权威（参见马克斯·韦伯：《经济与社会（上卷）》，北京：商务印书馆，1997 年，第 238~241 页）。

跨层级交流网络和政策文件等，正式对各部门领导人和下辖政府领导人提出转变认识的要求。例如浙江省“最多跑一次”改革由时任浙江省委副书记、代省长车俊在2016年12月25日召开的浙江省委经济工作会议上首次提出，并于2017年2月发布了《浙江省人民政府关于印发加快推进“最多跑一次”改革实施方案的通知》；陕西省西安市“最多跑一次”改革由陕西省委常委、西安市委书记王永康在2017年1月4日全市领导干部大会上首先提出，并于2017年3月发布了《西安市人民政府办公厅关于印发西安市推进“最多跑一次”改革实施方案的通知》。省以下或地市级以下政府及其组成部门也大抵经历了类似过程，由主要领导人基于科层制结构和法理权威，在跨层级交流网络和各种非正式、半正式互动中，将颠覆性理念传导至中层级领导人，再经由中层级领导人进一步传导至低层级领导人和其他工作人员。在“最多跑一次”改革得到中央政府的肯定与推广之后，各省、直辖市、自治区更是积极响应中央号召，纷纷将“最多跑一次”作为重要政策目标提上改革日程，逐级运用法理型权威达成改革共识，为推进“最多跑一次”改革奠定了认知基础。

第二，基于“互联网+”和大数据的全过程民众参与。“以民众为中心”的公共管理，将提升基于使用者体验的有效性为核心目标，由民众来定义公共服务的绩效与价值，要求民众充分参与公共服务的设计、协调、评价、反馈等全过程。那么，在理念转型达成最大共识的基础上，如何实现民众的全过程参与？以往的公共管理实践并非不强调民众参与。[1] 如果抛开理念认知上的问题，抛开民众并非全程参与的问题，过去的民众参与始终无法解决的难题在于，如何以较低的成本、恰当的机制准确识别民众需求，实现有效参与。“最多跑一次”改革充分引入技术手段，尤其是“互联网+”和大数据技术，将公共服务行为数字化、电子化、互联化，运用基于“互联网+”采集的大数据进行客观识别，将原本必须民众主动的参与行为，必须基于感性判断进行人工干预的需求识别和汇总过程，一部分转化为低成

[1] See Archon Fung, “Varieties of Participation in Complex Governance,” *Public Administration Review*, vol. 66, no. s1, 2006, pp. 66-75.

本、非主动的理性计算，很大程度上解决了民众真实需求无法准确、有效识别的困难。以往民众使用公共服务，如果没有特定的反馈平台或机制设计，这一行为就仅仅是服务由供给向使用的单一过程，但如果将这种使用行为数字化，那么，民众使用的过程，也即完成了一次对公共服务体系优化的反馈和贡献。因为基于使用频次、使用时长、使用时效等客观信息的大数据，能够反映公共服务需求的强度、公共服务供给方式的适合度、公共服务供给的最佳时效等诸多内容，为优化公共服务供给提供准确信息，如公共服务高频事项的认定、“一件事”公共服务流程中的堵点识别等。即便是偏好传统方式（非互联网方式）使用公共服务的民众，也能够被纳入计算范围，避免了单一依靠互联网技术的网上民意集聚可能产生的群体偏差。同时，“最多跑一次”改革广泛运用新的互联网技术，尤其是移动互联技术，如移动端即时通信工具、第三方移动支付平台等，一方面拓宽民众参与的范围和程度，实现原本民众参与大多注重反馈的单一过程，向民众全流程参与公共服务的有效转变；另一方面，优化传统参与渠道的可及性、便捷度，提高参与幅度和有效性，满足对互联网融入程度较低的民众的主动参与需求。例如江苏省南京市开发的“我的南京”、广东省数字政府改革推出的“粤省事”、浙江省数字政府转型所依托的“浙里办”等，使公共服务使用者与公共服务组织之间基本实现信息对称，进而形成使用者与公共服务组织的对等关系，使公共服务组织与民众共同参与公共服务全过程。通过移动端平台，民众能够即时、方便地了解、使用公共服务，并在使用过程中，完成对公共服务内容、流程、质量等的反馈，公共服务组织进而运用大数据计算改进优化公共服务供给。

第三，基于法治原则的主体责任。“以民众为中心”的公共管理以民众需求为导向，但也强调公共服务组织与民众之间平等、协作的主体间关系。也就是说，在“以民众为中心”的公共管理体系之中，公共服务组织并不需要“仰望”民众；由民众来定义公共服务的绩效与价值，也并不意味着公共服务组织要无条件满足民众的所有需求，事实上这也是不可能完成的。那么，如何协调公共服务资源有限性与民众需求相对无限性的矛盾？如何防止公共服务组织满足绩效要求的民意回应行为不会滥用制度和资源，过度满足民众非理性需求？“最多跑一次”改革坚持法治作为公共服务供给的基本原则，以法律、法规确定的公共服务职能和范围作为公共服务行为的底线和边界，充分发挥组织内部自我审查部门（如政府法制办）、立法机关（人民代表大会）和第三方议事协调机构（如政治协商会议）等的监督作用，确保公共服务组织与民众在设计、协调、供给等公共服务过程中，对于既定的法律、法规和外部资源（如生态环境）承担共同的主体责任。与此同时，对于存在争议或处于法律、法规模糊地带的行为，以及民众反映较多而现行法律、法规与部门规章制度、规范性文件等没有纳入的情况，“最多跑一次”改革也设计了反馈机制，将潜在的灰色区域和可能不适用的规则条款反馈给立法机关或部门规章、规范性文件的发布机构，提请重新审查，甚至可能的修改，保证法治原则的动态性和适用性。最早开展“最多跑一次”改革的浙江省，已于2018年4月25日由省政府法制办牵头完成《浙江省保障“最多跑一次”改革规定（征求意见稿）》，面向社会各界征求意见，并于2018年7月25日以省政府议案形式提交省人大常委会审议。2018年11月30日，浙江省十三届人大常委会第七次会议全票审议通过《浙江省保障“最多跑一次”改革规定》，其中明确规定了公共服务组织和公共服务使用者的权利、义务以及相应的权力范围、限度及其法律责任，同时明确提出了改革创新的容错免责机制和各地各部门结合工作实际进行适当调整的权力。

第四，新技术与传统机制融合的内部协调。切实的理念转型、有效的民众参与、基于法治原则的主体责任，保证了“以民众为中心”的公共管理，在公共服务有效性认知和有效性评价上实现了不同于以往理论与实践的切实转型，重塑了公共服务组织与民众作为公共服务共同主体的角色。以往的公共管理模式所存在的一个重要问题是，不断提高的公共服务组织内部协调成本，甚至在一定程度上已经超过所获得的公共价值收益。那么，在“以民众为中心”的公共管理模式之下，如何突破内部协调之困？“最多跑一次”改革的经验在于运用技术革新推动行政整合，并与传统的自上而下机制形成互补。具体而言，“最多跑一次”改革引入互联网技术，提出数据共享、一网通办等要求，充分运用技术革命来倒逼政府改革，重构公共服务组织的内部流程，实现从物理空间意义上的集合到功能意义上的整合，在很大程度上改变了以往单一运用自上而下权威进行行政整合的方式。例如：湖北省武汉市积极推行的“网上办”，在大力优化政务服务网的同时，开发使用“云端武汉”APP，依托“云端武汉”整合资源、贯通端口，建成一体化网上审批服务平台，变“部门跑”为“数据跑”，有效降低了协调成本。当然，针对无法通过技术手段准确识别、量化和评估的公共服务需求，无论是在行政许可抑或政府监管等领域，各地的“最多跑一次”改革在充分运用技术手段的同时，都保留了基于权威的传统机制，其中最具代表性的就是专题协调会制度，即政府运用法理型权威召集涉及特定公共服务的相关部门进行专门协调。

第五，内化潜在冲突的主体间协调。“以民众为中心”的公共管理将公共服务组织与民众视为公共服务体系中平等、协作的共同主体。在实践中，公共服务组织与民众之间可能产生合作、协调等积极面向的良性互动，但两者之间也存在冲突、矛盾等消极面向的非良性互动，最为直接的就是当公共服务预期使用体验与公共服务实际供给之间发生紧张关系时，公共服务组织与民众之间所存在的潜在冲突。那么，在“以民众为中心”的公共管理中，如何调和公共服务组织与民众两个主体的潜在冲突？“最多跑一次”改革的做法，是将公共服务组织与民众的潜在冲突内化于公共服务之中，让双方共同承担冲突的潜在责任。具体而言，当民众的公共服务预期体验与公共服务实际供给之间发生紧张关系时，公共服务组织先行信任民众的公共服务需求为真，满足民众的预期体验，同时，民众需要共同承担可能的风险。“容缺受理”是“最多跑一次”改革内化潜在冲突于公共服务的重要机制，是指民众在使用公共服务时，如果缺少非必要条件，可以先行使用公共服务并做出承诺，在使用后再满足条件。同时，为了确保民众的承诺可信，“最多跑一次”改革将“容缺受理”与社会信用体系建设相关联，一旦发生行为失范，将影响民众的信用评价。这种内化潜在冲突的主体间协调机制，让原本公共服务体系中可能存在紧张关系的两个主体，最大限度地实现了相互信任，一定程度上弥合了提高民众福祉与标准化执行之间的可能矛盾，同时，让民众也承担了必要的行为失范责任。

第六，多种渠道的实时监督。“以民众为中心”的公共管理强调民众作为公共服务价值的创造者，认为公共价值只有在民众使用公共服务的过程中才能得以创造与实现。上述理念转型的方式方法、有效识别需求的机制设计等，已经在很大程度上为实现民众创造公共价值提供了良好的实践方案。除此之外，在公共管理过程中，民众创造公共价值还可以体现在监督问责上。“最多跑一次”改革在实行上述方案的同时，在实时监督机制上也做出了诸多创新，更好地发挥了民众使用公共服务的边际效应，创造了公共服务更大的公共价值。具体而言，“最多跑一次”改革充分运用互联网平台、通信平台和传统的物理集成服务平台，形成了三条即时、动态监督渠道[1]，让民众在使用公共服务的同时，能够更加高效、便利地监督公共服务组织的行为，间接贡献于公共服务有效性的提升。在互联网平台方面，“最多跑一次”改革大多依托原有政务服务系统或政务信息发布平台，专门设置咨询投诉板块，在线解答民众咨询，接收民众监督反馈意见，由统一后台处理后传送至相应部门，由相应部门在规定时限内在线上做出反馈，将原本仅有单向传递信息功能的政务服务系统或政务信息发布平台转变为双向互动平台。此外，在一些“最多跑一次”改革的地方实践中，还涌现出许多有效的监督方式创新，如浙江省台州市创造性地运用微信打造了“市长微助跑”服务平台，方便民众通过最为熟悉的移动互联 APP 实时监督公共服务组织的行为。在通信平台方面，“最多跑一次”改革将各部门咨询投诉热线统一归口至 12345 热线平台，由 12345 热线平台统一接收民众的意见与建议，并反馈至相应部门，在指定时间内给民众以电话反馈。在物理集成服务平台方面，多地的行政服务大厅都设置了专门的投诉窗口，负责听取解答和协调民众的现场投诉与监督意见。基于以上三个平台，多数地方都较好地实现了民众对公共服务过程的实时参与、实时监督。具有代表性的如浙江省

[1] 在一些地方，并非三条渠道都完备。

的“最多跑一次”改革通过每周分析、月度分析民众监督反馈信息，与第二条中运用“互联网 +”与大数据的反馈机制相互结合，更好地实现了公共服务供给的最优化和动态化。

综上所述，“最多跑一次”改革是一场“以民众为中心”的公共管理创新，它较为有效地解决了长期以来全球公共管理理论与实践“以政府为中心”的难题。尽管“最多跑一次”的改革实践根植于中国的政治制度、社会基础、意识形态和历史文化传统，但是根据“最多跑一次”改革总结的六条经验，聚焦于公共管理层面，最大限度地剔除了其他层次因素的影响与掣肘，或具有一定的普遍性。这场以浙江经验为蓝本的改革，将为全球公共管理理论与实践贡献可能的中国方案：“以民众为中心”的公共管理。

参考文献

一、著作

曼瑟尔·奥尔森:《集体行动的逻辑》，上海：上海三联书店、上海人民出版社，1995年。

珍妮特·V. 登哈特、罗伯特·B. 登哈特:《新公共服务：服务，而不是掌舵》，北京：中国人民大学出版社，2004年。

李侃如:《治理中国：从革命到改革》，北京：中国社会科学出版社，2010年。

保罗·萨缪尔森、威廉·诺德豪斯:《经济学》，北京:中国发展出版社，1992年。

马克斯·韦伯:《经济与社会（上卷）》，北京：商务印书馆，1997年。

德怀特·沃尔多:《行政国家：美国公共行政的政治理论研究》，北京：中央编译出版社，2017年。

赫伯特·西蒙:《管理行为——管理组织决策过程的研究》，北京：北京经济学院出版社，1988年。

查莫斯·约翰逊:《通产省与日本奇迹——产业政策的成长（1925—1975）》，长春：吉林出版集团有限责任公司，2010年。

俞可平、托马斯·海贝勒、安晓波:《中共的治理与适应:比较的视野》，北京:中央编译出版社，2015年。

曾凡军:《基于整体性治理的政府组织协调机制研究》，武汉:武汉大学出版社，2013年。

张军:《双轨制经济学:中国的经济改革（1978—1992）》，上海:上海三联书店、上海人民出版社，2006年。

郑永年:《技术赋权:中国的互联网、国家与社会》，北京:东方出版社，2014年。

中共衢州市委党校、衢州行政学院:《最多跑一次改革的衢州实践与未来设计》，北京：科学出版社，2017年。

中共浙江省委党校、浙江行政学院:《“最多跑一次”改革》，杭州：浙江人民出版社，2018 年。

Ronald Coase and Ning Wang, *How China Became Capitalist*, New York: Palgrave Macmillan, 2012.

Peter Evans, *Embedded Autonomy: States and Industrial Transformation*, Princeton: Princeton University Press, 1995.

Hugh Heclo, *Modern Social Politics in Britain and Sweden: From Relief to Income Maintenance*, New Haven: Yale University Press, 1974.

Richard Heeks, *Reinventing Government in the Information Age: International Practice in IT-Enabled Public Sector Reform*, London and New York: Routledge, 1999.

Yasheng Huang, *Capitalism with Chinese Characteristics: Entrepreneurship and the State*, New York: Cambridge University Press, 2008.

Pierre F. Landry, *Decentralized Authoritarianism in China: The Communist Party's Control of Local Elites in the Post-Mao Era*, Cambridge: Cambridge University Press, 2008.

Kenneth G. Lieberthal and David M. Lampton, *Bureaucracy, Politics, and Decision Making in Post-Mao China*, Berkeley: University of California Press, 1992.

Mark H. Moore, *Creating Public Value: Strategic Management in Government*, Cambridge, Massachusetts: Harvard University Press, 1995.

Barry Naughton, *Growing out of the Plan: Chinese Economic Reform, 1978-1993*, New York: Cambridge University Press, 1995.

Jean C. Oi, *Rural China Takes off: The Institutional Foundations of Economic Reform*, Berkeley: University of California Press, 1999.

Thomas C. Schelling, *The Strategy of Conflict*, Cambridge, MA: Harvard University Press, 1960.

Robert Wade, *Governing the Market: Economic Theory and the Role of Government in East Asian Industrialization*, Princeton: Princeton University Press, 1990.

Yongnian Zheng, *De Facto Federalism in China: Reforms and Dynamics of*

Central-Local Relations, Singapore: World Scientific Publishing Co. Pte. Ltd., 2007.

二、论文

蔡昉：《中国改革成功经验的逻辑》，《中国社会科学》2018 年第 1 期。
曹正汉：《中国上下分治的治理体制及其稳定机制》，《社会学研究》2011 年第 1 期。
车俊：《坚持以人民为中心的发展思想，将“最多跑一次”改革进行到底》，《求是》2017 年第 20 期。
陈国权、皇甫鑫：《在线协作、数据共享与整体性政府——基于浙江省“最多跑一次改革”的分析》，《国家行政学院学报》2018 年第 3 期。
陈宏彩：《“最多跑一次”改革：新时代的政府效能革命》，《治理研究》2018 年第 3 期。
陈丽君、童雪明：《整体性治理视阈中的“最多跑一次”改革：成效、挑战及对策》，《治理研究》2018 年第 3 期。
陈玲：《中国高层领导小组的运作机制及其演化》，载《中共的治理与适应：比较的视野》，北京：中央编译出版社，2015 年。
陈天祥：《新公共管理：效果及评价》，《中山大学学报（社会科学版）》2007 年第 2 期。
陈振明：《从公共行政学、新公共行政学到公共管理学——西方政府管理研究领域的“范式”变化》，《政治学研究》1999 年第 1 期。
陈振明：《评西方的“新公共管理”范式》，《中国社会科学》2000 年第 6 期。
邓念国：《“放管服”改革中政务大数据共享的壁垒及其破解——以“最多跑一次”改革为考察对象》，《天津行政学院学报》2018 年第 1 期。
范柏乃、陈亦宝：《全面深化“放管服”改革：“最多跑一次”》，《社会治理》2017 年第 6 期。
高翔：《公民参与视角下的地方政府创新及其绩效——基于浙江省 19 个地方政府创新项目的研究》，《经济社会体制比较》2015 年第 5 期。

耿曙、陈玮：《“发展型国家”模式与中国发展经验》，《华东师范大学学报（哲学社会科学版）》2017 年第 1 期。

何显明：《地方政府研究：从职能界定到行为过程分析》，《江苏行政学院学报》2006 年第 5 期。

何显明、张鸣：《重塑政府改革的逻辑：以“最多跑一次”改革为中心的讨论》，《治理研究》2018 年第 1 期。

何艳玲：《“公共价值管理”：一个新的公共行政学范式》，《政治学研究》2009 年第 6 期。

何增科：《地方政府创新的微观机理分析——浙江省“最多跑一次”改革案例研究》，《理论与改革》2018 年第 5 期。

姜裕富：《从简政放权到集成服务：行政审批制度的自我调适性改革——基于衢州市“最多跑一次”改革实践的研究》，《四川行政学院学报》2018 年第 4 期。

兰建平、江胜蓝、王倩：《信息化与产权管制放松：浙江“最多跑一次”改革》，《社会治理》2017 年第 6 期。

李军杰、钟君：《中国地方政府经济行为分析——基于公共选择视角》，《中国工业经济》2004 年 4 期。

李文峰：《浙江“最多跑一次”的创新实效——基于“第三方评估”的报告》，《浙江学刊》2018 年第 5 期。

练宏：《注意力竞争——基于参与观察与多案例的组织学分析》，《社会学研究》2016 年第 4 期。

吕冰洋、聂辉华：《弹性分成：分税制的契约与影响》，《经济理论与经济管理》2014 年第 7 期。

马宝成：《深化“最多跑一次”改革：从系统性迈向重构性》，《治理研究》2018 年第 3 期。

马斌：《规制权力释放制度红利》，《浙江人大》2016 年第 11 期。

马斌、徐越倩：《地方政府职能转变的内在逻辑：权力配置的分析框架》，《中共杭州市委党校学报》2010 年第 6 期。

石亚军、于江：《大部制改革：期待、沉思与展望——基于对五大部委改革的调研》，《中国行政管理》2012年第7期。

双瑞：《“跑部钱进”诱发的权力寻租》，《瞭望》2013年第39期。

四川省政府研究室调查组：《对绵阳市行政服务中心的调查》，《四川行政学院学报》2001年第2期。

谭海波、赵雪娇：《“回应式创新”：多重制度逻辑下的政府组织变迁——以广东省J市行政服务中心的创建过程为例》，《公共管理学报》2016年第4期。

汪锦军：《“最多跑一次”改革与地方治理现代化的新发展》，《中共浙江省委党校学报》2017年第6期。

王浦劬、赖先进：《中国公共政策扩散的模式与机制分析》，《北京大学学报（哲学社会科学版）》2013年第6期。

王诗宗：《治理理论与公共行政学范式进步》，《中国社会科学》2010年第4期。

杨贵彬、李婉红：《知识溢出、地理邻近与区域异质性的空间关系》，《系统工程学报》2018年第2期。

于晓飞：《全面开展企业综合评价精准推进工业领域“亩均论英雄”》，《浙江经济》2018年第9期。

郁建兴：《“最多跑一次”：一场以人民为中心的整体性政府改革》，《今日浙江》2018年第8期。

郁建兴：《政府自我革命正当其时》，《浙江经济》2017年第5期。

郁建兴、高翔：《地方发展型政府的行为逻辑及制度基础》，《中国社会科学》2012年第5期。

郁建兴、高翔：《浙江省“最多跑一次”改革的基本经验与未来》，《浙江社会科学》2018年第4期。

郁建兴、黄飚：《当代中国地方政府创新的新进展——兼论纵向政府间关系的重构》，《政治学研究》2017年第5期。

郁建兴、黄飚：《地方政府在社会抗争事件中的“摆平”策略》，《政治学研究》2016年第2期。

郁建兴、任杰:《沃尔多〈行政国家〉及其当代意义》,《公共管理与政策评论》2018 年第 4 期。

郁建兴、石德金 :《超越发展型国家与中国的国家转型》,《学术月刊》2008 年第 4 期。

郁建兴、吴国骅:《超越新公共管理——基于政治层面的思考》,《湖南社会科学》2004 年第 1 期。

郁建兴、吴国骅:《新公共管理运动与官僚制》,《教学与研究》2003 年第 9 期。

郁建兴、徐越倩:《从发展型政府到公共服务型政府——以浙江省为个案》,《马克思主义与现实》2004 年第 5 期。

袁超 :《后备干部与当代中国的精英转换》,《治理研究》2018 年第 4 期。

张少华 :《龙游县 :“村情通 + 网格治理”助推“最多跑一次”改革》,《政策瞭望》2017 年第 7 期。

赵光勇、辛斯童、罗梁波:《“放管服”改革:政府承诺与技术倒逼——浙江“最多跑一次”改革的考察》,《甘肃行政学院学报》2018 年第 3 期。

浙江省发展和改革委员会(审改办)社会体改处 :《浙江省行政审批中介服务市场化改革研究》,《浙江经济》2018 年第 15 期。

郑栅洁 :《以“最多跑一次”改革为牵引,持续加大各领域改革攻坚力度》,《宁波经济(三江论坛)》2018 年第 6 期。

中国行政管理学会课题组 :《政务服务中心建设与管理研究报告》,《中国行政管理》2012 年第 12 期。

周飞舟 :《分税制十年 :制度及其影响》,《中国社会科学》2006 年第 6 期。

周光辉 :《构建人民满意的政府 :40 年中国行政改革的方向》,《社会科学战线》2018 年第 6 期。

周其仁 :《体制成本与中国经济》,《经济学(季刊)》2017 年第 3 期。

周望 :《政策扩散理论与中国“政策试验”研究 :启示与调适》,《四川行政学院学报》2012 年第 4 期。

周雪光 :《基层政府间的“共谋现象”——一个政府行为的制度逻辑》,《社会学研究》2008 年第 6 期。

周业安、赵晓男：《地方政府竞争模式研究——构建地方政府间良性竞争秩序的理论和政策分析》，《管理世界》2002 年第 12 期。

周振超：《条块关系：政府间关系的一种分析视角》，《齐鲁学刊》2006 年第 3 期。

朱光磊、李利平：《回顾与建议：政府机构改革三十年》，《北京行政学院学报》2009 年第 1 期。

朱光磊、张志红：《“职责同构”批判》，《北京大学学报（哲学社会科学版）》2005 年第 1 期。

朱旭峰、赵慧：《政府间关系视角下的社会政策扩散——以城市低保制度为例（1993—1999）》，《中国社会科学》2016 年第 8 期。

朱旭峰、赵慧：《自下而上的政策学习——中国三项养老保险政策的比较案例研究》，《南京社会科学》2015 年第 6 期。

竺乾威：《从新公共管理到整体性治理》，《中国行政管理》2008 年第 10 期。

竺乾威：《明诺布鲁克三次会议与公共行政研究的演进》，《中国行政管理》2018 年第 5 期。

竺乾威：《新公共治理：新的治理模式？》，《中国行政管理》2016 年第 7 期。

Oscar Almén, “Local Participatory Innovations and Experts as Political Entrepreneurs: The Case of China’s Democracy Consultants,” *Democratization*, vol. 23, no. 3, 2016, pp. 478-497.

Colin J. Bennett and Michael Howlett, “The Lessons of Learning: Reconciling Theories of Policy Learning and Policy Change,” *Policy Sciences*, vol. 25, no. 3, 1992, pp. 275-294.

Colin J. Bennett, “What is Policy Convergence and What Causes It?” *British Journal of Political Science*, vol. 21, no. 2, 1991, pp. 215-233.

William D. Berry and Brady Baybeck, “Using Geographic Information Systems to Study Interstate Competition,” *American Political Science Review*, vol. 99, no. 4, 2005, pp. 505-519.

Mayling Birney, “Decentralization and Veiled Corruption Under China’s ‘Rule of

Mandates’,” *World Development*, vol. 53, 2014, pp. 55-67.

Marc Blecher, “Development State, Entrepreneurial State: The Political Economy of Socialist Reform in Xinju Municipality and Guanghan County,” in Gordon White, eds., *The Chinese State in the Era of Economic Reform: Studies on the Chinese Economy*, London: Palgrave Macmillan, 1991, pp. 265-291.

Frederick J. Boehmke and Richard Witmer, “Disentangling Diffusion: The Effects of Social Learning and Economic Competition on State Policy Innovation and Expansion,” *Political Research Quarterly*, vol. 57, no. 1, 2004, pp. 39-51.

Loren Brandt and Thomas G. Rawski, “China’s Great Economic Transformation,” in Loren Brandt, Thomas G. Rawski, eds., *China’s Great Economic Transformation*, New York: Cambridge University Press, 2008, pp. 1-26.

Lawrence A. Brown and Kevin R. Cox, “Empirical Regularities in the Diffusion of Innovation,” *Annals of the Association of American Geographers*, vol. 61, no. 3, 1971, pp. 551-559.

Yongshun Cai, “Power Structure and Regime Resilience: Contentious Politics in China,” *British Journal of Political Science*, vol. 38, no. 3, 2008, pp. 411-432.

Tom Christensen and Liang Ma, “Coordination Structures and Mechanisms for Crisis Management in China: Challenges of Complexity,” *Public Organization Review*, 2018, DOI: 10.1007/s11115-018-0423-9.

Tom Christensen and Per Lægreid, “The Whole-of-Government Approach to Public Sector Reform,” *Public Administration Review*, vol. 67, no. 6, 2007, pp. 1059-1066.

Stefaan De Rynck and Karolien Dezeure, “Policy Convergence and Divergence in Belgium: Education and Health Care,” *West European Politics*, vol. 29, no. 5, 2006, pp. 1018-1033.

Paul J. Dimaggio and Walter W. Powell, “The Iron Cage Revisited: Institutional Isomorphism and Collective Rationality in Organizational Fields,” *American Sociological Review*, vol. 48, no. 2, 1983, pp. 147-160.

David P. Dolowitz and David Marsh, “Learning from Abroad: The Role of Policy Transfer in Contemporary Policy-Making,” *Governance*, vol. 13, no. 1, 2002, pp. 5-23.

Daniel W. Drezner, “Globalization, Harmonization, and Competition: The Different Pathways to Policy Convergence,” *Journal of European Public Policy*, vol. 12, no. 5, 2005, pp. 841-859.

Erik M. Eriksson, “Representative Co-Production: Broadening the Scope of the Public Service Logic,” *Public Management Review*, vol. 21, no. 2, 2019, pp. 291-314.

Enrico Ferro and Maddalena Sorrentino, “Can Intermunicipal Collaboration Help the Diffusion of E-Government in Peripheral Areas? Evidence From Italy,” *Government Information Quarterly*, vol. 27, no. 1, 2010, pp. 17-25.

Archon Fung, “Varieties of Participation in Complex Governance,” *Public Administration Review*, vol. 66, no. s1, 2006, pp. 66-75.

Ales Groznik and Peter Trkman, “Upstream Supply Chain Management in E-Government: The Case of Slovenia,” *Government Information Quarterly*, vol. 26, no. 3, 2009, pp. 459-467.

Luther Gulick, “Notes on the Theory of Organization,” in Luther Gulick, L. Urwick, eds., *Papers on the Science of Administration*, New York: Institute of Public Administration, Columbia University, 1937, pp. 1-49.

Garrett Hardin, “The Tragedy of the Commons,” *Science*, vol. 162, no. 3859, 1968, pp. 1243-1248.

Stephan Heichel, Jessica Pape and Thomas Sommerer, “Is there Convergence in Convergence Research? An Overview of Empirical Studies on Policy Convergence,” *Journal of European Public Policy*, vol. 12, no. 5, 2005, pp. 817-840.

Sebastian Heilmann and Elizabeth J. Perry, “Embracing Uncertainty: Guerrilla Policy Style and Adaptive Governance in China,” in Sebastian Heilmann,

Elizabeth J. Perry, eds., *Mao's Invisible Hand: The Political Foundations of Adaptive Governance in China*, Cambridge, MA: Harvard University Press, 2011, pp. 1-29.

Sebastian Heilmann, "From Local Experiments to National Policy: The Origins of China's Distinctive Policy Process," *The China Journal*, vol. 59, 2008, pp. 1-30.

Sebastian Heilmann, "Policy Experimentation in China's Economic Rise," *Studies in Comparative International Development*, vol. 43, no. 1, 2008, pp. 1-26.

Katharina Holzinger and Christoph Knill, "Causes and Conditions of Cross-National Policy Convergence," *Journal of European Public Policy*, vol. 12, no. 5, 2005, pp. 775-796.

Michael Howlett and M. Ramesh, "Patterns of Policy Instrument Choice: Policy Styles, Policy Learning and the Privatization Experience," *Review of Policy Research*, vol. 12, no. 1-2, 1993, pp. 3-24.

William Hurst and Jessica C. Teets, "Conclusion: Compliance, Resistance, Innovation, and Involution—Assessing the Politics of Experimentation and Diffusion," in Jessica C. Teets, William Hurst, eds., *Local Governance Innovation in China: Experimentation, Diffusion, and Defiance*, London: Routledge, 2015, pp. 174-179.

Christoph Knill, "Introduction: Cross-National Policy Convergence: Concepts, Approaches and Explanatory Factors," *Journal of European Public Policy*, vol. 12, no. 5, 2005, pp. 764-774.

Stella Ladi, "Policy Change and Soft Europeanization: The Transfer of the Ombudsman Institution to Greece, Cyprus and Malta," *Public Administration*, vol. 89, no. 4, 2011, pp. 1643-1663.

Hazel Lawson, Ruth Boyask and Sue Waite, "Construction of Difference and Diversity within Policy and Practice in England," *Cambridge Journal of Education*, vol. 43, no. 1, 2013, pp. 107-122.

Karen Layne and Jungwoo Lee, "Developing Fully Functional E-Government: A Four Stage Model," *Government Information Quarterly*, vol. 18, no. 2, 2001, pp. 122-136.

Per Lægreid, Külli Sarapuu and Lise H. Rykkja, et al, "New Coordination Challenges in the Welfare State," *Public Management Review*, vol. 17, no. 7, 2015, pp. 927-939.

Justin Yifu Lin, "Rural Reforms and Agricultural Growth in China," *The American Economic Review*, vol. 82, no. 1, 1992, pp. 34-51.

Justin Yifu Lin, "The Latecomer Advantages and Disadvantages: A New Structural Economics Perspective," in Martin Andersson, Tobias Axelsson, eds., *Diverse Development Paths and Structural Transformation in Escape from Poverty*, Cambridge: Cambridge University Press, 2016, pp. 43-67.

Anelissa Lucas, "Public Policy Diffusion Research: Integrating Analytic Paradigms," *Science Communication*, vol. 4, no. 3, 1983, pp. 379-408.

David Marsh, J. C. Sharman, "Policy Diffusion and Policy Transfer," *Policy Studies*, vol. 30, no. 3, 2009, pp. 269-288.

Ciqi Mei and Zhilin Liu, "Experiment-Based Policy Making or Conscious Policy Design? The Case of Urban Housing Reform in China," *Policy Sciences*, vol. 47, no. 3, 2014, pp. 321-337.

Covadonga Meseguer, "Policy Learning, Policy Diffusion, and the Making of a New Order," *The ANNALS of the American Academy of Political and Social Science*, vol. 598, no. 1, 2005, pp. 67-82.

Marcia K. Meyers, Janet C. Gornick and Laura R. Peck, "Packaging Support for Low-Income Families: Policy Variation across the United States," *Journal of Policy Analysis and Management*, vol. 20, no. 3, 2001, pp. 457-483.

Gabriella Montinola, Yingyi Qian and Barry R. Weingast, "Federalism, Chinese Style: The Political Basis for Economic Success in China," *World Politics*, vol. 48, no. 1, 1995, pp. 50-81.

Mark H. Moore, "Public Value as the Focus of Strategy," *Australian Journal of Public Administration*, vol. 53, no. 3, 1994, pp. 296-303.

Donald P. Moynihan, "The Network Governance of Crisis Response: Case Studies of Incident Command Systems," *Journal of Public Administration Research and Theory*, vol. 19, no. 4, 2009, pp. 895-915.

Kevin J. O'Brien and Lianjiang Li, "Selective Policy Implementation in Rural China," *Comparative Politics*, vol. 31, no. 2, 1999, pp. 167-186.

Jean C. Oi, "Fiscal Reform and the Economic Foundations of Local State Corporatism in China," *World Politics*, vol. 45, no. 1, 1992, pp. 99-126.

Stephen P. Osborne, "From Public Service-Dominant Logic to Public Service Logic: Are Public Service Organizations Capable of Co-Production and Value Co-Creation?" *Public Management Review*, vol. 20, no. 2, 2018, pp. 225-231.

Stephen P. Osborne, Zoe Radnor and Greta Nasi, "A New Theory for Public Service Management? Toward a (Public) Service-Dominant Approach," *The American Review of Public Administration*, vol. 43, no. 2, 2012, pp. 135-158.

Alberto Savoldelli, Cristiano Codagnone and Gianluca Misuraca, "Understanding the E-Government Paradox: Learning from Literature and Practice on Barriers to Adoption," *Government Information Quarterly*, vol. 31, supplement, 2014, pp. S63-S71.

Dong-Hee Shin, "Convergence and Divergence: Policy Making about the Convergence of Technology in Korea," *Government Information Quarterly*, vol. 27, no. 2, 2010, pp. 147-160.

Charles R. Shipan and Craig Volden, "Bottom-Up Federalism: The Diffusion of Antismoking Policies from U.S. Cities to States," *American Journal of Political Science*, vol. 50, no. 4, 2006, pp. 825-843.

Charles R. Shipan and Craig Volden, "The Mechanisms of Policy Diffusion," *American Journal of Political Science*, vol. 52, no. 4, 2008, pp. 840-857.

Gerry Stoker, "Public Value Management: A New Narrative for Networked

Governance?" *The American Review of Public Administration*, vol. 36, no. 1, 2006, pp. 41-57.

Jessica C. Teets, "Policy Diffusion in China: Contracting out Elder Care," *China: An International Journal*, vol. 14, no. 3, 2016, pp. 88-106.

Jacob Torfing and Peter Triantafillou, "What's in a Name? Grasping New Public Governance as a Political-Administrative System," *International Review of Public Administration*, vol. 18, no. 2, 2013, pp. 9-25.

Andrew G. Walder, "Local Governments as Industrial Firms: An Organizational Analysis of China's Transitional Economy," *American Journal of Sociology*, vol. 101, no. 2, 1995, pp. 263-301.

Jack L.Walker, "The Diffusion of Innovations Among the American States," *American Political Science Review*, vol. 63, no. 3, 1969, pp. 880-899.

Shaoguang Wang, "Adapting by Learning the Evolution of China's Rural Health Care Financing," *Modern China*, vol. 35, no. 4, 2009, pp. 370-404.

Christine P. W. Wong, "Budget Reform in China: Progress and Prospects in the Xi Jinping Era," *OECD Journal on Budgeting*, vol. 15, no. 3, 2016, pp. 27-36.

Christine P. W. Wong, "Fiscal Reform and Local Industrialization: The Problematic Sequencing of Reform in Post-Mao China," *Modern China*, vol. 18, no. 2, 1992, pp. 197-226.

Chenggang Xu, "The Fundamental Institutions of China's Reforms and Development," *Journal of Economic Literature*, vol. 49, no. 4, 2011, pp. 1076-1151.

Ying Yin, Amy Rader Olsson and Maria Håkansson, "The Role of Local Governance and Environmental Policy Integration in Swedish and Chinese Eco-City Development," *Journal of Cleaner Production*, vol. 134, 2016, pp. 78-86.

Jianxing Yu and Xiang Gao, "Redefining Decentralization: Devolution of Administrative Authority to County Governments in Zhejiang Province," *Australian Journal of Public Administration*, vol. 72, no. 3, 2013, pp. 239-250.

Tao Zhang and Heng-Fu Zou, "Fiscal Decentralization, Public Spending, and Economic Growth in China," *Journal of Public Economics*, vol. 67, no. 2, 1998, pp. 221-240.

Xiaodong Zhu, "Understanding China's Growth: Past, Present, and Future," *Journal of Economic Perspectives*, vol. 26, no. 4, 2012, pp. 103-124.

Xufeng Zhu, "Inter-Regional Diffusion of Policy Innovation in China: A Comparative Case Study," *Asian Journal of Political Science*, vol. 25, no. 3, 2017, pp. 266-286.

三、重要文件和讲话

《浙江省人民政府办公厅关于进一步加强行政审批中介服务管理的意见》(浙政办发〔2013〕136号)，2013年11月。

《国务院关于发布政府核准的投资项目目录（2013年本）的通知》(国发〔2013〕47号)，2013年12月。

《国务院批转发展改革委关于2014年深化经济体制改革重点任务意见的通知》(国办发〔2014〕18号)，2014年4月。

《国务院关于发布政府核准的投资项目目录（2014年本）的通知》(国发〔2014〕53号)，2014年11月。

《国务院办公厅关于促进电子政务协调发展的指导意见》(国办发〔2014〕66号)，2014年11月。

《浙江省人民政府关于深化行政执法体制改革全面推进综合行政执法的意见》(浙政发〔2015〕4号)，2015年2月。

《浙江省人民政府办公厅关于推进责任医生签约服务工作的指导意见》(浙政办发〔2015〕65号)，2015年6月。

《国务院关于积极推进“互联网+”行动的指导意见》(国发〔2015〕40号)，2015年7月。

国务院《促进大数据发展行动纲要》(国发〔2015〕50号)，2015年8月。

《国务院办公厅关于简化优化公共服务流程方便基层群众办事创业的通知》(国

办发〔2015〕86号），2015年11月。
《浙江省发展改革委关于公布和规范行政审批中介服务事项的通知》（浙发改社体〔2016〕373号），2017年1月。
《浙江省人民政府关于印发加快推进“最多跑一次”改革实施方案的通知》（浙政发〔2017〕6号），2017年2月。
浙江省《金华市人民政府关于印发全面推进政务服务“最多跑一次”改革工作实施方案的通知》（金政发〔2017〕12号），2017年2月。
浙江省《丽水市人民政府办公室关于印发丽水市“最多跑一次”专项行动工作方案的通知》（丽政办发〔2017〕14号），2017年2月。
浙江省《绍兴市人民政府办公室关于全面梳理公开公共服务事项的实施意见》（绍政办发〔2017〕4号），2017年2月。
《浙江省公共数据和电子政务管理办法》（省政府令354号），2017年3月。
《浙江省人民政府办公厅关于全面推行“区域能评＋区块能耗标准”改革的指导意见》（浙政办发〔2017〕61号），2017年3月。
浙江省《杭州市人民政府关于印发进一步深化“简政放权、放管结合、优化服务”推进办事“最多跑一次”改革实施方案的通知》（杭政函〔2017〕40号），2017年3月。
浙江省《嘉兴市人民政府关于印发全面推进“最多跑一次”改革实施方案的通知》（嘉政发〔2017〕8号），2017年3月。
陕西省《西安市人民政府办公厅关于印发西安市推进“最多跑一次”改革实施方案的通知》（市政办发〔2017〕26号），2017年3月。
《浙江省人民政府办公厅关于印发〈浙江省深化“互联网＋政务服务”工作方案〉的通知》（浙政办发〔2017〕22号），2017年3月。
《福建省人民政府办公厅关于推行“一趟不用跑”和“最多跑一趟”办事清单的通知》（闽政办〔2017〕44号），2017年4月。
《青海省人民政府办公厅关于印发2017年省政府简政放权放管结合优化服务工作要点的通知》（青政办〔2017〕60号），2017年4月。
《湖南省人民政府关于印发〈湖南省加快推进“互联网＋政务服务”工作实施

方案〉的通知》(湘政发〔2017〕19号),2017年5月。

湖北省国家税务局、湖北省地方税务局关于发布《湖北省办税事项“最多跑一次”和“一次不用跑”清单》的公告(湖北省国家税务局地方税务局公告2018年第3号),2017年5月。

浙江省审改办、浙江省测绘局等6部门《关于贯彻落实“最多跑一次”改革决策部署全面推进施工图联合审查的实施意见》(浙建〔2017〕6号),2017年5月。

浙江省质量技术监督局《政务办事“最多跑一次”工作规范》(DB33/T 2036—2017),2017年5月。

《内蒙古自治区人民政府关于印发自治区2017年推进简政放权放管结合优化服务工作方案的通知》(内政发电〔2017〕26号),2017年6月。

《江苏省人民政府办公厅印发关于全省推行不见面审批(服务)改革实施方案等四个文件的通知》(苏政办发〔2017〕86号),2017年6月。

辽宁省《沈阳市人民政府办公厅关于推进办事“最多跑一次”改革的实施意见》(沈政办发〔2017〕35号),2017年6月。

《浙江省人民政府办公厅关于全面推行“区域环评+环境标准”改革的指导意见》(浙政办发〔2017〕57号),2017年7月。

《宁夏回族自治区人民政府办公厅关于印发全区推行不见面审批服务改革工作方案的通知》(宁政办发〔2017〕152号),2017年8月。

《山西省人民政府办公厅关于印发山西省深化“放管服效”改革重点任务分工方案的通知》(晋政办发〔2017〕101号),2017年8月。

《浙江省民政厅关于成立“最多跑一次”改革工作领导小组”的通知》(浙民发〔2017〕30号),2017年8月。

浙江省建设厅、浙江省发展改革委等11部门《关于贯彻落实“最多跑一次”改革决策部署全面推进建筑工程“竣工测验合一”改革的实施意见》(浙建〔2017〕10号),2017年8月。

《广东省人民政府办公厅关于印发广东省贯彻落实全国深化简政放权放管结合优化服务改革电视电话会议重点任务有关措施及分工方案的通知》(粤办

函〔2017〕541号），2017年9月。
《安徽省蚌埠市人民政府办公室关于印发蚌埠市推行“不见面审批”或窗口办事“最多跑一次”工作实施方案的通知》（蚌政办秘〔2017〕170号），2017年9月。
浙江省人力资源和社会保障厅等4部门《关于进一步完善慢性病门诊医保政策有关事项的通知》（浙人社发〔2015〕60号），2017年9月。
《海南省人民政府关于印发海南省推行全流程互联网“不见面审批”实施方案的通知》（琼府〔2017〕81号），2017年10月。
浙江省质量技术监督局《法人库数据规范》（DB33/T 2067—2017），2017年11月。
河南省《郑州市人民政府关于印发中国（河南）自由贸易试验区郑州片区“一次办妥”改革实施方案的通知》（郑政文〔2017〕247号），2017年12月。
浙江省审改办、省发展改革委《关于印发“浙江网上中介超市”平台建设方案的通知》（浙审　改办〔2017〕19号），2017年12月。
浙江省建设厅、浙江省审改办等3部门《关于贯彻落实“最多跑一次”改革决策部署推进企业投资项目行政审批现场踏勘方式改革的指导意见》（浙建〔2017〕18号），2017年12月。
浙江省编委办、审改办、财政厅《关于做好从事行政审批中介服务省属事业单位机构改革有关工作的通知》（浙编办发〔2017〕56号），2017年12月。
《浙江省人民政府关于深化“亩均论英雄”改革的指导意见》（浙政发〔2018〕5号），2018年1月。
《浙江省人民政府办公厅关于公布浙江省投资项目行政审批等事项目录的通知》（浙政办发〔2018〕1号），2018年1月。
中共中央《关于深化党和国家机构改革的决定》，2018年2月。
中共中央《深化党和国家机构改革方案》，2018年2月。
《甘肃省2018年推行“一窗办一网办简化办马上办”改革实施方案》（甘政办发〔2018〕28号），2018年2月。
《吉林省人民政府关于印发全面推进“只跑一次”改革实施方案的通知》（吉

政发〔2018〕6号)，2018年2月。

浙江省测绘与地理信息局等6部门《关于全面推进建设项目“联合测绘”改革的实施意见》(浙测〔2018〕4号)，2018年2月。

《江西省人民政府办公厅关于印发2018年全省政务服务工作要点的通知》(赣府厅字〔2018〕29号)，2018年3月。

江西省地方税务局关于发布《办税事项“最多跑一次”和“一次不跑”清单》的公告(江西省地方税务局公告2018年第1号)，2018年3月。

黑龙江省《哈尔滨市人民政府关于印发哈尔滨市“最多跑一次”改革实施方案的通知》(哈政规〔2018〕6号)，2018年3月。

《国务院办公厅关于促进“互联网+医疗健康”发展的意见》(国办发〔2018〕26号)，2018年4月。

《天津市人民政府关于印发天津市政务一网通改革方案的通知》(津政发〔2018〕14号)，2018年4月。

《重庆市人民政府办公厅关于印发2018年重庆市“互联网+政务服务”工作要点的通知》(渝府办发〔2018〕40号)，2018年4月。

湖南省《长沙市人民政府关于印发长沙市推进“最多跑一次”改革试行方案的通知》(长政发〔2018〕9号)，2018年4月。

《浙江省人民政府办公厅关于印发〈浙江省医疗卫生服务领域深化“最多跑一次”改革行动方案〉的通知》(浙政办发〔2018〕45号)，2018年4月。

《安徽省政务公开办公室关于印发2018年政务公开、政务服务重点工作任务分工和“群众办事百项堵点疏解行动”推广活动方案的通知》(皖政务办〔2018〕1号)，2018年5月。

《甘肃省人民政府办公厅关于全面推进政务服务中心开展“一窗受理、集成服务”工作的通知》(甘政办发〔2018〕65号)，2018年5月。

《广西壮族自治区人民政府关于印发广西推进“一事通办”改革若干措施的通知》(桂政发〔2018〕28号)，2018年5月。

《贵州省人民政府办公厅关于印发贵州省2018年政务公开工作要点的通知》(黔府办发〔2018〕22号)，2018年5月。

《四川省人民政府办公厅关于印发加快推进“最多跑一次”改革工作方案的通知》（川办发〔2018〕36号），2018年5月。
《云南省人民政府办公厅关于印发云南省深化“放管服”改革“六个一”行动实施方案的通知》（云政办发〔2018〕34号），2018年5月。
浙江省建设厅、测绘与地理信息局、国土资源厅、公安消防总队和人防办《建筑工程建筑面积计算和竣工综合测量技术规程》（DB33/T 1152—2018），2018年5月。
《河北省政府办公厅关于印发进一步深化“互联网＋政务服务”推进政务服务“一网、一门、一次”改革工作方案的通知》（冀政办发〔2018〕6号），2018年6月。
中共山东省委办公厅、山东省人民政府办公厅《关于深化“一次办好”改革深入推进审批服务便民化实施方案》的通知（鲁厅字〔2018〕31号），2018年6月。
浙江省审改办、省发展改革委《“浙江网上中介超市”省平台与市县平台数据交换标准》和《“浙江网上中介超市”信用评价方案》（浙审改办〔2018〕5号），2018年6月。
浙江省慈溪市市场监督局、市审管办《企业常态化开办三日制办事流程图》和《企业常态化开办三日制服务指南》，2018年6月。
《北京市人民政府办公厅关于印发〈北京市推进政务服务“一网通办”工作实施方案〉的通知》（京政办发〔2018〕26号），2018年7月。
浙江海宁市委组织部、海宁市场监督管理局《村（社区）全岗通地方标准》，2018年8月。
《上海市公共数据和一网通办管理办法（草案）》，2018年9月。
《浙江省保障“最多跑一次”改革规定》，2018年11月。

邓小平：《解放思想，实事求是，团结一致向前看》，在中共中央工作会议闭幕会上的讲话，1978年12月13日。
李克强：《深化简政放权放管结合优化服务 推进行政体制改革转职能提效

能——在全国推进简政放权放管结合优化服务改革电视电话会议上的讲话》，2016 年 5 月 9 日。

车俊：《在省委经济工作会议上的讲话》，2016 年 12 月 25 日。

车俊：《坚定不移沿着“八八战略”指引的路子走下去 高水平谱写实现“两个一百年”奋斗目标的浙江篇章》，在浙江省第十四次党代会上的报告，2017 年 6 月 12 日。

李克强：《在全国深化简政放权放管结合优化服务改革电视电话会议上的讲话》，2017 年 6 月 13 日。

习近平：《决胜全面建成小康社会 夺取新时代中国特色社会主义伟大胜利——在中国共产党第十九次全国代表大会上的报告》，2017 年 10 月 18 日。

车俊：《高举改革大旗，扛起改革担当，当好新时代全面深化改革的排头兵》，在浙江省全省全面深化改革大会上的讲话，2018 年 1 月 2 日。

李克强：《在全国深化“放管服”改革转变政府职能电视电话会议上的讲话》，2018 年 6 月 28 日。

后　记

改革开放 40 年，浙江是真真切切的受益者。在改革开放的春风吹拂下，浙江从一个经济、社会都比较落后的资源小省，逆袭成为中国发展的模范省，形成“浙江现象”，包括民营经济、专业市场、产业集群（“块状经济”）、民间商会等的发展都走在全国前列，令世人瞩目。而且，历届浙江省委坚持一张蓝图绘到底、一任接着一任干，锐意进取，不断创新。党的十八大以来，浙江在全国率先开展“最多跑一次”改革，特色小镇建设，基层社会治理中的自治、法治、德治建设等，我称之为“新浙江现象”。这些“新浙江现象”为浙江发展闯关，为全国改革探路（参见郁建兴：《“新浙江现象”为中国改革再探路》，载柴燕菲主编《浙江改革开放 40 年口述历史》，浙江科学技术出版社，2018 年）。关于浙江的“江南印象”，除了诗词歌赋、丝绸、茶叶与瓷器，更是增添了数字经济、科技、商业文明，社会有效治理，政府自我革命等新的内涵。

作为一名浙江人，我自然为浙江取得的发展成就欢欣鼓舞。作为一名公共管理学者，我自然十分关注浙江的“最多跑一次”改革。我的关注点在于：浙江为什么会一轮又一轮地推进政府改革，直至“自断后路”，向社会承诺“最多跑一次”？这场改革为什么能够在较短时间内取得显著成效，并且向全国扩散，其中的轨迹、机理何在？这场改革源自对高质量经济发展与社会有效治理的追求，那么，它实现了作为“突破口”“牛鼻子”的作用了吗？积极有为的政府是改革开放 40 年中国取得重大发展的重要解释变量，它是否正在发生转型？包括浙江在内的中国政府的转型，能否向全球公共管理改革提供可能方案，甚至，中国从一个全球公共管理改革的学习者、受益者，跃迁为参与者、贡献者？如果答案是肯定的，那么这一“中国方案”的主要内容是什么？基于对这些问题的探究，我自始跟踪了这场改革，并在 2017 年 12 月组建了课题组。2018 年 5 月，在中共浙江省委与求是杂志社联合主办的“最多跑一次”改革研讨会上，我发表了题为“‘最多跑一次’改革：浙江的，中国的，也是世界的”演讲，基本形成对上述问题的观点。嗣后，课题组就开始了本书的写作。

本书写作由我主持，黄飚协助我做了大量工作。具体分工为：第一章、第六章由郁建兴（浙江大学）、黄飚（香港中文大学）撰写；第二章、第五章由高翔（浙江大学）撰写；第三章由徐越倩（浙江工商大学）撰写；第四章由黄萃（浙江大学）撰写；参考文献由黄飚整理。作为一个团队作品的主持人，我要特别感谢团队全体同仁。在本书写作的半年多时间中，我们几乎每天讨论与书稿相关的问题，举行了很多场讨论会、视频会，2018 年 8 月 28—29 日专门举行了统稿会，全体同仁精诚合作，互相辩难，堪称真正的科学家共同体。就在本书的写作过程中，黄飚博士毕业，赴香港中文大学工作；黄萃从清华大学调任浙江大学工作。团队合作揭开了新篇章。我还要感谢陈宝胜、许垚、瞿孝志、吴超、王浩、朱心怡、李琳、周正一、王颖、陈静、黄新平、王艺栋等课题组成员，他们或参加调研，或参与研讨，或收集、整理数据，为本书写作做出了重要贡献。

感谢全国哲学社会科学规划办公室，将“浙江‘最多跑一次’改革实践经验研究”立为 2018 年度马克思主义理论研究建设工程重大项目，同时列为国家社会科学基金特别委托项目（批准号为 2018MSJ011）。感谢浙江大学中国特色社会主义研究中心支持和资助本书写作。

感谢中共浙江省委书记车俊，他策划、设计并亲自领导了浙江“最多跑一次”改革。本书以这场改革为研究对象，我们要在这里向他表达崇高的敬意！不仅如此，车书记与课题组之间建立了良好的互动关系，我们在调研、写作中提出的观点、意见、建议，通过研讨会、调研报告、内参、专报等形式向他反映，他几乎都给了我们积极的回应。

感谢浙江省政协主席葛慧君，她长期担任中共浙江省委常委、宣传部长，具有丰富的工作经验和深厚的理论造诣，为本书写作提供了良多的指导。她是前述全国哲学社会科学规划办公室立项的“浙江‘最多跑一次’改革实践经验研究”课题的第一首席专家，为本书写作提出了很多很好的具体意见。

感谢中共浙江省委宣传部常务副部长来颖杰、理论处处长楼胆群、干部郑林红等，他们提供了很多支持和帮助，并且经常与我们一起讨论，提出过很多真知灼见。

感谢中国文联副主席、中国书法家协会副主席、浙江大学艺术学院陈振濂教授为本书题写书名。陈先生提倡“阅读书法”，有别于只是抄录古人诗文辞章的“观赏书法”，他倡导书法创作中用一流技法去诠释一流思想，强调书法原有的文史、文献功能，以此唤醒书法家在艺术创作中展示思想、展示文化内涵的追求意识。不仅如此，陈先生了解“最多跑一次”改革，点赞这场改革，而且为改革持续推进提出了诸多建议。他为本书题写书名，体现了他的阅读书法观，更为本书增色。

感谢新加坡国立大学郑永年教授，复旦大学竺乾威教授，清华大学景跃进教授，德国杜伊斯堡大学刘涛教授，美国公共管理学会原会长、中佛罗里达大学刘国材教授，他们是本书最早的读者，在为本书修改定稿提出很多创造性意见建议的同时，还为本书写下了精彩的推荐语。

感谢中共浙江省委改革办（浙江省最多跑一次改革办公室）、浙江省机构编制委员会办公室、浙江省人民政府办公厅、浙江省数据管理中心、浙江省卫生和计划生育委员会、中共浙江省委政策研究室、浙江省人力资源和社会保障厅、浙江省民政厅、浙江省质量技术监督局等省直单位；感谢浙江省 11 个设区市和多个县（市、区）的行政服务中心，以及相关市、县数据管理机构，特别感谢衢州市行政服务中心及田俊主任、台州市行政服务中心及何晓霞主任。上述单位和领导不仅对我们的调研工作给予了大力帮助，而且对本书诸多观点的形成发挥了重要作用。

感谢江苏省以及武汉市、西安市、广州市、佛山市、东莞市等地接受我们调研、访谈的政府官员和各界人士。我们从各地学到很多，并且完善了比较研究。

感谢我国人文社会科学出版界的翘楚——中国人民大学出版社，本书课题组甫一成立，出版社的编辑老师就与我们接洽出版事宜，他们在本书写作过程中提出了很多有价值的建议。沃群锋、刘继方、张菲娜等编辑为本书出版付出了大量心血。

最后需要指出的是，“最多跑一次”改革实施时间不长，很多改革事项正在推进，其内在机理、成效的呈现亦处于动态变化之中，加上我们的研究能力和时间等原因，本书肯定存在不当和错漏之处，敬请读者不吝指正，有以教我，共同推进中国乃至世界的政府改革大业。

郁建兴

2018 年 11 月 28 日于浙江大学公共管理学院

图书在版编目（CIP）数据

“最多跑一次”改革：浙江经验，中国方案 / 郁建兴等著 .—北京：中国人民大学出版社，2019.3

ISBN 978-7-300-26440-0

Ⅰ.①最… Ⅱ.①郁… Ⅲ.①公共管理-体制改革-研究-中国 Ⅳ.①D63

中国版本图书馆CIP数据核字（2018）第264768号

“最多跑一次”改革：浙江经验，中国方案

郁建兴 等著

“Zuiduo Paoyici” Gaige: Zhejiang Jingyan, Zhongguo Fang’an

出版发行	中国人民大学出版社		
社　址	北京中关村大街31号	邮政编码	100080
电　话	010-62511242（总编室）		010-62511770（质管部）
	010-82501766（邮购部）		010-62514148（门市部）
	010-62515195（发行公司）		010-62515275（盗版举报）
网　址	http://www.crup.com.cn		
经　销	新华书店		
印　刷	北京联兴盛业印刷股份有限公司		
规　格	170mm×240mm　16开本	版　次	2019年3月第1版
印　张	17.5 插页4	印　次	2019年6月第2次印刷
字　数	239 000	定　价	68.00元